水利经济的可持续发展

崔 群　纪树超　刘洋◎著

时代文艺出版社

图书在版编目（CIP）数据

水利经济的可持续发展 / 崔群, 纪树超, 刘洋著.
-- 长春：时代文艺出版社, 2023.12
ISBN 978-7-5387-7272-2

Ⅰ. ①水… Ⅱ. ①崔… ②纪… ③刘… Ⅲ. ①水利经济－经济可持续发展－研究－中国 Ⅳ. ①F426.9

中国国家版本馆CIP数据核字(2023)第205853号

水利经济的可持续发展
SHUILI JINGJI DE KECHIXU FAZHAN

崔群　纪树超　刘洋　著

出 品 人：	吴　刚
责任编辑：	杜佳钰
装帧设计：	文　树
排版制作：	隋淑凤

出版发行：时代文艺出版社
地　　址：长春市福祉大路5788号　龙腾国际大厦A座15层　（130118）
电　　话：0431-81629751（总编办）　　0431-81629758（发行部）
官方微博：weibo.com/tlapress
开　　本：710mm×1000mm　1/16
字　　数：320千字
印　　张：20
印　　刷：廊坊市广阳区九洲印刷厂
版　　次：2023年12月第1版
印　　次：2023年12月第1次印刷
定　　价：76.00元

图书如有印装错误　请寄回印厂调换

前　言

当今社会，水资源不仅是支撑一个国家综合国力的战略性经济资源，而且作为生态环境的重要控制性因素，也对一个国家或地区的经济社会可持续发展产生重要影响。水资源的现实价值体现在水的供给能力和使用效率上，要通过水利工程实现，水利工程的建设和发展对一个国家或区域的发展意义重大。

在我国，以县级行政区划所形成的县域经济是国民经济的基本单元。当前，县域的产业绝大多数是以农业和工业为主体，而且工业化、信息化、城镇化和农业现代化已成浪潮之势蓬勃发展。水利作为现代农业建设的首要条件、现代工业的基础支撑、民生的基本必需和生态环境的重要保障，是县域经济社会发展的先决条件之一。因此，研究水利工程建设与县域经济可持续发展问题具有现实需求，同时对于丰富区域经济研究的视角具有理论价值。

本书是水利经济方面著作，从水利工程概论入手，对水利工程项目经济做了简单的分析，接着简单地介绍了水利工程项目的资金与费用，另外对水利工程的招标与投标做了简单的探讨，对水利工程投资控制提了一些建议。还对水利工程经济做了简单的评价，最后对我国水利工程管理发展提了简单的战略与保障措施。水利是一切经济的命脉，是国民经济的重要基础设施，是经济社会可持续发展的重要保障，在构建和谐社会和保证经济社会可持续发展中肩负着重要的使命。中华人民共和国成立以来，我国的水利事业经过七十多年的发展，现已形成了防洪、排涝、灌溉、供水、发电等水利工程体系，为经济社会的发展提供了可靠保证。但还应当看到，洪涝灾害、干旱缺水、水污染严重、水土流失依然是社会经济全面发展的瓶颈，在构建和谐社会和树立科学发展观的进程中，全面发展水利经济是十分重要和紧迫的。我国的淡水资源短缺且分布不均衡，是全球人均水资源最贫乏的国家之一。

目 录

第一章 水利工程概论与造价
第一节 水利工程概述 …………………………………… 001
第二节 工程造价管理 …………………………………… 018

第二章 水利工程项目经济分析基础
第一节 基本建设项目与程序 …………………………… 032
第二节 水利工程概算基本知识 ………………………… 051
第三节 工程项目的资金时间价值与现金流量 ………… 056

第三章 水利工程的项目划分及其费用组成
第一节 水利水电工程项目组成与划分 ………………… 062
第二节 水利水电工程的费用构成 ……………………… 070
第三节 水利建设单位建设的成本管理 ………………… 082

第四章 水利工程建设资金管理与经济管理
第一节 水利工程建设资金管理 ………………………… 094
第二节 水利工程经济管理及开发 ……………………… 105

第五章　水利工程的招标与投标

第一节　水利工程招标与投标概述 …………………………………… 129
第二节　水利工程招标一般程序与编制 ……………………………… 143
第三节　水利工程投标的决策与技巧 ………………………………… 166
第四节　水利工程开标、评标与定标 ………………………………… 196

第六章　水利工程投资控制

第一节　工程造价管理概况 …………………………………………… 204
第二节　有效控制工程造价的措施 …………………………………… 212

第七章　经济效果评价指标和评价方法

第一节　净现值（年值）法和效益费用比法 ………………………… 235
第二节　内部收益率法和投资回收年限法 …………………………… 237
第三节　经济效果评价方法 …………………………………………… 239
第四节　不同决策结构的评价方法 …………………………………… 240

第八章　工程项目国民经济评价

第一节　国民经济评价与财务评价概述 ……………………………… 242
第二节　财务评价 ……………………………………………………… 249
第三节　不确定性分析与风险分析 …………………………………… 251
第四节　改、扩建项目经济评价与区域宏观经济影响分析 ………… 256

第九章　水利建设项目经济评价

第一节　防洪和治涝工程经济评价 …………………………………… 263
第二节　灌溉和城镇供水工程经济评价 ……………………………… 264
第三节　水力发电工程经济评价 ……………………………………… 268

第十章　我国水利工程管理发展战略与保障措施

第一节　我国水利工程管理发展战略 ································ 272

第二节　我国水利工程管理发展战略的保障措施 ················ 299

参考文献 ·· 309

第一章 水利工程概论与造价

第一节 水利工程概述

一、水利工程建设

水利工程是人类为了除水害兴水利而建设的一种工程项目,建设水利工程不仅能够促进社会的经济发展,同时也能够提高我国的综合国力,因此在我国的现代化建设进程中,投入了大量的人力物力进行水利工程建设。在当前的水利工程建设中,要想实现对水利工程质量的有效控制,首先必须要建立起一套科学完善的水利工程建设质量管理体系,并且严格按照该管理体系进行质量管理,从而才能够使水利工程建设质量管理工作顺利进行,进而才能够确保水利工程的质量和性能。

(一) 当前水资源开发利用的现状

我国蕴藏着丰富的水资源,淡水总量在世界排名第六,但是由于我国人口基数大,人均占有量仅有 2420 立方米,不足世界人均的四分之一。当前我国水资源开发利用的现状表现在以下几点:

1.未真正实现对水资源的市场配置

①我国的水价过低。当前,我国大部分农业用水仍然是免费的,即使

部分收费，也远远低于成本。据资料统计，我国收取的水费仅能达到成本的62%。②水资源浪费现象严重。工农业用水成为水资源利用的重要部分，由于工业用水的利用率不高，农田灌溉仍采用传统的大水漫灌形式，造成水资源的严重浪费。③人们的节水意识薄弱。

由于在很多人们的意识里，水资源就是取之不尽用之不竭的，从而就肆意浪费水资源。

2. 水质污染的问题日益显著

近年来，随着我国社会经济的快速发展，工农业规模不断扩大，工矿企业、城镇废弃污水，未经彻底处理就排放到河流中，再加上农药和化肥的普遍使用，加大了河流的污染。据有关资料统计，所排放的污水中，工业废水占70%，生活污水占10%，这样不但助长了水资源供需矛盾，而且对水环境造成了严重污染。当前，很多河流都受到了一定的污染，出现了浑浊、变臭、鱼虾绝迹的现象，造成了严重的经济损失。

3. 未建立起完善的水资源法治管理体系

从我国的水法中可以看出，水资源归属于国家所有，从而就需要国家对水资源进行统一管理。然而，由于未制定出详细的制度，以及中央和地方间、行业与行业间职责不清，使得在利用水资源过程中出现了谁开发谁利用的现象，在一定程度上违背了我国水资源统一管理的经济权益性，水资源也未得到合理的开发和利用。

（二）水利工程建设管理概述和特点

水利工程项目不仅关系着工农业的生产活动，也关系着人们的日常生活，所以是一项关系国计民生的重要工程，必须引起有关部门的足够重视。水利工程建设的主要目的是更加合理地利用现有的水资源为人们的生产和生活服务，根据规模的大小，可以简单分为大中型水利工程建设和小型水利工程建设。因为水利工程建设是涉及范围非常广、投入资金特别多的建设项目，所以我们必须要合理地利用国家的财政，搞好水利工程中的管理工作，使得项目的各项资源能够合理配置，尽量节约工程成本，用最少的经济成本发挥最大的效益。

水利工程项目作为建筑项目的一个重要组成部分，其管理过程有着建筑项目管理的共性，即要根据水利工程的建筑双方拟定的建筑合同来审查建筑的各个环节是否达标，以及各项操作是否符合国家的相关标准和规定。另外，根据水利工程的具体分类不同，不同类型的水利工程项目有着不同的管理要求。

（三）加强水利工程施工的安全措施

1. 加强领导，落实责任，努力保证水利工程的安全运行

进入夏季，既是水利建设的施工期又是各农作物的灌溉时节，要做好安全生产工作，又要加强领导，落实责任，切实采取有力措施，保证水利系统安全稳定运行，努力完成各项任务。

2. 高度重视，加强预防，防范自然灾害对水利的影响

夏季是旱情和暴雨等自然灾害多发的季节，抵御自然灾害、保证水利安全是首要任务。

为此要高度重视灾害性天气的防御工作，密切监视天气、雨情和水情，加强巡视和维护，根据天气变化，及时做好各项防灾工作，保障水利安全。

3. 规范水利工程建设前期工作，强化资金管理

着力解决或避免擅自改变规划、未批先建、违规设计、变更设计、挤占和挪用建设资金等突出问题，促进水利工程建设项目规划和审批公开透明，保证水利工程建设项目工作的质量，规范资金使用管理。

4. 建立水能资源开发制度，强化水能资源管理

着力加强水能资源管理，建立健全水能资源开发制度和规范高效、协调有序的水能资源管理工作机制，遏制水能资源无序开发，促进水能资源可持续发展。

5. 规范水利工程建设招投标活动

加强水利工程招投标管理，着力解决规避招标、虚假招标、围标串标、评标不公等突出问题，确保水利工程建设招投标活动的公开、公平、公正。

6. 加强工程建设和工程质量安全管理

着力解决项目法人管理不规范、管理力量薄弱、转包和违法分包、监理不到位、质量安全措施不落实等突出问题，避免重特大质量与安全事故的发生。

综上所述，水利工程建设不仅关系着水利工程的质量本身，也关系着人们的生产生活，所以加强水利工程建设的管理势在必行。工程的相关工作人员要从水利工程建设的各个阶段入手，一方面要严抓规划设计和工程建设，一方面要严抓工程招标和合同管理，才能协调好水利工程的管理工作，为我国的水利工程建设管理积累更多更好的管理经验，积极推进水利工程建设的发展，促进社会主义现代化建设。水利是国民经济的命脉，是国家的基础产业和基础设施，水利工程是抗御水旱灾害、保障水资源供给、改善水利环境和实现水利经济的物质基础。水是社会经济发展不可或缺的物质资源，是环境生命的"血液"。水利工程管理体制还需要大家共同探讨、共同努力。

二、水利工程的生态效应

生态环境保护作为国家基本国策，在各行各业中，必须把环境保护作为基础，水利工程同样如此。水利工程建设直接影响着江河、湖泊以及周围的自然面貌、生态环境，只有不断解决建设过程中存在问题，改进设计方案，提高对环境的保护措施，才能让水利工程创造出良好的生态环境，也创造出更多的经济价值。

水利工程是一项烦琐且任重而道远的项目，它关乎着我国的农业、电力等方面的发展以及民众的生命、财产安全。在水利工程构建的蓝图中，应该重视生态环境的保护，但在我国的建设过程中，存在着许多影响生态环境的问题，而且刻不容缓，不容小视，只有及时处理管理问题，完善水利工程建设体制，才能让生态环境形成良好循环。

（一）水利工程的生态效应问题分析

1. 水利工程破坏了河流流域整体性

河流是一个连续的整体，是从源头开始，经多条支流汇集而成的一个合流。当挡潮闸关闭时，拦截地域水含量升高，水位相对差度升高，河流内河沙、有机物等被囤积，整个河流被分割的每段内部，各成分含量明显不同，而且，酸碱度、河流含盐度也发生了改变。与此同时，河流两岸河道的形状、状态也有所改变，多次对河流的阻隔，河道逐渐形成新的状态，河床不断提升，产生河堤崩塌的概率也在提升。

2. 水利工程迫使鱼类改变洄游路线

河流里的鱼群有相应的生活范围以及洄游路程，即鱼类在一年或一生中所进行的周期性定向往返移动。同种鱼往往分为若干种群，每一种群有各自的洄游路线，彼此间不相混合。但是，水利工程建设存在对鱼群生命活动考虑不充分，只根据河流治理、防范等进行就地建立水库、堤坝等工程建设问题，导致鱼类的洄游路线发生改变，鱼类的生命活动受到限制，有的鱼类因无法及时做出路线改变和对新环境无法适应，从而导致同类鱼种大面积死亡，甚至致使濒危物种走向灭绝。

3. 水利工程改变下游原有环境

水利工程的建立，还影响着河流的水流状态，如温度、水文等。过度控流，水位升高，水流速度降低，有机物等更换速率降低，温度容易升高，造成水内缺氧，水生植物以及动物生存困难，物种之间竞争加剧，出现部分生物逐步消失，再次修复时，困难进一步加剧，对环境的影响是恶性连续循环式的，有待及时完善。同时，水文特性也被工程的建立所干预，只有及时监测水文的变化，做出相应的调控，才能有效地改善下游的生态环境。

（二）水利工程生态问题的解决对策

1. 保证河流流域整体性

不同河流流域的情况不同，环境抵御受干扰的能力也不一样，工程设计人员应该实地考察，掌握该地环境的相关信息，比如，河流周边植被的种类与生存相关要求、河流水流量、河流易断流时节等。根据检测的信息，做出科学、合理的基本判断，结合水利工程建设基础理论，设计出能够保证河流不断流、整体性良好的工程方案，并要使用环保型材料，充分使用先进的技术，完成工程项目的同时也保护了生态环境的现有状态。另外，可以添加检测设备，随时检测河流、河道等的实时动态，及时做出相应的挡潮闸的开关活动，限制规划河流流量的大小，从而达到河流的有效控制。

2. 充分保证鱼类洄游路线

在水利工程建设之前应该进行充分的调研，掌握该河流鱼群是否进行洄游行为、洄游行为的时间段、各类鱼群的洄游对河水本身的要求等信息，对数据进行整理汇合，并将生态理念与工程建筑相结合，鱼群洄游行为与工程构造相结合，做出科学、合理的工程设计，从而能够不断地完善对鱼群治理的体系。例如，当鱼群进行洄游时，调控挡潮闸，使得上下游连成整体，恢复鱼群洄游路线，当鱼群完成洄游行为，及时关闭挡潮闸，从而恢复蓄水、发电等工程，既帮助鱼群完成了必需的生命活动，使得鱼类生活不受干扰，也不耽搁工程项目的实施。

3. 保证下游环境的可持续发展

下游原有环境有自身的生态圈，工程的建立改变了河流本身的水文，致使下游环境发生相应的质变。只有相关部门实时监测水文的动态，长期记录数据，做好备份工作，出现问题时，将理论与数据相结合，及时做出有效的调控，才得以对水资源进行整治与保护。

我国水利工程不断发展，但是，存在的问题也是日益彰显，必须立即完善水利工程体制，改进工程技术，而且，水利工程建设应该始终本着以生态文明为基础、经济发展为主体的核心价值理念，努力建立资源节约型、环境友好型、技术合理型的高端水利工程体系，得以在防洪、供水、灌溉、发电等多方面做到各项兼备，从而使得水利工程走向国际化。

三、水利工程的基础处理

(一) 水利工程基础处理的作用及重要性

水利工程不同于其他一般建筑工程,一次性施工和交叉施工是其重要特征,其一般表现形式为水电站施工建设,且要求较高,多半在水下地下施工。基础施工包括两部分:地基处理和基础工程,地基处理对工程整体性有重要影响,良好的地基建设能保证工程的质量。地基处理是水利工程的基础,需要大量的资金、人力、设备、技术,在工程建设中有着极其重要的作用。

(二) 不良地基对水利基础处理的影响及解决方法

不良地基对水利基础处理的影响表现在基础的沉陷量过大,基础水力的坡降超过允许的范围值;地质的条件差,抵滑抗稳的安全系数比设计值要小;地基里面没有黏性土层,细砂层则有可能因为振动使其塌落,导致施工进度延缓,或因为塌落造成人员伤亡和破坏已修建好的工程。

1. 强透水层的防渗处理

以大坝为例,刚性坝基砂、卵、砾石都属于强透水层,一般都会开挖清除,土坝坝基砂、卵、砾石层因透水强烈,不但损失水量,且易产生管涌,增大扬压力,影响建筑物的稳定性,一般要做防渗处理。处理方法:将透水层砂、卵、砾石开挖清除回填黏土或混凝土,构筑截水墙。利用冲抓钻或冲击钻机做大口径造孔,回填混凝土或黏土形成防渗墙。采用高压喷射灌浆方法修筑水泥防渗墙,水泥或黏土帷幕灌浆。坝前黏土或混凝土铺盖,延长渗径,帷幕后排水减压,设置反滤层。

2. 可液化土层的处理

可液化土层是指没有黏性土层或有很少黏性土层在停止作业或振动的情况下,其压力较大,下边的水压力上升,使地基沉陷、失去稳定,危及建筑和人员的安全。常用处理方法:一是将可液化土挖掉拉走,填入石灰或砂石等其他强度较高、防渗性能良好的材料;二是挤压使土层密实或一层一层振动压实；三是周围用模板固定封闭，防止土层因水土向四处流动；四是在可液化土层以下打水泥土桩或灰土桩。

（三）基础处理的要求

一是必须随身携带地基和基础施工图纸、地质侦察报告、地基所需要的技术文件，了解施工地的实际情况；二是在准备挖地基之前，要严格按照预定的施工方案进行，对影响施工的物体或地面进行处理；三是若施工的地点在山区内，需要勘察山区边沟坡的地形构造是否影响施工，以及山区的实际土质，做好施工中滑坡坍塌水土流失等防护措施；四是在机械设备入场前，要做好便道修理平整加固工作；五是将测量的水准点、控制桩、线条做好标记并保护，且要经常复核、复测其准确性，场地有不平整的地方要及时测量平整；六是开挖时应将地质勘察文件和实际地形进行对比，及时做出调整。

（四）基础处理的施工技术

1. 挖除置换法

挖除置换法是将原基础底面下一定范围内的软土层挖除，换填粗砂、砾（卵）石、灰土、水泥土等。

2. 重锤夯实法

重锤夯实法是将夯实机重锤悬放离地面 3m—5m 处，然后让其自由下落使土壤夯实。

3. 水泥土挤密桩

在软土地基上采用水泥土挤密桩，对土层进行高强度挤压，防止塌陷，以提高承载力。

4. 振动水冲法

振动水冲法是将一个类似浇筑混凝土时用的振捣器插入土层中，在土层中进行射水振动冲击土层制造孔眼，并填入大量砂石后振动重新排列致密，以达到加固地基的效果。

5. 围封法

防止地震时基土从两侧挤出，减轻破坏和软土地基的流动，常用于水工建筑物的软基处理。

（五）基础处理的注意事项

一是施工场地宽敞，基础平整或浅的工作面，按照施工需要，测出坐标、打好点，然后撒出一条基准白灰线，以这条基准白灰线为主撒出基槽边线，以确保整个施工顺利进行；二是对地下深水位的地基施工，要根据设计院对施工地的地质资料与实际地质勘察情况对比之后，再进行基础施工开挖，防止地基在施工中塌落造成其他施工作业的不便；三是确保整个工程的地基强度，打地基是整个施工过程的主要工序，在与地基有关的各个方面做好施工，使其达到相关要求和标准，同时还要在一定程度上保证地基施工场地的开阔，确保施工的安全和建筑的质量；四是任何材料都不是永久性的，在施工前要考虑地质，确保地质变化始终在可接受的范围内，避免地质出现塌裂等情况。

基础处理是水利工程施工的重要环节，其处理效果对水利工程的整体质量有最直接的影响。由于存在土质含水量高、孔隙大、承载能力弱等因素的干扰，增加了基础处理的施工难度。因此，相关人员要做好施工前的准备工作，仔细勘察地质条件，因地制宜选择最优施工方案，以提高地基稳固性及承载能力，为我国水利工程事业的可持续发展提供助力。

四、生态水利工程与水资源保护

虽然水是人们赖以生存的重要能源，但是，淡水资源不仅是人类世界中最为珍贵的自然资源，而且还是良性环保体系构建的重要组成部分之一，其作为一种具有战略价值的资源，是确保社会长期稳定发展的关键因素。这也进一步说明了，水资源质量的优劣对于国家文明发展程度与人民安全具有决定性的影响。就目前而言，虽然我国在社会经济发展的过程中，已经将水资源保护问题提升到战略高度，而且相关部门已经认识到保护水资源对于社会经济发展的重要性，但是现实问题却是，我国水资源目前仍然面临着严重的污染问题，大多数针对水资源的保护措施并没有发挥出前期应有的作用。

（一）生态水利工程

所谓的生态水利，实际上就是将生态理念与水利工程建设紧密地结合在一起，确保我国环境保护政策切实地贯彻落实到水利工程建设中。经过调查研究发现，大多数传统水利工程，在建设的过程中往往将重点放在了水利工程基本功能的发挥上，将满足人们自身对于水利工程的需求作为水利工程建设的基础，却忽略了对于生态环境的保护，进而导致生态环境问题的日益突出，而这也是生态水利工程出现的主要原因。生态水利工程通过对传统水利工程进行优化，不仅有效地满足了人们对水利工程的基本需求，而且也实现了保持和改良生态环境的目的，确保了水利工程的可持续发展。生态水利工程在建设的过程中，施工企业必须将自然作为工程项目建设的核心理念，在充分利用水资源的同时，尽可能地做到不破坏河流的原始形状。还有很多水利工程发达的地区，为了实现水资源利用率的全面提升，对河流附近的地区采取了退耕还林的方式，在尽可能恢复流域内原始地貌的基础上，根据实际地形，采取切实可行的防洪措施，才能将生态水利工程的作用充分地发挥出来。另外，在进行生态水利工程设计与规划时，必须在尽可能保留原有流域地貌的同时，将该地区内的水资源充分利用起来，才能达到生态水利工程建设与生态环境和谐发展的目标。

（二）加强生态水利工程建设，促进水资源保护措施

1. 建立健全水利工程的管理体制

针对目前的水资源利用现状，国家在已经颁布和实施相关法律法规的基础上，同时设立了专职管理部门，严格地控制非法使用水资源现象的出现，实现了针对水资源的有效保护。随着全球经济一体化的迅速来临，水资源保护问题已经不只是我国政府所面临的问题，而是一项世界各国都面临的重要问题。所以，根据我国现阶段的水资源利用情况，相关部门必须建立完善的水利工程管理体制，同时加强水资源管理的力度，才能在促进

水资源保护效率稳步提升的同时，为水资源的可持续利用提供全面的保障。

2. 水利资源开发中保证物种共生互补

生态系统最显著的特点就是，在一定范围内物种的数量群体会保持永恒不变的状态。但是，由于水利工程建设，不仅打破了生态系统的平衡，同时也对生态系统内物种群体数量之间的平衡产生了严重的威胁。所以，在水利工程建设时，必须将水利工程建设与自然生态环境紧密地融合在一起，严格地按照物种共生的原则，开展水利工程建设，才能在保证生态系统稳定的基础上，满足现代水利工程建设事业发展的要求。

3. 水利资源开发中保证水土资源生态性

水资源开发过程中针对水资源的保护，必须在水利工程建设过程中，通过种植树木的方法，增强固土效果，从而达到促进水土保持效率不断提升的目的。此外，在进行水利工程建设时，施工企业必须对施工现场水文地质情况进行综合的分析，在掌握水利工程建设区域地下水分布规律和特点的基础上，降低水文地质灾害发生的概率，促进施工现场水质与土质优化水平的有效提升，为生态水利工程建设的顺利进行做好充分的准备。

4. 加大生态水利投入，支持环保工程

政府部门是水资源开发利用、治理保护、管理的主导者，所以为了确保水资源可持续利用目标的顺利实现，政府部门必须在进一步加大公共财政支持力度的同时，建立长效投入保障机制，为水资源开发利用与保护工作的开展提供全面的支持。另外，政府部门在发展水利工程项目时，应该积极地借鉴和应用多元化投资主体的方式，引导和鼓励社会资本参与到大水利工程建设中，这种多元化投资主体机制的建立，不仅营造出了良好的市场投资环境，确保了生态水利工程建设资金的充足，同时也有效地缓解了政府公共财政的压力。

5. 保证水域生态整体性

生态水利工程建设过程中，采取的整体性水域生态发展模式，不仅有助于生态系统自我调节能力的有效提升，同时在水利工程建设过程中，充

分重视与相邻水域之间的衔接，才能在有效满足水源流动性的基础上，促进生物活跃性的进一步提升，才能将生态系统所具有的分解和净化能力充分发挥出来。另外，必须建立统一的生态水利工程建设标准，才能在避免对相邻区域水质与生态环境造成破坏的基础上，促进水利工程建设区域内生态系统相互作用效果的提升。

总之，在保护水资源与水利工程建设的过程中，必须对水资源可持续发展理念的重要性予以充分的重视。同时在水资源治理过程中，采取统筹管理，优化水利工程功能的方式，才能发挥出生态水利工程在社会经济发展过程中的重要作用。

五、水利技术发展现状以及创新

水利工程作为社会发展以及国民经济高速发展的基础产业，其主要功能可以保障城乡居民基本用水需求，以及工农业的基本生产。水作为人类生命的源泉，不吃饭短时间内可以活下去，但是没有水可是无法生存的，但是现今这个时代缺水已经成为世界性的难题，因而将高科技手段采用到水利管理方面，可以有效地提升水资源的问题。想要在现今的高科技时代得到认可，必须将自身的素质提升，才能拥有与时俱进的能力，更好地了解和熟悉各种高科技仪器，利用新的高科技仪器使得水利工作的管理得到提升。

（一）水利管理的发展现状

1. 城市化水污染严重

随着我国经济的高速发展，城市化的进程已经越来越快，工商业也进入了快速的发展阶段，农业生产也已经由传统纯手工式的劳作转变成为机械化的生产方式，从而将原本从事农业的劳动力转入到了城市中，多余的劳动力在农业发展中过于注重产业的发展，忽视了对环境的维护，因而农村的水利工程在很大程度上出现了多样化。这种不同程度的污染情况其实跟城市的高速发展、工矿企业的发展是离不开的，这是因为很多的工矿企业以追求自身利益为目的，而没有想到身边的水资源被破坏对人类的生产、生活会带来什么样的后果，所以这些工矿企业在生产过程中没有做出对环境保护的措施，特别是废水、排污方面的能力还处在传统模式下，因而会导致周边人们赖以生存的水资源遭到严重的破坏。

2. 水利规划不全面

随着城市建设的不断发展壮大，城市规划中不可忽视的排水能力却不断地被忽视。2012年夏季的北京，由于连日的大雨，导致多条路段都变成了"大河"，更甚者成为"汪洋大海"，造成了不小的伤亡，严重地影响了人们的正常生活，还有很多单位和学校因此而放假，其实是因为下雨时城市排洪能力不够，造成的这种情况已经不是一次两次了，城市越大，建筑越多，人口就会急速地发生膨胀，原先设计建造好的城市排水管网在发生连日大雨时，无法堪当重任，肯定会出现严重的内涝，造成严重的交通瘫痪以及财产损失。

3. 城市污水处理问题

与此同时，城市排水中的污染问题也是制约着经济发展的问题所在。很多的生产企业排放出的工业废水长期超标，在城市中由于人口的急剧增加，会增加污水排放量，由于这些排放出的污水量过大无法平衡，使得水资源出现了不同程度的污染，想要将这种现实性的问题改善掉，一定要通过水利管理部门采取积极主动的态度去争取，各相关政府财政部门给予相应的资金帮助，提升水利管理部门的安全监管，使其能够科学地发展，更便于水利工程的管理，通过创新的水利科技手段，确保国家水利工程的安全，水利资源的各种优势充分地被利用后，可以有效地提升水利工程的经济利益。"以水为本"是科学发展需要坚持的基本观点，将水利工程的发展与环境保护合理协调，做好统筹规划，通过水利科技的创新，有效地提升国家的水利工程建设。

(二) 水利技术创新的应用

1. 水利信息化技术的应用

信息化技术能够提供防汛预案，支持积极会商。水利信息化不能对行政领导提供行政决策服务是目前比较普遍的问题。为了满足水利管理部门这方面的需求，需要在信息系统中加入防汛预案，提供洪水的预警。例如当洪水达到一定的预警级别时，这样的系统就能够给出相应的预警方案，根据方案，领导就会在会商中做出相应的调度决策。而在决策之前系统还能对放多少洪量、对下游会有什么影响等进行模拟。这样的系统也能够将水利信息完全掌控。为了让用户更快捷地了解到水利信息情况并做出相应举措，掌上 GIS 地理信息系统是重要的支撑。"掌上 GIS 资讯系统"可以运行在智能手机之上，智能手机提供无线电话、短信、电话簿等功能，"掌上 GIS 资讯系统"还能够提供全面的行业资料查阅、电子地图、空间定位、实时信息浏览查询等功能，两者有机结合，基于"掌上 GIS 资讯系统"提供的及时、充分的水利信息，项目领导、相关负责人可以快速地进行决策。

2. 极大 RTK 技术的应用

RTK（Real time kinematic）是实时动态差分测量，对于 RTK 测量来说，同 GPS 技术一样仍然是差分解算，但不同的只不过是实时的差分计算。RTK 技术在水利工程中的应用与计算机的普及，能够使得传统作业模式得到革新，工作效率极大提高。RTK 是一种新的常用的 GPS 测量方法，以前的静态、快速静态、动态测量都需要事后进行解算才能获得厘米级的精度，而 RTK 是能够在野外实时得到厘米级定位精度的测量方法，它采用了载波相位动态实时差分方法，是 GPS 应用的重大里程碑，它的出现为工程放样、地形测图及各种控制测量带来了新曙光，极大地提高了作业效率。RTK 技术相比于 GPS 技术具有明显的优势，高精度的 GPS 测量必须采用载波相位观测值，RTK 定位技术就是基于载波相位观测值的实时动态定位技术，它能够实时地提供测站点在指定坐标系中的三维定位结果，并达到厘米级精度。在 RTK 作业模式下，基准站通过数据链将其观测值和测站坐标信息一起传送给流动站。流动站不仅通过数据链接收来自基准站的数据，还要采集 GPS 观测数据，并在系统内组成差分观测值进行实时处理，同时给出厘米级定位结果，历时不足 1 秒。RTK 技术如何应用在水利中是一个重要的话题，在传统的大地测量、工程控制测量时采用三角网、导线网方法来施测，不仅费工费时，要求点间通视，而且精度分布不均匀，且在外业不知精度如何，采用常规的 GPS 静态测量、快速静态、伪动态方法，在外业测设过程中不能实时知道定位精度，如果测设完成后，回到内业处理后发现精度不合要求，还必须返测。而采用 RTK 来进行控制测量，能够实时知道定位精度，如果点位精度要求满足了，用户就可以停止观测了，而且知道观测质量如何，这样可以大大提高作业效率。

RTK 技术还可应用到地形测图中。在过去测地形图时一般首先要在测区建立图根控制点，然后在图根控制点上架上全站仪或经纬仪配合小平板测图，现在发展到外业用全站仪和电子手簿配合地物编码，利用大比例尺测图软件来进行测图，甚至于发展到最近的外业电子平板测图等，都要求在测站上测四周的地貌等碎部点，这些碎部点都与测站通视，而且一般要求至少 2 至 3 人操作，在拼图时一旦精度不合要求还得到外业去返测，现在采用 RTK 时，仅需一人背着仪器在要测的地貌碎部点待一两秒钟，并同时输入特征编码，通过手簿可以实时知道点位精度，把一个区域测完后回到室内，由专业的软件接口就可以输出所要求的地形图，这样用 RTK 仅需一人操作，不要求点间通视，大大提高了工作效率。利用 RTK 进行水利工程测量不受天气、地形、通视等条件的限制，断面测量操作简单，工作效率比传统方法提高数倍，大大节省人力。

水利工程对经济的发展和城市的建设都起到重要的作用，提高水利工程质量，就要提升水利工程技术，参与水利工程人员的专业素质，同样要做好水利工程的管理工作，与时俱进，敢于创新，促进水利工程的不断发展。

六、抓好水利工程管理，确保水利工程安全

随着我国经济的发展和人口的增长，水利事业在国民经济中的命脉和基础产业地位愈加突出；水利事业的地位决定了水利基础设施的重要性。因此，如何搞好水利基础设施建设项目管理，确保工程质量，促进我国经济发展是摆在我们每个水利人面前的一个重大课题。

（一）强化对水利工程的管理

思想意识的先进性是发展水利的重要推动力，所以，在任何的发展中，只有不断地提高自身的认识，加强自身的管理，实现工程管理效率的提升，才能在水利发展中打下坚实的基础。其次就是需要加强对水利管理的认识，认真学习管理的方式方法，实现科学的管理，保证水利工程的正常运行。

（二）落实好项目法人责任制

项目法人建设是我国社会主义市场经济发展的法制基础，也是完善项目工程管理，保证项目规范化开展的前提。要想实现项目法人制度的良好落实，首先就需要认识到法人制度的重要性，认识到建设多元化体制的必要性。其次应严格地对企业法人进行资质的审核，保证建筑工程项目法人建设的顺利开展。最后就是要严格地落实项目法人的各项资源的配置，要求相关的管理人员必须要素质高、有经验。

（三）开展好建设监理工作

要想实现监理工作有效的开展，就需要不断地提高员工的职业道德，提高员工的专业知识，提高整体的综合素质。首先，可以要求监理人员从学习各种招标文件、相关的法律条例开始，知晓相关建设监理的各项体系。其次，需要监理公司加强自身服务意识，坚持公平、公正、合理的原则。最后，要实现全方位的监理，转变自身的服务理念，发挥监理的优势，全面为建设服务。

（四）全面实行招标投标制

经过全面的招投标服务，实现我国水利水电工程招标管理工作的标准化进行，为了实现我国的招标科学化开展，需要全面地建立招标制度。保证招标过程中的公平、公正、公开。同时应进一步地加大措施做好招标的保密工作，对于在招标过程中的违纪人员应该给予严厉的处分。

（五）抓好水利工程管理确保水利工程安全的策略

1. 对水利工程进行造价管理，确保水利工程安全

水利工程管理中存在的职责不明以及监管不严等问题，会出现不同程度的贪污腐败现象，使得工程资金落不到实处。为保障水利工程的质量，确保水利工程的安全，对水利工程进行造价管理，在水利工程的设计阶段直到竣工阶段进行全过程的工程造价控制，既能保证工程项目的目标实现，又能有效地控制工程成本。利用工程造价管理，可以在工程建设各个阶段，将资金控制在批准使用范围之内，及时地对出现的偏差进行纠正，使得建设需要的人力、物力以及财力得到合理的控制。另外，在水利建设过程中，要积极利用工程造价管理进行合同的正确管理，控制好材料认证。

2. 完善风险管理，确保水利工程安全

完善风险管理可从加强水利工程设计审查以及加强人员安全管理两个方面着手。如果设计人员疏忽、不严谨，会使得工程设计与实际需求出现较大的出入，造成资源的浪费。因此，必须在水利工程设计审查方面进行风险管理，在对工程地的气候环境以及地理环境进行调研的基础上，严格审查设计的质量。水利工程实施过程中，人员安全问题一直是重中之重，对施工人员进行安全风险管理，首先要对施工设备进行定期检查，排查安全隐患；对作业人员的工作进行安全监督；同时加强保险管理。规避水利工程的无效风险、人员的安全风险，以人为本，有效地控制工程风险，能够解决水利工程的后顾之忧。

3. 贯彻落实招投标机制，确保水利工程安全

目前，我国水利工程的招投标机制已逐步得到规范化。工程招标能够

衡量水利建设企业的质量，使得水利工程得到保证。因此在水利工程项目中要贯彻落实招投标机制，要保证招标的公开性、公平性、公正性。水利项目单位要制定合理的评标方法，完善招标程序。多吸取国内外的行业经验，学人之长，补己之短，实现招标程序和评标方法的合理化、科学化。

4. 建立健全职责机制，确保水利工程安全

水利工程管理机制的不健全，出现某些管理人员抓住机制漏洞，出现越权越职，却又无法追究其责任的现象。因此，建立健全职责机制，就是要明确管理单位的工作职能，明确管理人员的监督职责。管理单位要做到依法行使自己的权力，行政部门不能过分干预其业务管理。此外，将水利工程的管理与维修养护工作进行分离，对于水利工程的养护维修工作也建立一套独立的工作职责机制，将市场化机制引入其中，使水利工程养护维修工作具有法人代表。这样不仅能解决传统管理中养护维修的难题，又能提高养护水平。

水利工程关乎民生，是国家的一项重要工程，抓好水利工程管理确保水利工程安全具有重要意义。通过对水利工程引进造价管理、完善风险管理、落实招标机制、健全职责体系等方式，能够有效地保证水利工程的安全。

第二节 工程造价管理

一、工程造价管理的概念

工程造价管理是指在项目的建设中，全过程、全方位、多层次地运用技术、经济及法律等手段，通过对建设项目工程造价的预算、优化、控制、分析、监督等，以获得资源的最优配置和建设工程项目最大的投资效益。

工程造价管理有两种含义：一是指建设工程投资费用管理；二是指工程价格管理。

(一) 建设工程投资费用管理

建设工程的投资费用管理，属于投资管理范畴。管理是为了实现一定的目标而进行的计划、组织、协调、控制等系统活动。建设工程投资管理，就是为了达到预期的效果对建设工程的投资行为进行计划、组织、协调与控制。这种管理侧重于投资费用的管理，而不是侧重于工程建设的技术方面。建设工程投资费用管理的含义是为了实现投资的预期目标，在拟定的规划、设计方案的条件下，预测、计算、确定和监控工程造价及其变动的系统活动。这一含义既涵盖了微观的项目投资费用的管理，也涵盖了宏观层次的投资费用的管理。

(二) 工程价格管理

工程价格管理是属于价格管理范畴。在社会主义市场经济条件下，价格管理分两个层次。在微观层次上是生产企业在掌握市场价格信息的基础上，为实现管理目标而进行的成本控制、计价、定价和竞价的系统活动。它反映了微观主体按支配价格运动的经济规律，对商品价格进行能动的计划、预测、监控和调整，并接受价格对生产的调节。在宏观层次上是政府根据社会经济发展的要求，利用法律手段、经济手段和行政手段对价格进行管理和调控，以及通过市场管理规范市场主体价格行为的系统活动。工程建设关系国计民生，同时政府投资公共项目仍然占有一部分份额，所以国家对工程造价的管理，不仅承担一般商品价格的调控职能，而且在政府投资项目上也承担着微观主体的管理职能。这种双重角色的双重管理职能，是工程造价管理的一大特色。区分两种管理职能，进而制定不同的管理目标，采用不同的管理方法是建设工程造价管理的本质所在。

二、工程造价管理的含义

工程造价管理是指以建设项目为研究对象，综合运用工程技术、经济、法律法规、管理等方面的知识与技能，以效益为目标，对工程造价进行控制和确定的学科，是一门与技术、经济、管理相结合的交叉而独立的学科。

（一）工程造价管理的含义

工程造价有两种含义，与之相对应的工程造价管理也是指两种意义上的管理，一是宏观的建设项目投资费用管理；二是微观的工程价格管理。

1. 宏观的工程造价管理

宏观的工程造价管理是指政府部门根据社会经济发展的实际需要，利用法律、经济和行政等手段，规范市场主体价格的行为，监控工程造价的系统活动。

具体来说，就是针对建设项目在建设中，全过程、全方位、多层次地运用法律、经济及行政等手段，通过对建设项目工程造价的预算、优化、控制、分析、监督等，以获得资源的最优配置和建设项目最大的投资效益。从这个意义上讲，工程造价管理是建筑市场管理的重要组成部分和核心内容，它与工程招投标、质量、施工安全有着密切关系，是保证工程质量和安全生产的前提。

2. 微观的工程造价管理

微观的工程造价管理是指工程参建主体根据工程有关计价依据和市场价格信息等预算、计划、控制、核算工程造价的系统活动。

具体来说，就是指从货币形态来研究完成一定建筑安装产品的费用构成以及如何运用各种经济规律和科学方法，对建设项目的立项、筹建、设计、施工、竣工交付使用的全过程的工程造价进行合理确定和有效控制。

（二）工程造价管理两种含义的关系

工程造价管理的两种含义既是一个统一体，又是相互区别的，主要的区别包括以下两点：

1. 管理性质不同

宏观的工程造价管理属于投资管理范畴，微观的工程造价管理属于价格管理范畴。

2. 管理目标不同

作为项目投资费用管理，在进行项目决策和实施过程中，追求的是决策的正确性,关注的是项目功能、工程质量、投资费用、能否按期或提前交付使用。作为工程价格管理,关注的是工程的利润成本,追求的是较高的工程造价和实际利润。

三、工程造价管理的范围

(一)全过程造价管理

全过程造价管理是指对于基本建设程序中规定的各个阶段实施的造价管理,主要内容包括:决策阶段的项目策划、投融资方案分析、投资估算以及经济评价;设计阶段的方案比选、限额设计以及概预算编制;建设准备阶段的发承包模式及合同形式的选择、招标控制价和投标报价的编制;施工阶段的工程计量、工程变更控制与索赔管理、工程结算;竣工验收阶段的竣工决算。

全过程造价管理是通过对建设项目的决策阶段、设计阶段、施工阶段和竣工验收阶段的造价管理,将工程造价发生额控制在预期的限额之内,即投资估算控制设计概算,设计概算控制施工图预算,施工图预算控制工程结算,并对各阶段产生的造价偏差进行及时的纠正,以确保工程项目投资目标的顺利实现。

(二)全要素造价管理

全要素造价管理是指对于项目基本建设过程中的主要影响因素进行集成管理,主要内容包括对建设项目的建造成本、工期成本、质量成本、环境与安全成本的管理。

工程的工期、质量、造价、安全是保证建设项目顺利完成、达到项目管理目标的重要因素。而工程的质量、工期、安全对工程项目的造价也有着显著的影响,如合理缩短工期、严格控制质量和保证安全,可以有效节约建造成本,达到项目的投资目标,因此,要实现全要素的造价管理,就要对各个要素的造价影响情况、影响程度以及影响的发展趋势进行分析预测,协调和平衡这些要素与造价之间的对立统一关系,以保证造价影响要素得到有效控制。

(三) 全风险造价管理

全风险造价管理是指对于各个建设阶段中影响造价的不确定性因素集合,增强主观防范风险意识,客观分析预见各种可能发生的风险,提前做好风险的预案评估,及时处理所发生的风险,并采取各种措施减低风险所造成的损失。主要内容包括：风险的识别、风险的评估、风险的处理以及风险的监控。

由于项目风险并不是一成不变的,最初识别并确定的风险事件及风险性造价可能会随着实施条件的变化而变化,因此,当项目的环境与条件发生变化以后,需要进一步识别项目的新风险,并对风险性造价进行确定,这项工作需要反复进行多次,直至项目结束为止。

(四) 全团队造价管理

全团队造价管理是指建设项目的参建各方均应对于工程实施有效的造价管理,即工程造价管理是政府建设主管部门、行业协会、建设单位、监理单位、设计单位、施工单位以及工程咨询机构的共同任务,又可称为全方位造价管理。

全团队造价管理主要是通过工程参建各方,如业主、监理方、设计方、施工方以及材料设备供应商等利益主体之间形成的合作关系,做到共同获利,实现双赢。要求各个利益集团的人员进行及时的信息交流,加强各个阶段的协作配合,才能最终实现有效控制工程造价的目标。

综上所述,在工程造价管理的范围中,全过程、全要素、全风险造价管理是从技术层面上开展的全面造价管理工作,全团队造价管理是从组织层面上对所有项目团队的成员进行管理的方法,为技术方面的实施提供了组织保障。

四、工程造价管理的内容

工程造价管理的核心内容就是合理确定和有效控制工程造价，二者存在着相互依存、相互制约的辩证关系。工程造价的确定是工程造价控制的基础和载体，工程造价的控制贯穿于工程造价确定的全过程，只有对建设各个阶段层层控制才能最终合理地确定造价，确定和控制工程造价的最终目标是一致的，二者相辅相成。

（一）合理确定工程造价

是指在建设过程的各个阶段，合理进行工程计价，也就是在基本建设程序的各个阶段，合理确定投资估算、设计概算、施工图预算、施工预算、工程结算和竣工决算造价。

1. 决策阶段合理确定投资估算价

投资估算的编制阶段是项目建议书及可行性研究阶段，编制单位是工程咨询单位，编制依据主要是投资估算指标。其作用是：在基本建设前期，建设单位向国家申请拟立建设项目或国家对拟立项目进行决策时，确定建设项目的相应投资总额而编制的经济文件，投资估算是作为资金筹措和申请贷款的主要依据。

2. 设计阶段合理确定设计概算价

设计概算的编制阶段是设计阶段，编制单位是设计单位，编制依据主要是：初步设计图纸，概算定额或概算指标、各项费用定额或取费标准。其作用是：确定建设项目从筹建到竣工验收、交付使用的全部建设费用的文件；根据设计总概算确定的投资数额，经主管部门审批后，就成为该项工程基本建设投资的最高限额。

3. 建设准备阶段合理确定施工图预算价

施工图预算的编制阶段是施工图设计完成后的建设准备阶段，编制单位是施工单位，编制依据主要是：施工图纸、施工组织设计和国家规定的现行工程预算定额、单位估价表及各项费用的取费标准、建筑材料预算价格、建设地区的自然和技术经济条件等资料。其作用是：由施工图预算可以确定招标控制价、投标报价和承包合同价；施工图预算是编制施工组织设计、进行成本核算的依据，也是拨付工程款和办理竣工结算的依据。

4. 施工阶段合理确定施工预算价

施工预算的编制阶段是施工阶段，编制单位是施工项目经理部或施工队，编制依据主要是：施工图、施工定额（包括劳动定额、材料和机械台班消耗定额）、单位工程施工组织设计或分部（项）工程施工过程设计和降低工程成本技术组织措施等资料。其作用是：施工企业内部编制施工、材料、劳动力等计划和限额领料的依据，同时也是考核单位用工、进行经济核算的依据。

5. 竣工验收阶段合理确定工程结算价和竣工决算价

工程结算的编制阶段是在工程项目建设的收尾阶段，编制单位是施工单位，编制依据主要是：施工过程中现场实际情况的记录、设计变更通知书、现场工程更改签证、预算定额、材料预算价格和各项费用标准等资料。其作用是：向建设单位办理结算工程价款，取得收入，用以填补施工过程中的资金损耗，确定施工盈亏的经济文件。工程结算价是该结算工程的实际建造价格。

竣工决算的编制阶段是在竣工验收阶段，是建设项目完工后，内建设单位编制的建设项目从筹建到建成投产或使用的全部实际成本的技术经济文件。它反映了工程项目建成后交付使用的固定资产及流动资金的详细情，是建设项目的实际投资总额。

（二）有效控制工程造价

有效控制工程造价就是在优化建设方案、设计方案的基础上，在基本建设程序的各个阶段，采用科学有效的方法和措施把工程造价所发生的费用控制在核定的造价限额范围以内，随时纠正其发生的偏差，以保证工程造价管理目标的实现。

1. 工程造价的有效控制过程

工程造价的有效控制是指每一个阶段的造价额都在其上一个阶段造价

额的控制范围内，以投资估算控制设计概算，设计概算控制施工图预算，施工图预算控制工程结算，反之，即为"三超现象"，是工程造价管理的失控现象。

2.工程造价的有效控制原则。

工程造价的有效控制应遵循如下原则。

（1）工程建设全过程造价控制应以设计阶段为重点。

工程造价控制关键在于投资决策和设计阶段，在项目投资决策后，控制工程造价的关键在于设计，设计质量将决定着整个工程建设的效益。

（2）变被动控制工程造价为主动控制工程造价，提高控制效果。

主动控制是积极的，被动控制是不可缺少的，两者相辅相成，重在目标的实现对于工程造价控制，不仅要反映投资决策、设计、发包和施工，进行被动的控制；更重要的是能动地影响投资决策、设计、发包和施工，主动地控制工程造价。

（3）加强技术与经济相结合，控制工程造价。

工程造价的控制应从组织、技术、经济、合同管理等多方面采取措施，从组织上明确项目组织结构以及管理职能分工；从技术上重视设计方案的选择，严格审查设计资料及施工组织设计；从经济上要动态地比较工程造价的计划值和实际值，对发现的偏差及时纠正；从合同上要做好工程的变更和索赔管理。

五、工程造价管理的目标、任务、特点和对象

（一）工程造价管理的目标

工程造价管理的目标是按照经济规律的要求，根据社会主义市场经济的发展形势，利用科学的管理方法和先进的管理手段，合理地确定工程造价和有效地控制造价，以提高投资效益。

合理确定造价和有效控制造价是有机联系辩证的关系，贯穿于工程建

设全过程。控制工程造价的目的，不仅仅在于控制工程项目投资不超过批准的造价限额，更积极的意义在于合理使用人力、物力、财力，以取得最大的投资效益。

（二）工程造价管理的任务

工程造价管理的任务是：加强工程造价的全过程动态管理，强化工程造价的约束机制，维护有关各方的经济利益，规范价格行为，促进微观效益和宏观效益的统一。具体来说，工程造价管理的基本任务是在工程建设中对工程造价进行预算、优化、控制、分析评价和监督。

（1）工程造价的预算是指根据建设项目决策内容、技术文件、社会经济水平等资料，按照一定的方法对拟建工程项目的花费做出测算。

（2）工程造价的优化是以资源的优化配置为目标而进行的工程造价管理活动。在满足工程项目功能的前提下，通过确定合理的建设规模进行设计方案及施工组织的优化，实现资源的最小化。

（3）工程造价的控制是在工程建设的每一个阶段，检查造价控制目标（如批准的概算、合同总价等）的实现情况。若发现偏差，立即分析原因，及时进行调整，以确保既定目标的实现。

（4）工程造价的分析评价贯穿于整个工程造价管理过程之中，它包括工程造价的构成分析、技术经济分析、比较分析等。

工程造价的构成分析主要是对工程造价的组成要素、所占比例等进行分析，为工程造价管理提供依据；工程造价的技术经济分析主要是对设计及施工方案等进行技术经济分析，以确定工程造价是否合理；工程造价的比较分析是对工程造价进行纵向或横向比较，例如：估算、概算、预算三者进行对比分析；拟建工程的技术经济指标与已建工程的技术经济指标进行对比分析。

（5）工程造价的监督。工程造价的监督主要是指根据国家的有关文件和规定对建设工程项目进行审查与审计。

（三）工程造价管理的特点

建筑产品作为特殊的商品，具有不同于一般商品的特征，如建设周期长、资源消耗大、参与建设人员多、计价复杂等。相应地，反映在工程造价管理上则表现为参与主体多、阶段性管理、动态化管理、系统化管理的特点。

1. 工程造价管理的多主体性

工程造价管理的参与主体不仅包括建设单位项目法人，还包括工程项目建设的投资主管部门、行业协会、设计单位、施工单位、造价咨询机构等。具体来说，决策主管部门要加强项目的审批管理；项目法人要对建设项目从筹建到竣工验收全过程负责；设计单位要把好设计质量和设计变更关；施工企业要加强施工管理等。因此，工程造价管理具有明显的多主体性。

2. 工程造价管理的多阶段性

建设工程项目从可行性研究开始，依次进行设计、招标投标、工程施工、竣工验收等阶段，每一个阶段都有相应的工程造价文件，而每一个阶段的造价文件都有特定的作用，例如：投资估算价是进行建设项目可行性研究的重要参数，设计概预算是设计文件的重要组成部分；招标拦标价及投标报价是进行招投标的重要依据；工程结算是承发包双方控制造价的重要手段；竣工决算是确定新增固定资产的依据。因此，工程造价的管理需要分阶段进行。

3. 工程造价管理的动态性

工程造价管理的动态性有两个方面：一是指工程建设过程中有许多不确定因素，如物价、自然条件、社会因素等，对这些不确定因素必须采用动态的方式进行管理；二是指工程造价管理的内容和重点在项目建设的各个阶段是不同的、动态的。例如：可行性研究阶段工程造价管理的重点在于提高投资估算的编制精度以保证决策的正确性；招投标阶段是要使招标拦标价和投标报价能够反映市场；施工阶段是要在满足质量和进度的前提下降低工程造价以提高投资效益。

4. 工程造价管理的系统性

工程造价管理具备系统性的特点。例如，投资估算、设计概预算、招标拦标价（投标报价）、工程结算与竣工决算组成了一个系统。因此应该将工程造价管理作为一个系统来研究，用系统工程的原理、观点和方法进行工程造价管理，才能实施有效的管理，实现最大的投资效益。

（四）工程造价管理的对象

建设工程造价管理的对象分客体和主体。客体是建设项目，而主体是业主或投资人（建设单位）、承包商或承建商（设计单位、施工单位、项目管理单位）以及监理、咨询等机构及其工作人员。对各个管理对象而言，具体的工程造价管理工作的范围、内容以及作用各不相同。

六、工程造价管理的组织

工程造价管理的组织是指为了实现工程造价管理目标而进行的有效组织活动，以及与造价管理功能相关的有机群体。按照管理的权限和职责范围划分，我国目前的工程造价管理组织分为政府行政管理、行业协会管理以及企业、事业机构管理。

（一）政府部门的行政管理

政府在工程造价管理中既是宏观管理主体，也是政府投资项目的微观管理主体。从宏观管理的角度，政府对工程造价管理有一个严密的组织系统，设置了多层管理机构，规定了管理权限和职责范围。住房和城乡建设部（住建部）标准定额司是国家工程造价管理的最高行政管理机构，它的主要职责是：①组织拟订工程建设国家标准、全国统一定额、建设项目评价方法、经济参数和建设标准、建设工期定额、公共服务设施（不含通信设施）建设标准；拟订工程造价管理的规章制度。②拟订部管行业工程标准、经济定额和产品标准，指导产品质量认证工作。③指导监督各类工程建设标准定额的实施。④拟订工程造价咨询单位的资质标准并监督执行。

各省、自治区、直辖市和其他主管部门的建设管理机构在其管辖范围内行使相应的管理职能；地级市和地区的建设管理部门在所管辖地区行使相应的管理职能。

（二）行业协会的自律管理

中国建设工程造价管理协会是我国建设工程造价管理的行业协会。

我国工程造价管理协会已初步形成三级协会体系，即：中国建设工程造价管理协会、省、自治区、直辖市和行业工程造价管理协会、工程造价管理协会分会。其职责范围也初步形成了宏观领导、中观区域和行业指导、微观具体实施的体系。

中国建设工程造价管理协会作为建设工程造价咨询行业的自律性组织，其行业管理的主要职能包括：

（1）研究工程造价咨询与管理改革和发展的理论、方针、政策，参与相关法律法规、行业政策及行业标准规范的研究制定。

（2）制定并组织实施工程造价咨询行业的规章制度、职业道德准则、咨询业务操作规程等行规行约，推动工程造价行业诚信建设，开展工程造价咨询成果文件质量检查等活动，建立和完善工程造价行业自律机制。

（3）研究和探讨工程造价行业改革与发展中的热点、难点问题，开展行业的调查研究工作，倾听会员的心声，向政府有关部门反映行业和会员的建议和诉求，维护会员的合法权益，发挥联系政府与企业间的桥梁和纽带作用。

（4）接受政府部门委托，协助开展工程造价咨询行业的日常管理工作。开展注册造价工程师考试、注册及继续教育、造价员队伍建设等具体工作。

（5）组织行业培训，开展业务交流，推广工程造价咨询与管理方面的先进经验，开展工程造价先进单位会员、优秀个人会员及优秀工程造价咨询成果评选和推介等活动。

（6）办好协会的网站，出版《工程造价管理》期刊，组织出版有关工程造价专业和教育培训等书籍，开展行业宣传和信息咨询服务。

（7）维护行业的社会形象和会员的合法权益，协调会员和行业内外关系，受理工程造价咨询行业中执业违规的投诉，对违规者实行行业惩戒或提请政府主管部门进行行政处罚。

（8）代表中国工程造价咨询行业和中国注册造价工程师与国际组织及各国同行建立联系，履行相关国际组织成员应尽的职责和义务，为会员开展国际交流与合作提供服务。

（9）指导中国建设工程造价管理协会各专业委员会和各地方造价协会的业务工作。

（10）完成政府及其部门委托或授权开展的其他工作。

地方建设工程造价管理协会作为建设工程造价咨询行业管理的地方性组织，在业务上接受中国建设工程造价管理协会的指导，协助地方政府建设主管部门和中国建设工程造价管理协会进行本地区建设工程造价咨询行业的自律管理。

（三）企业、事业机构管理

企业、事业机构对工程造价的管理，属于微观管理的范畴，通常是针对具体的建设项目而实施工程造价管理活动。企业、事业机构管理系统根据主体的不同，可划分为业主方工程造价管理系统、承包方工程造价管理系统、中介服务方工程造价管理系统。

1. 业主方工程造价管理

业主对项目建设的全过程进行造价管理，其职责主要是：进行可行性研究、投资估算的确定与控制；设计方案的优化和设计概算的确定与控制；施工招标文件和标底的编制；工程进度款的支付和工程结算及控制；合同价的调整；索赔与风险管理；竣工决算的编制等。

2. 承包方工程造价管理

承包方工程造价管理组织的职责主要有：投标决策，并通过市场研究、结合自身积累的经验进行投标报价；编制企业定额；在施工过程中进行工程造价的动态管理，加强风险管理、工程进度款的支付、工程索赔、竣工结算；同时加强企业内部的管理，包括施工成本的预测、控制与核算等。

3. 中介服务方工程造价管理

中介服务方主要有设计方与工程造价咨询方，其职责包括：按照业主或委托方的意图，在可行性研究和规划设计阶段确定并控制工程造价；采用限额设计以实现设定的工程造价管理目标，招投标阶段编制拦标价，参与评标、议标；在项目实施阶段，通过设计变更、工期、索赔与结算等工作进行工程造价的控制。

七、现代工程造价管理发展模式

工程造价管理理论是随着现代管理科学的发展而发展的，到20世纪70年代末有新的突破。世界各国纷纷借助其他管理领域的最新发展，开始了对工程造价计价与控制更为深入和全面的研究。这一时期，英国提出了"全寿命期造价管理"的工程项目投资评估与造价管理的理论与方法。稍后，美国推出了"全面造价管理"这一涉及工程项目战略资产管理、工程项目造价管理的概念和理论。从此，国际上的工程造价管理研究与实践进入了一个全新发展阶段。我国在20世纪80年代末至90年代初提出了全过程造价管理的思想和观念，要求工程造价的计算与控制必须从立项就开始全过程的管理活动，从前期工作开始抓起，直到竣工为止。而后又出现多种具有时代特征的工程造价管理模式，如全寿命期工程造价管理、全面工程造价管理、协同工程造价管理和集成工程造价管理等模式，每一种模式都体现了工程造价管理发展的需要。

第二章 水利工程项目经济分析基础

水利建设项目常常是由多种性质的水工建筑物构成的复杂建筑综合体。同其他工程相比,水利建设项目包含的建筑种类多、涉及面广。本章主要探讨建筑给水系统的概况、水利工程概算基本知识和工程项目的资金时间价值与现金流量。

第一节 基本建设项目与程序

一、基本建设项目

(一) 基本建设的概念

基本建设是形成固定资产的活动,是指国民经济各部门利用国家预算拨款、自筹资金、国内外基本建设贷款以及其他专项资金进行的以扩大生产能力(或增加工程效益)为主要目的的新建、扩建、改建、技术改造、恢复和更新等工作。换言之,基本建设就是固定资产的建设,即建筑、安装和购置固定资产的活动及其与之相关的工作。

基本建设是发展社会生产力、增强国民经济实力的物质技术基础,是改善和提高人民群众生活水平和文化水平的重要手段,是实现社会扩大再生产的必要条件。

固定资产是指在社会再生产过程中可供生产或生活较长时间使用，在使用过程中基本不改变其实物形态的劳动资料和其他物质资料。它是人们生产和生活的必要物质条件。固定资产应同时具备以下两个条件：一是使用年限在一年以上；二是单项价值在规定限额以上。固定资产的社会属性，即从它在生产和使用过程中所处的地位和作用来看，可分为生产性固定资产和非生产性固定资产两大类。前者是指在生产过程中发挥作用的劳动资料，如工厂、矿山、油田、电站、铁路、水库、海港、码头、路桥工程等；后者是指在较长时间内直接为人民的物质文化生活服务的物质资料，如住宅、学校、医院、体育活动中心和其他生活福利设施等。

（二）基本建设的内容

基本建设包括的工作内容主要分为以下几个方面。

1. 建筑安装工程

建筑安装工程是基本建设工作的重要组成部分。建筑施工企业通过建筑安装活动生产出建筑产品，形成固定资产。建筑安装工程包括建筑工程和安装工程。建筑工程包括各种建筑物、房屋、设备基础等的建造工作；安装工程包括生产、动力、起重、运输、输配电等需要安装的各种机电设备和金属结构设备的安装、试用等工作。

2. 设备、工（器）具的购置

设备、工（器）具的购置是指建设单位因建设项目的需要向制造行业采购或自制达到固定资产标准的机电设备、金属结构设备、工具、器具等的工作。

3. 其他基建工作

其他基建工作是指凡不属于以上两项的基本建设工作。例如，规划、勘测、设计、科学试验、征地移民、水库清理、施工队伍转移、生产准备等工作。

（三）基本建设的分类

1. 按建设的形式

可以分为新建项目、扩建和改建项目、迁建项目，以及恢复项目。新建项目是指从无到有、平地起家的建设项目；扩建和改建项目是在原有企业、事业和行政单位的基础上，扩大产品的生产能力或增加新产品的生产能力，以及对原有设备和工程进行全面技术改造的项目；迁建项目是原有企业、事业单位由于各种原因，经有关部门批准搬迁到别地建设的项目；恢复项目是指对由于自然或人为灾害等原因而遭到毁坏的固定资产进行重建的项目。

2. 按建设的用途

可以分为生产性基本建设项目和非生产性基本建设项目。生产性基本建设项目是指用于物质生产和直接为物质生产服务的建设项目，包括工业建设、建筑业和地质资源勘探事业建设和农林水利建设等；非生产性基本建设项目是指服务于人民物质和文化生活的建设项目，包括住宅、学校、医院、影剧院以及国家行政机关和金融保险业的建设等。

3. 按建设规模和总投资的大小

可以分为大型建设项目、中型建设项目、小型建设项目。

4. 按建设阶段

可以分为预备项目、筹建项目、施工项目、建成投资项目和收尾项目。

5. 按隶属关系

可以分为国务院各部门直属项目、地方投资国家补助项目、地方项目和企事业单位自筹建设项目。

（四）基本建设项目的划分

在工程项目的实施过程中，为了准确地确定整个建设项目的建设费用，必须对项目进行科学的分析、研究，并进行合理的划分，把建设项目划分为简单且便于计算的基本构成项目，然后汇总求出工程项目造价。

一个建设项目是一个完整配套的综合性产品，根据我国在工程建设领域内的有关规定和习惯做法，按照它的组成内容的不同，可划分为建设项目、单项工程、单位工程、分部工程、分项工程等五个项目层次：①建设项目一般是指具有设计任务书和总体设计、经济上实行统一核算、管理上具有独立的组织形式的基本建设单位。②单项工程又称工程项目。单项工程是具有独立的设计文件，建成后能独立发挥生产能力或效益的工程。例如，长江三峡水利枢纽工程中的混凝重力式大坝、泄水闸、堤后式水电站、永久性通航船闸、升船机等单项工程。③单位工程是具有独立设计，可以独立组织施工，但竣工后一般不能独立发挥生产能力和效益的工程。它是单项工程的组成部分。例如，长江三峡水利枢纽工程中的泄水闸工程可划分为建筑工程和安装工程等单位工程。④分部工程是单位工程的组成部分。分部工程是按单位工程的结构形式、工程部位、构件性质、使用材料、设备种类及型号等的不同来划分的。例如，长江三峡水利枢纽工程中的泄水闸建筑工程可划分为土石方开挖工程、土石方填筑工程、混凝土工程、模板工程等分部工程。⑤分项工程是分部工程的组成部分。按照不同的施工方法、不同的使用材料、不同的构造及规格，将一个分部工程更细致地分解为若干个分项工程。例如，建筑工程土石方填筑工程可划分为浆砌块石护底、浆砌石护坡等分项工程。

分项工程是组成单位工程的基本要素，它是工程造价的基本计算单位体，在计价性定额中是组成定额的基本单位体，又称定额子目。

正确地把建设项目划分为几个单项工程，并按单项工程到单位工程，单位工程到分部工程，分部工程到分项工程的划分方式逐步细化，再从最小的基本要素分项工程开始进行计量与计价，逐步形成分部工程、单位工程、单项工程的工程造价，最后汇总可得到建设项目的工程造价。

二、基本建设程序

（一）建设项目的基本建设程序

根据我国基本建设的实践，水利水电工程的基本建设程序为：根据资源条件和国民经济长远发展规划，进行流域或河段规划，提出项目建议书；进行可行性研究和项目评估，编制可行性研究报告；可行性研究报告批准后，进行初步设计；初步设计经过审批，项目列入国家基本建设年度计划；进行施工准备和设备订货；开工报告批准后正式施工；建成后进行验收投产；生产运行一定时间后，对建设项目进行后评价。

鉴于水利水电工程建设规模大、施工工期相对较长、施工技术复杂、横向交叉面广、内外协作关系和工序多等特点，水利水电基本建设较其他部门的基本建设有一定的特殊性，工程失事后危害性也比较大。因此，水利水电基本建设程序较其他部门建设更为严格，否则将会造成严重的后果和巨大的经济损失。

水利水电工程基本建设程序的具体工作内容如下。

1. 流域规划（或河段规划）

流域规划应根据该流域的水资源条件和国家长远计划，以及该地区水利水电工程建设发展的要求，提出该流域水资源的梯级开发和综合利用的最优方案。对该流域的自然地理、经济状况等进行全面、系统的调查研究，初步确定流域内可能的建设位置，分析各个坝址的建设条件，拟订梯级布置方案、工程规模、工程效益等，进行多方案的分析与比较，选定合理的梯级开发方案，并推荐近期开发的工程项目。

2. 项目建议书

项目建议书应根据国民经济和社会发展的长远规划、流域综合规划、区域综合规划、专业规划，按照国家产业政策和国家有关投资建设方针进行编制，是对拟进行建设项目的初步说明。

项目建议书是在流域规划的基础上，由主管部门提出建设项目的轮廓设想，从宏观上衡量分析项目建设的必要性和可能性，分析建设条件是否具备，是否值得投入资金和人力。

项目建议书的编制一般由政府委托有相应资质的设计单位承担，并按照国家现行规定权限向主管部门申报审批。项目建议书被批准后，由政府向社会公布，若有投资建设意向，则组建项目法人筹备机构，进行可行性研究工作。

3. 可行性研究

可行性研究是项目能否成立的基础，这个阶段的成果是可行性研究报告。它是运用现代技术科学、经济科学和管理工程学等，对项目进行技术经济分析的综合性工作。其任务是研究兴建某个建设项目在技术上是否可行，经济效益是否显著，财务上是否能够盈利；建设中要动用多少人力、物力和资金；建设工期的长短；如何筹备建设资金等重大问题。因此，可行性研究是进行建设项目决策的主要依据。

水利水电工程项目的可行性研究是在流域（河段）规划的基础上，组织各方面的专家、学者对拟建项目的建设条件进行全方位多方面的综合论证比较。例如，三峡工程就涉及许多部门和专业。

可行性研究报告按国家现行规定的审批权限报批。申请项目可行性研究报告必须同时提出项目法人组建方案及运行机制、资金筹措方案、资金结构及回收资金办法，并依照有关规定附上具有管辖权的水行政主管部门或流域机构签署的规划同意书、对取水许可预申请的书面审查意见。审批部门要委托有相应资质的工程咨询机构对可行性研究报告进行评估，并综合行业主管部门、投资机构（公司）、项目法人（或筹备机构）等方面的意见进行修改。项目的可行性研究报告获批后，应正式成立项目法人，并按项目法人责任制实行项目管理。

4. 设计阶段

可行性研究报告获批后，项目法人应择优选择有相应资质的设计单位承担工程的勘测设计工作。

对于水利水电工程来说，承担设计任务的单位在进行设计以前，要认真地研究可行性研究报告，并进行勘测、调查和试验研究工作；要全面收集建设地区的工农业生产、社会经济、自然条件，包括水文、地质、气象等资料；要对坝址、库区的地形、地质进行勘测、勘探，对岩土地基进行分析试验，对建设地区的建筑材料分布、储量、运输方式、单价等要调查、勘测。不仅设计前要有大量的勘测、调查、试验工作，在设计中以及工程施工中还要进行相当细致的勘测、调查、试验工作。

设计工作是分阶段进行的。一般采用两阶段设计，即初步设计与施工图设计。对于某些大型工程或技术复杂的工程一般采用三阶段设计，即初步设计、技术设计及施工图设计。

（1）初步设计

初步设计是根据批准的可行性研究报告及必要且准确的设计资料，对设计对象进行通盘研究，阐明拟建工程在技术上的可行性和经济上的合理性，规定项目的各项基本技术参数，编制项目的总概算。初步设计任务应择优选择有相应资质的设计单位承担，依照有关初步设计的编制规定进行编制。

初步设计主要是解决建设项目的技术可行性和经济合理性问题。初步设计具有一定程度的规划性质，是建设项目的"纲要"设计。

初步设计是在可行性研究的基础上进行的，要提出设计报告、初设概算和经济评价三类资料。初步设计的主要任务是确定工程规模；确定工程总体布置、主要建筑物的结构形式及布置；确定电站或泵站的机组机型、装机容量和布置；选定对外交通方案、施工导流方式、施工总进度和施工总布置、主要建筑物施工方法及主要施工设备、资源需求量及其来源；确定水库淹没、工程占地的范围，提出水库淹没处理、移民安置规划和投资概算；提出环境保护措施设计；编制初步设计概算；复核经济评价等。对于灌区工程来说，还要确定灌区的范围、主要干支渠的规划布置、渠道的初步定线、断面设计和土石方量的估算等。

对大中型水利水电工程中一些重大问题，如新坝型、泄洪方式、施工导流、截流等，应进行相应深度的科学研究，必要时应有模型试验成果的论证。初步设计批准前，一般由项目法人委托有相应资质的工程咨询机构或组织专家，对初步设计中的重大问题进行咨询论证。设计单位根据咨询论证意见，对初步设计文件进行补充、修改和细化。初步设计由项目法人组织审查后，按国家现行规定权限向主管部门申报审批。

（2）技术设计

技术设计是根据初步设计和更详细的调查研究资料编制的，用以进一步解决初步设计中的重大技术问题，如工艺流程、建筑结构、设备选型及数量的确定等，以使建设项目的设计更具体、更完善、经济指标更好。

技术设计要完成以下内容：落实各项设备的选型方案、关键设备的科研调查，根据提供的设备规格、型号、数量进行订货；对建筑和安装工程提供必要的技术数据，从而可以编制施工组织总设计；编制修改总概算，并提出符合建设总进度的分年度所需要资金的数额，修改总概算金额应控制在设计总概算金额之内；列举配套工程项目、内容、规模和要求配套建成的期限；为工程施工所进行的组织准备和技术准备提供必要的数据。

（3）施工图设计

施工图设计是在初步设计和技术设计的基础上，根据建安工程的需要，针对各项工程的具体施工，绘制施工详图。施工图纸一般包括：施工总平面图，建筑物的平面图、立面图、剖面图，结构详图（包括钢筋图），设备安装详图，各种材料、设备明细表，施工说明书。根据施工图设计，提出施工图预算及预算书。

设计文件编好以后，必须按照规定进行审核和批准。施工图设计文件是已定方案的具体化，由设计单位负责完成。在交付施工单位时，须经建设单位技术负责人审查签字。根据现场需要，设计人员应到现场进行技术交底，并可以根据项目法人、施工单位及监理单位提出的合理化建议进行局部设计修改。

5.施工准备阶段

项目在主体工程开工之前，必须完成各项施工准备工作，其主要内容具体如下：①施工场地的征地、拆迁，施工用水、电、通信、道路的建设和场地平整等工程；②完成必需的生产、生活临时建筑工程；③组织招标设计、咨询、设备和物资采购等服务；④组织建设监理和主体工程招标投标，并择优选择建设监理单位和施工承包商；⑤进行技术设计，编制修正总概算和施工详图设计,编制设计预算。

施工准备工作开始前,项目法人或其代理机构,须依照有关规定,向行政主管部门办理报建手续,同时交验工程建设项目的有关批准文件。工程项目报建后,方可组织施工方准备工作。工程建设项目施工,除某些不适合招标的特殊工程项目外(须经水行政主管部门批准),均须实行招标投标。水利水电工程项目在进行施工准备工作时必须满足以下条件:初步设计已经批准;项目法人已经建立;项目已列入国家或地方水利建设投资计划;筹资方案已经确定;有关土地使用权已经批准;已办理报建手续。

6. 建设实施阶段

建设实施阶段是指主体工程的建设实施。项目法人按照批准的建设文件,组织工程建设,保证项目建设目标的实现。

项目法人或其代理机构,必须按审批权限,向主管部门提出主体工程开工申请报告,经批准后,主体工程方可正式开工。主体工程开工须具备以下条件:①前期工程各阶段文件已按规定批准,施工详图设计可以满足初期主体工程的施工需要。②建设项目已列入国家或地方水利水电工程建设投资年度计划,年度建设资金已落实。③主体工程招标已经决标,工程承包合同已经签订,并得到主管部门的同意。④现场施工准备和征地移民等建设外部条件能够满足主体工程的开工需要。⑤建设管理模式已经确定,投资主体与项目主体的管理关系已经理顺。⑥项目建设所需全部投资来源已经明确,且投资结构合理。⑦项目产品的销售已有用户承诺,并确定了定价原则。

要按照"政府监督、项目法人负责、社会监理、企业保证"的要求,建立健全质量管理体系,重要的建设项目须设立质量监督项目站,行使政府对项目建设的监督职能。

7. 生产准备阶段

生产准备是项目投产前所要进行的一项重要工作,是建设阶段转入生产经营的必要条件。项目法人应按照建管结合和项目法人责任制的要求,适时做好有关生产准备工作,生产准备工作应根据不同类型的工程要求确定，一般应包括如下内容：①生产组织准备。建立生产经营的管理机构及其相应的管理制度。②招收和培训人员。按照生产运营的要求，配备生产管理人员，并通过多种形式的培训，提高人员素质，使之能满足运营要求。生产管理人员要尽早介入工程的施工建设，参加设备的安装调试，熟悉情况，掌握好生产技术和工艺流程，为顺利衔接基本建设和生产经营阶段做好准备。③生产技术准备。主要包括技术资料的汇总、运行技术方案的制定、岗位操作规程的制定和新技术的准备。④生产物资准备。主要是落实投产运营所需要的原材料、协作产品、工器具、备品备件和其他协作配合条件的准备。⑤正常的生活福利设施准备。⑥及时具体落实产品销售合同协议的签订，提高生产经营效益，为偿还债务和资产的保值增值创造条件。

8. 竣工验收

竣工验收是工程完成建设目标的标志，是全面考核基本建设成果、检验设计和工程质量的重要步骤。竣工验收合格的项目即从基本建设转入生产或使用阶段。

当建设项目的建设内容全部完成，经过单位工程验收，符合设计要求，并按水利基本建设项目档案管理的有关规定，完成了档案资料的整理工作；在完成竣工报告、竣工决算等必需文件的编制后，项目法人按照有关规定，向验收主管部门提出申请，并根据《水利水电建设工程验收规程》组织验收。

竣工决算编制完成后，须由审计机关组织竣工审计，其审计报告作为竣工验收的基本资料。对工程规模较大、技术较复杂的建设项目可先进行初步验收。不合格的工程不予验收；对于有遗留问题的工程必须有具体的处理意见；对于有限期处理的工程须明确要求并落实负责人。

水利水电工程按照设计文件所规定的内容建成以后，在办理竣工验收以前，必须进行试运行。例如，对灌溉渠道要进行放水试验；对水电站、抽水站要进行试运转和试生产，以检查考核其是否达到设计标准和施工验收的质量要求。如工程质量不合格，应返工或加固。

竣工验收的目的是全面考核建设成果，检查设计和施工质量，及时解决影响投产的问题，办理移交手续，交付使用。

竣工验收程序一般分为两个阶段，即单项工程验收和整个工程项目的全部验收。对于大型工程，因其建设时间长或建设过程中逐步投产，应分批组织验收。验收之前，项目法人要组织设计、施工等单位进行初验并向主管部门提交验收申请，并根据《水利水电建设工程验收规程》组织验收。

项目法人要系统整理技术资料，绘制竣工图，分类立卷，在验收后作为档案资料交给生产单位保存。项目法人要认真清理所有财产和物资，做好工程竣工决算，报上级主管部门审批。竣工决算编制完成后，须由审计机关组织竣工审计，审计报告是竣工验收的基本资料。

水利水电工程把上述验收程序分为阶段验收和竣工验收，凡能独立发挥作用的单项工程均应进行阶段验收，如截流、下闸蓄水、机组启动、通水等。

9. 后评价

后评价是工程交付生产运行后一段时间内（一般经过 1~2 年），对项目的立项决策、设计、施工、竣工验收、生产运营等全工程进行系统评估的一种技术活动，是基本建设程序的最后一环。通过后评价达到肯定成绩、总结经验、研究问题、提高项目决策水平和投资效果的目的。通常包括影响评价、经济效益评价和过程评价。

（1）影响评价

影响评价是项目投产后对各方面的影响所进行的评价。

（2）经济效益评价

经济效益评价是对项目投资、国民经济效益、财务效益、技术进步和规模效益、可行性研究深度等方面进行的评价。

（3）过程评价

过程评价是对项目立项、设计、施工、建设管理、竣工投产、生产运营等全过程进行的评价。项目后评价工作一般按三个层次组织实施，即项目法人的自我评价、项目行业的评价、计划部门（或主要投资方）的评价。

建设项目后评价工作必须遵循客观、公正、科学的原则，做到分析合理、评价公正。

以上所述基本建设程序的九项内容，既是我国对水利水电工程建设程序的基本要求，也基本反映了水利水电工程建设工作的全过程。

（二）建设项目工程造价的分类

建筑项目工程造价可以根据不同的建设阶段、编制对象（或范围）、承包结算方式等进行分类。

1. 投资估算

投资估算是指建设项目在项目建议书和可行性研究阶段，根据建设规模结合估算指标、类似工程造价资料、现行的设备材料价格，对拟建设项目未来发生的全部费用进行预测和估算。投资估算是判断项目可行性、进行项目决策的主要依据之一，又是建设项目筹资和控制造价的主要依据。

2. 设计概算

设计概算是在初步设计或扩大初步设计阶段编制的计价文件，是在投资估算的控制下由设计单位根据初步设计图纸及说明、概算定额（或概算指标）、各项费用定额或取费标准、设备、材料预算价格以及建设地点的自然、技术、经济条件等资料，用科学的方法计算、编制和确定的有关建设项目从筹建至竣工交付使用所需全部费用的文件。采用两阶段设计的建设项目，初步设计阶段必须编制设计概算。

3. 修正概算

修正概算是当采用三阶段设计时，在技术设计阶段，随着对初步设计内容的深化，对建设规模、结构性质、设备类型等方面可能进行必要的修改和变动，由设计单位对初步设计总概算做出相应的调整和变动，即形成修正设计概算。一般修正设计概算不能超过原已批准的概算投资额。

4. 施工图预算

施工图预算是在设计工作完成并经过图纸会审之后，根据施工图纸、图纸会审记录、施工方案、预算定额、费用定额、各项取费标准、建设地区设备、人工、材料、施工机械台班等预算价格编制和确定的单位工程全部建设费用的建筑安装工程造价文件。

5. 工程结算

工程结算是指承包商按照合同约定和规定的程序，向业主收取已完工程价款清算的经济文件。工程结算分为工程中间结算、年终结算和竣工结算。

6. 竣工决算

竣工决算是指业主在工程建设项目竣工验收后，由业主组织有关部门，以竣工结算等资料为依据编制的反映建设项目实际造价文件和投资效果的文件。竣工决算真实地反映了业主从筹建到竣工交付使用为止的全部建设费用，是核定新增固定资产价值，办理其交付使用的依据，是业主进行投资效益分析的依据。

三、水利工程施工组织管理

（一）水利工程施工组织基础

1. 建设工程项目管理的国际化

随着人类社会在经济、技术、社会和文化等各方面的发展，建设工程项目管理理论与知识体系的逐渐完善，进入21世纪以后，在工程项目管理方面出现了以下新的发展趋势。

随着经济全球化的逐步深入，工程项目管理的国际化已经形成潮流。工程项目的国际化要求项目按国际惯例进行管理。按国际惯例就是依照国际通用的项目管理程序、准则与方法以及统一的文件形式进行项目管理，使参与项目的各方在项目实施中建立起统一的协调基础。

2. 建设工程项目管理的信息化

伴随着计算机和互联网走进人们的工作与生活，以及知识经济时代的到来，工程项目管理的信息化已成必然趋势。作为当今更新速度最快的计算机技术和网络技术在企业经营管理中普及应用的速度迅猛，而且呈现加速发展的态势。这给项目管理带来很多新的生机，在信息高度膨胀的今天，工程项目管理越来越依赖于计算机和网络，无论是工程项目的预算、概算、工程的招标与投标、工程施工图设计、项目的进度与费用管理、工程的质量管理、施工过程的变更管理、合同管理，还是项目竣工决算都离不开计算机与互联网，工程项目的信息化已成为提高项目管理水平的重要手段。

3. 建设工程项目全寿命周期管理

建设工程项目全寿命周期管理是将项目决策阶段的开发管理，实施阶段的项目管理和使用阶段的设施管理集成为一个完整的项目全寿命周期管理系统，是对工程项目实施全过程的统一管理，使其在功能上满足设计需求，在经济上可行，达到业主和投资人的投资收益目标。所谓项目全寿命周期是指从项目前期策划、项目目标确定，直至项目终止、临时设施拆除的全部时间年限。建设工程项目全寿命周期管理既要合理确定目标、范围、规模、建筑标准等，又要使项目在既定的建设期限内，在规划的投资范围内，保质保量地完成建设任务，确保所建设的工程项目满足投资商、项目的经营者和最终用户的要求；还要在项目运营期间，对永久设施物业进行维护管理、经营管理，使工程项目尽可能创造最大的经济效益。这种管理方式是工程项目面对市场，直接为业主和投资人服务的集中体现。

4. 建设工程项目管理专业化

现代工程项目投资规模大、应用技术复杂、涉及领域多、工程范围广泛的特点，带来了工程项目管理的复杂性和多变性，对工程项目管理过程提出了更新更高的要求。因此，专业化的项目管理者或管理组织应运而生。在项目管理专业人士方面，通过IPMP（国际项目管理专业资质认证）和PMP（国际资格认证）认证考试的专业人员就是一种形式。在我国工程项目领域的执业咨询工程师、监理工程师、造价工程师、建造师，以及在设计过程中的建设工程师、结构工程师等，都是工程项目管理人才专业化的形式。而专业化的项目管理组织——工程项目（管理）公司是国际工程建设界普遍采用的一种形式。除此之外，工程咨询公司、工程监理公司、工程设计公司等也是专业化组织的体现。可以预见，随着工程项目管理制度与方法的发展，工程管理的专业化水平还会有更大的提高。

（二）水利工程施工项目管理

施工项目管理是施工企业对施工项目进行有效的掌握控制，主要特征包括：一是施工项目管理者是建筑施工企业，他们对施工项目全权负责；二是施工项目管理的对象是施工项目，具有时间控制性，也就是施工项目有运作周期（投标——竣工验收）；三是施工项目管理的内容是按阶段变化的。根据建设阶段及要求的变化，管理的内容具有很大的差异；四是施工项目管理要求强化组织协调工作，主要是强化项目管理班子，优选项目经理，科学地组织施工并运用现代化的管理方法。

在施工项目管理的全过程中，为了取得各阶段目标和达到最终目标的实现，在进行各项活动中，必须加强管理工作。

1. 建立施工项目管理组织

①由企业采用适当的方式选聘称职的施工项目经理。②根据施工项目组织原则，选用适当的组织形式，组建施工项目管理机构，明确责任、权利和义务。③在遵守企业规章制度的前提下，根据施工项目管理的需要，制订施工项目管理制度。

项目经理作为企业法人代表的代理人，对工程项目施工全面负责，一般不准兼管其他工程，当其负责管理的施工项目临近竣工阶段且经建设单位同意，可以兼任另一项工程的项目管理工作。项目经理通常由企业法人代表委派或组织招聘等方式确定。项目经理与企业法人代表之间需要签订工程承包管理合同，明确工程的工期、质量、成本、利润等指标要求和双方的责、权、利以及合同中止处理、违约处罚等项内容。

项目经理以及各有关业务人员组成、人数根据工程规模大小而定。各成员由项目经理聘任或推荐确定，其中技术、经济、财务主要负责人需经企业法人代表或其授权部门同意。项目领导班子成员除了直接受项目经理领导，实施项目管理方案外，还要按照企业规章制度接受企业主管职能部门的业务监督和指导。

项目经理应有一定的职责,如贯彻执行国家和地方的法律、法规;严格遵守财经制度、加强成本核算;签订和履行"项目管理目标责任书";对工程项目施工进行有效控制等。项目经理应有一定的权力,如参与投标和签订施工合同;用人决策权;财务决策权;进度计划控制权;技术质量决定权;物资采购管理权;现场管理协调权等。项目经理还应获得一定的利益,如物质奖励及表彰等。

2.项目经理的地位

项目经理是项目管理实施阶段全面负责的管理者,在整个施工活动中有举足轻重的地位。确定施工项目经理的地位是搞好施工项目管理的关键。

①从企业内部看,项目经理是施工项目实施过程中所有工作的总负责人,是项目管理的第一责任人。从对外方面来看,项目经理代表企业法定代表人在授权范围内对建设单位直接负责。由此可见,项目经理既要对有关建设单位的成果性目标负责,又要对建筑业企业的效益性目标负责。②项目经理是协调各方面关系,使之相互紧密协作与配合的桥梁与纽带。要承担合同责任、履行合同义务、执行合同条款、处理合同纠纷、受法律的约束和保护。③项目经理是各种信息的集散中心。通过各种方式和渠道收集有关的信息,并运用这些信息,达到控制的目的,使项目获得成功。④项目经理是施工项目责、权、利的主体。这是因为项目经理是项目中人、财、物、技术、信息和管理等所有生产要素的管理人。项目经理首先是项目的责任主体,是实现项目目标的最高责任者。责任是实现项目经理责任制的核心,它构成了项目经理工作的压力,也是确定项目经理权力和利益的依据。其次,项目经理必须是项目的权力主体。权力是确保项目经理能够承担起责任的条件和手段。如果不具备必要的权力,项目经理就无法对工作负责。项目经理还必须是项目利益的主体。

3.项目经理的任职要求

项目经理的任职要求包括执业资格的要求、知识方面的要求、能力方面的要求和素质方面的要求。

(1) 执业资格的要求

项目经理的资质分为一、二、三、四级。其中：

① 一级项目经理：应担任过一个一级建筑施工企业资质标准要求的工程项目，或担任过两个二级建筑施工企业资质标准要求的工程项目施工管理工作的主要负责人，并已取得国家认可的高级或者中级专业技术职称。

② 二级项目经理：应担任过两个工程项目，其中至少担任过一个二级建筑施工企业资质标准要求的工程项目施工管理工作的主要负责人，并已取得国家认可的中级或初级专业技术职称。

③ 三级项目经理：应担任过两个工程项目，其中至少担任过一个三级建筑施工企业资质标准要求的工程项目施工管理工作的主要负责人，并已取得国家认可的中级或初级专业技术职称。

④ 四级项目经理：应担任过两个工程项目，其中至少担任过一个四级建筑施工企业资质标准要求的工程项目施工管理工作的主要负责人，并已取得国家认可的初级专业技术职称。

项目经理承担的工程规模应符合相应的项目经理资质等级。一级项目经理可承担一级资质建筑施工企业营业范围内的工程项目管理；二级项目经理可承担二级以下（含二级）建筑施工企业营业范围内的工程项目管理；三级项目经理可承担三级以下（含三级）建筑企业营业范围内的工程项目管理；四级项目经理可承担四级建筑施工企业营业范围内的工程项目管理。

项目经理每两年接受一次项目资质管理部门的复查。项目经理达到上一个资质等级条件的，可随时提出升级的要求。

在过渡期内，大、中型工程项目施工的项目经理逐渐由取得建造师执业资格人员担任，小型工程项目施工的项目经理可由原三级项目经理资质的人员担任。即在过渡期内，凡持有项目经理资质证书或建造师注册证书的人员，经企业聘用均可担任工程项目施工的项目经理。过渡期满后，大、中型工程项目施工的项目经理必须由取得建造师注册证书的人员担任。取得建造师执业资格的人员是否能聘用为项目经理由企业来决定。

(2) 知识方面的要求

通常项目经理应接受过大专、中专以上相关专业的教育，必须具备专业知识，如土木工程专业或其他工程方面的专业。项目经理还应受过项目管理方面的专门培训或再教育，掌握项目管理的知识。作为项目经理需要广博的知识，能迅速解决工程项目实施过程中遇到的各种问题。

(3) 能力方面的要求

项目经理应具备以下几方面的能力：必须具有一定的施工实践经历和按规定经过一段实践锻炼，特别是对同类项目有成功的经历。对项目工作有成熟的判断能力、思维能力和随机应变的能力。具有很强的沟通能力、激励能力和处理人事关系的能力，项目经理要靠领导艺术、影响力和说服力而不是靠权力和命令行事。有较强的组织管理能力和协调能力。能协调好各方面的关系，能处理好与业主的关系。有较强的语言表达能力，有谈判技巧。在工作中能发现问题，提出问题，能够从容地处理紧急情况。

(4) 素质方面的要求

项目经理应注重工程项目对社会的贡献和历史作用。在工作中能注重社会公德，保证社会的利益，严守法律和规章制度。项目经理必须具有良好的职业道德，将用户的利益放在第一位，不谋私利，必须有工作的积极性、热情和敬业精神。具有创新精神，务实的态度，勇于挑战，勇于决策，勇于承担责任和风险。敢于承担责任，特别是有敢于承担错误的勇气，言行一致，正直，办事公正、公平，实事求是。能承担艰苦的工作，任劳任怨，忠于职守。具有合作的精神，能与他人共事，具有较强的自我控制能力。

4. 项目经理的责、权、利

(1) 项目经理的职责

贯彻执行国家和地方政府的法律制度，维护企业的整体利益和经济利益。法规和政策，执行建筑业企业的各项管理制度。严格遵守财经制度，加强成本核算，积极组织工程款回收，正确处理国家、企业和项目及单位个人的利益关系。签订和组织履行"项目管理目标责任书"，执行企业与业主签订的"项目承包合同"中由项目经理负责履行的各项条款。对工程项目施工进行有效控制，执行有关技术规范和标准，积极推广应用新技术、新工艺、新材料和项目管理软件集成系统，确保工程质量和工期，实现安全、文明生产，努力提高经济效益。组织编制施工管理规划及目标实施措施，组织编制施工组织设计并实施。根据项目总工期的要求编制年度进度计划，组织编制施工季（月）度施工计划，包括劳动力、材料、构件及机械设备的使用计划，签订分包及租赁合同并严格执行。组织制定项目经理部各类管理人员的职责和权限、各项管理制度，并认真贯彻执行。科学地组织施工和加强各项管理工作。做好内、外各种关系的协调，为施工创造优越的施工条件。做好工程竣工结算，资料整理归档，接受企业审计并做好项目经理部解体与善后工作。

（2）项目经理的权力

为了保证项目经理完成所担负的任务，必须授予相应的权力。项目经理应当有以下权力：①参与企业进行施工项目的投标和签订施工合同。②用人决策权。项目经理应有权决定项目管理机构班子的设置，选择、聘任班子内成员，对任职情况进行考核监督、奖惩，乃至辞退。③财务决策权。在企业财务制度规定的范围内，根据企业法定代表人的授权和施工项目管理的需要，决定资金的投入和使用，决定项目经理部的计酬方法。④进度计划控制权。根据项目进度总目标和阶段性目标的要求，对项目建设的进度进行检查、调整，并在资源上进行调配，从而对进度计划进行有效的控制。⑤技术质量决策权。根据项目管理实施规划或施工组织设计，有权批准重大技术方案和重大技术措施，必要时召开技术方案论证会，把好技术决策关和质量关，防止技术上决策失误，主持处理重大质量事故。⑥物资采购管理权。按照企业物资分类和分工，对采购方案、目标、到货要求，以及对供货单位的选择、项目现场存放策略等进行决策和管理。⑦现场管理协调权。代表公司协调与施工项目有关的内外部关系，有权处理现场突发事件，事后及时报公司主管部门。

（3）项目经理的利益

施工项目经理最终的利益是其行使权力和承担责任的结果，也是市场经济条件下责、权、利、效相互统一的具体体现。项目经理应享有以下的利益：获得基本工资、岗位工资和绩效工资。在全面完成"项目管理目标责任书"确定的各项责任目标，交工验收交结算后，接受企业考核和审计，可获得规定的物质奖励外，还可获得表彰、记功、优秀项目经理等荣誉称号和其他精神奖励。经考核和审计，未完成"项目管理目标责任书"确定的责任目标或造成亏损的，按有关条款承担责任，并接受经济或行政处罚。

项目经理责任制是指以项目经理为主体的施工项目管理目标责任制度，用以确保项目履约，用以确立项目经理部与企业、职工三者之间的责、权、利关系。项目经理开始工作之前由建筑业企业法人或其授权人与项目经理协商、编制"项目管理目标责任书"，双方签字后生效。

项目经理责任制是以施工项目为对象，以项目经理全面负责为前提，以"项目管理目标责任书"为依据，以创优质工程为目标，以求得项目的最佳经济效益为目的，实行的一次性、全过程的管理。

第二节 水利工程概算基本知识

一、水利水电建筑产品的特点

与一般工业产品相比，水利水电建筑产品具有以下特点。

（一）建设地点的不固定性

建筑产品都是在选定的地点上建造的。例如，水利工程一般都是建筑在河流上或河流旁边，它不能像一般工业产品那样在工厂里重复地批量进行生产，工业产品的生产条件一般不受时间及气象条件的限制。用途、功能、规模、标准等基本相同的建筑产品，因其建设地点的地质、气象、水文条件等不同，其造型、材料选用、施工方案等都有很大的差异，从而影响其产品造价。另外，不同地区人员的工资标准以及某些费用标准，如材料运输费、冬雨季施工增加费等，都会由于建设地点的不同而不同，从而使建筑产品的造价有很大的差异。水利水电建筑产品一般都是建筑在河流上或河流旁边，受水文、地质、气象因素的影响大，因此形成价格的因素比较复杂。

（二）建筑产品的单件性

水利水电工程一般都随所在河流的特点而变化，每项工程都要根据工程的具体情况进行单独设计，在设计内容、规模、造型、结构和材料等各方面都互不相同。同时，由于工程的性质（新建、改建、扩建或恢复等）不同，其设计要求也不一样。即使工程的性质或设计标准相同，也会因建设地点的地质、水文条件不同，其设计也不尽相同。

（三）建筑产品生产的露天性

水利水电建筑产品的生产一般都是露天进行的，季节的更替，气候、自然环境条件的变化，都会引起产品设计的某些内容和施工方法的变化，也会造成防寒防雨或降温等费用的变化。另外，水利水电工程还涉及施工期工程防汛。这些因素都会使建筑产品的造价发生相应的变动，使得各建筑产品的造价不相同。

此外，水利水电建筑产品的规模大，大于任何工业产品，由此决定了其生产周期长，程序多，涉及面广，社会协作关系复杂，这些特点也决定了建筑产品价值构成不可能一样。

水利水电建筑产品的上述特点，决定了它不可能像一般工业产品那样，可以采用统一价格，而必须通过特殊的计划程序，逐个编制概预算来确定其价格。

二、水利工程分类

由于水利建设项目常常是由多种性质的水工建筑物构成的复杂的建筑

综体，同其他工程相比，包含的建筑种类多、涉及面广。因此，在编制水利工程概（估）算时，应根据现行水利部颁发的《水利工程设计概（估）算编制规定》（以下简称《编规》）的有关规定，结合按照水利工程的性质特点和组成内容而划分的工程分类来编制。水利工程的具体分类如下。

（一）按工程性质划分

水利工程按工程性质划分为三大类，分别是枢纽工程、引水工程、河道工程。具体划分如表 2-1 所示：

表 2-1 水利工程按工程性质划分

水利工程	枢纽工程	水库
		水电站
		大型泵站
		大型拦河水闸
		其他大型独立建筑物
	引水工程	供水工程
		灌溉工程①
	河道工程	堤防工程
		河湖整治工程
		灌溉工程②

大型泵站是指装机流量 $\geqslant 50 \text{ m}^3/\text{s}$ 的灌溉、排水泵站；大型拦河水闸是指过闸流量 $\geqslant 1000 \text{ m}^3/\text{s}$ 的拦河水闸。

灌溉工程①是指设计流量 $\geqslant 5 \text{ m}^3/\text{s}$ 的灌溉工程；灌溉工程②是指设计流量 $< 5 \text{ m}^3/\text{s}$ 的灌溉工程和田间工程。

（二）按概算项目划分

水利工程按概算项目划分为四大部分，分别是工程部分、建设征地移民补偿、环境保护工程、水土保持工程。

1. 工程部分

工程部分分为建筑工程、机电设备及安装工程、金属结构设备及安装工程、施工临时工程和独立费用五个部分。

2. 建设征地移民补偿

建设征地移民补偿分为农村部分补偿、城（集）镇部分补偿、工业企业补偿、专业项目补偿、防护工程、库底清理和其他费用七个部分。

各部分根据具体工程情况分别设置一级、二级、三级、四级、五级项目。详见水利部颁发的《水利工程设计概（估）算编制规定》建设征地移民补偿的有关规定。

3. 环境保护工程

环境保护工程项目划分为环境保护措施、环境监测措施、环境保护仪器设备及安装、环境保护临时措施、环境保护独立费用五个部分，各部分下设一级、二级、三级项目。详见《水利水电工程环境保护概（估）算编制规程》（SL 359—2006）的有关规定。

4. 水土保持工程

水土保持工程项目划分为工程措施、植物措施、施工临时工程和独立费用四个部分，各部分下设一级、二级、三级项目。详见《水土保持工程概（估）算编制规定》中的有关规定。

三、概算文件的组成内容

概算文件包括设计概算报告（正件）、附件、投资对比分析报告。

（一）概算正件组成内容

1. 编制说明

①工程概况。工程概况包括：流域、河系，兴建地点，工程规模，工程效益，工程布置形式，主体建筑工程量，主要材料用量，施工总工期等。②投资主要指标。投资主要指标包括：工程总投资和静态总投资，年度价格指数，基本预备费率，建设期融资额度、利率和利息等。③编制原则和依据。概算编制原则和依据包括：人工预算单价，主要材料，施工用

电、水、风以及砂石料等基础单价的计算依据；主要设备价格的编制依据；建筑安装工程定额、施工机械台时费定额和有关指标的采用依据；费用计算标准及依据；工程资金筹措方案等。④概算编制中其他应说明的问题。⑤主要技术经济指标表。主要技术经济指标表根据工程特性表编制，反映工程主要技术经济指标。

2. 工程概算总表

工程概算总表应汇总工程部分、建设征地移民补偿、环境保护工程、水土保持工程总概算表。

3. 工程部分概算表和概算附表

（1）概算表

概算表包括：工程部分总概算表；建筑工程概算表、机电设备及安装工程概算表、金属结构设备及安装工程概算表、施工临时工程概算表、独立费用概算表、分年度投资表、资金流量表（枢纽工程）等。

（2）概算附表

概算附表包括：建筑工程单价汇总表、安装工程单价汇总表、主要材料预算价格汇总表、次要材料预算价格汇总表、施工机械台时费汇总表、主要工程量汇总表、主要材料量汇总表、工时数量汇总表等。

（二）概算附件组成内容

①人工预算单价计算表。②主要材料运输费用计算表。③主要材料预算价格计算表。④施工用电价格计算书（附计算说明）。⑤施工用水价格计算书（附计算说明）。⑥施工用风价格计算书（附计算说明）。⑦补充定额计算书（附计算说明）。⑦补充施工机械台时费计算书（附计算说明）。⑨砂石料单价计算书（附计算说明）。⑩混凝土材料单价计算表。⑪建筑工程单价表。⑫安装工程单价表。⑬主要设备运杂费率计算书（附计算说明）。⑭施工房屋建筑工程投资计算书（附计算说明）。⑮独立费用计算书（勘测设计费可另附计算书）。⑯分年度投资计算表。⑰资金流量计算表。⑱价差预备费计算表。⑲建设期融资利息计算书（附计算说明）。⑳计算人工、材料、

设备预算价格和费用依据的有关文件、询价报价资料及其他。

(三) 投资对比分析报告

编写投资对比分析报告时，应从价格变动、项目及工程量调整、国家政策性变化等方面对工程项目投资进行详细的分析，并说明初步设计阶段与可行性研究阶段（或可行性研究阶段与项目建设书阶段）相比较的投资变化原因和结论。工程部分报告应包括以下附表：①总投资对比表。②主要工程量对比表。③主要材料和设备价格对比表。④其他相关表格。

投资对比分析报告应汇总工程部分、建设征地移民补偿、环境保护、水土保持各部分对比分析内容。

第三节　工程项目的资金时间价值与现金流量

一、资金时间价值

(一) 资金时间价值的概念

资金时间价值理论于 20 世纪 50 年代开始在国外得到广泛的应用。我国自改革开放以来，也开始广泛地接受并应用资金时间价值理论。目前，资金时间价值在我国经济建设中发挥着不可忽视的作用。

资金时间价值又称为货币的时间价值，是指货币经过一定时间的投资和再投资后所增加的价值。一定量的资金在不同的时点上具有不同的价值。

从上述定义可知，货币只有在投资的条件下经过一定的时间才能增值。例如，现将 10 万元存入银行，若银行存款年利率是 1%，则这 10 万元经过一年时间的投资增加了 0.1 万元，这 0.1 万元的利息就是资金的时间价值。又如，将这 10 万元对企业进行生产投资，通过购买原材料、生产产品、销售产品等一系列生产经营活动，企业生产出新的产品，获得了利润，实现了资金的增值，这里的利润就是资金的时间价值。然而，如果这 10 万元既不存入银行，也不进行其他投资，仅仅把它放在家里，放得时间再长也不会发生增值。换言之，资金只有在周转使用过程中才会产生时间价值。那么，资金时间价值是如何衡量的呢？

衡量资金时间价值的尺度有两种：一是绝对尺度，即利息或利润等；二是相对尺度，即利率或利润率。从量的规定性来看，资金时间价值相当于在没有风险和没有通货膨胀条件下的社会平均资金利润率。在投资某项目时，若预期报酬率低于社会平均利润率，企业将无利可图，会放弃投资。因此，资金时间价值是评价企业投资方案的基本标准。例如，某项目的预计年投资报酬率是13%，若银行贷款年利率是14%，则该项目投资不可取。

（二）资金等值计算

由于资金具有时间价值，所以同等金额的资金在不同时点上是不等值的，而不同时点上发生的金额不等的资金可能具有相等的价值。

所谓资金等值计算，是指在理想资本市场条件下，将某一时点的资金按照一定的利率折算成与之等价的另一时点的资金的计算过程。为了计算方便，假定资金的流入和流出是在某一时间（通常为一年）的期末进行的。

1. 单利终值和现值的计算

单利（Simple Interest）是计算利息的一种方式。在该方式下，只有本金能带来利息，利息必须在提取以后再以本金的形式投入才能生利，否则不能生利。

（1）单利终值的计算

终值（Future Value）就是本利和，是指若干期后包括本金和利息在内的未来价值。

单利终值是指在利率为 i 的条件下，现值 P 与按单利计算的利息之和。其计算公式为：

$F=P(1+ni)$

式中：F——终值；

P——现值；

i——利率；

n——计息期数。

（2）单利现值的计算

现值（Present Value）是指未来的一笔钱或一系列收付款项，按给定的利息率计算得到的现在价值。由终值求现值的过程称为贴现或折现。

单利现值是指在年利率为 i 的条件下，以之后某期的资金即终值 F 按单利方式折算到现在的价值。其计算公式为：

$P=F(1+ni)^{-1}$

2. 一次支付终值的计算

复利（Compound Interest）是计算利息的另一种方式。在该方式下，不仅本金能带来利息，利息也能生息，俗称"利滚利"。

假设现在有一笔资金 P，按年利率 i 进行投资，则 n 年后的终值 F 为：

$F=P(1+i)^n$

上式表示在年利率为 i 的条件下，终值 F 与现值 P 之间的等值关系。其中，系数 $(1+i)^n$ 为一次支付终值系数或复利终值系数，用符号（$F/P, i, n$）表示，在实际应用中，可根据已知的 i 查阅按不同年利率和期数编制的复利终值系数表。

二、工程项目现金流量

（一）工程项目现金流量的概念

对工程项目进行经济分析，首先必须掌握工程项目各年的现金流量状况。这里所说的现金流量是指长期工程项目在筹建、设计、施工、正式投产使用直至报废清理的整个期间内形成的现金流入量与流出量。其中，现金是指货币资本，它包括纸币、硬币、汇票和银行存款等；现金流入量与流出量之间的差额，称为净现金流量。因此，现金流量又是现金流入量、现金流出量和净现金流量的统称，人们也常将现金流量简称为现金流。

1. 现金流入量（CI）

现金流入量是指在工程项目研究期内每年实际发生的现金流入，包括年销售收入、固定资产报废时回收的残值以及期末收回的垫支的流动资金等。第 j 年的现金流入量用 CI_j 表示。

2. 现金流出量（CO）

现金流出量是指在工程项目研究期内每年实际发生的现金流出，包括企业的初始固定资产投资、垫支的流动资金、销售税金及附加、年经营成本等。第 j 年的现金流出量用 CO_j 表示。

3. 净现金流量（NCF）

净现金流量用公式表示为

$$NCF=CI_j-CO_j$$

现金流量具有较大的综合性，可以正确地评价各工程项目的综合经济效益。因此，具体估算各个工程项目形成的现金流入和流出的数量、时间以及逐年的净现金流量，是正确评价项目投资效益的一个必要条件。如果对其的估计不够准确，判断势必会出现偏差，这样，不仅难以达到有效地运用资本的目的，而且可能导致投资决策上的失误。

为了更好地理解现金流量的概念，可以画出现金流量图。一般情况下，习惯上将工程项目的现金流入量或现金流出量视为是在期末发生的。现金流量图就是将研究期内各现金流入、流出的数量及发生的时间用数轴的形式来表示，时间点 0 表示资金运动的起始点或研究的某一基准点。

（二）工程项目现金流量的计算

1. 工程项目计算期间

工程项目计算期间是计算现金流量时必须考虑的一个基本因素。按时间划分，一个工程项目通常分为建设期和运营期（或经营期、使用期）两个阶段，这两个时期之和是项目的计算期，也称项目寿命期。运营期又分为试产期和达产期（完全达到设计生产能力期）两个阶段。试产期是指工程项目投入生产，但生产能力尚未完全达到设计能力时的过渡阶段。达产期是指生产能力达到设计水平后的时间段。运营期需要根据工程项目主要设备的经济使用寿命确定。

2. 项目现金流量的组成部分

（1）初始现金流量

初始现金流量是投资时发生的现金流量，通常包括投资在固定资产上的资金和垫支的流动资金两个部分。其中，垫支的流动资金一般会在项目终结时全部收回。这部分初始现金流量不受所得税的影响，通常为现金流出量。用公式表示为：

初始现金流量 = 投资在固定资产上的资金 + 垫支的流动资金

需要注意的是，若投资在固定资产上的资金是以企业原有的旧设备进行投资的，在计算现金流量时，应以设备的变现价值作为其现金流出量，并要考虑由此造成的所得税。用公式表示为：

初始现金流量 = 投资在流动资产上的资金 + 设备的变现价值 − （设备的变现价值 − 账面价值）× 所得税税率

（2）营业现金流量

营业现金流量是指项目投入使用后，因生产经营活动而在项目使用寿命周期内产生的现金流入量和流出量。其中，现金流入量指营业现金收入，现金流出量指营业现金支出和缴纳的税金。假设年营业收入均为现金收入，扣除折旧后的营业成本均为现金支出，也就是付现成本，那么每年的营业现金流量可以表示为：

年营业现金流量 = 现金流入量 − 现金流出量

= 年营业现金收入 − 付现成本 − 相关税金

= 年营业现金收入 − 付现成本 − （年营业现金收入 − 付现成本 − 折旧）× 税率

= （年营业现金收入 − 付现成本 − 折旧）×（1− 税率）+ 折旧

= 税后净利 + 折旧

（3）终结现金流量

终结现金流量是指工程项目终结时发生的现金流量。其主要包括固定资产残值收入和垫支的流动资金回收额。

(三) 相关现金流量

相关现金流量是指由某个投资项目所引起的现金流量。如果一笔现金流量即使没有投资项目也会发生，那么它就不属于相关现金流量。只有相关现金流量才是计算工程项目现金流量时要考虑的因素。在确定相关现金流量时要注意以下几个问题。

1. 沉没成本不是相关现金流量

沉没成本是指在投资决策时已经发生的、无法改变的成本，属于无关成本，在计算现金流量时不应考虑。例如，某企业在建设工程项目前支出3万元对某地区进行厂址选择的勘探调查工作，这笔支出是企业的现金流出。但由于在投资决策时，该笔资金已经发生，不管结果是不是选择该地区为厂址，与勘探调查相关的3万元支出已经发生且无法改变，属于沉没成本，所以不应当包含在投资决策中。

2. 筹资成本不作为现金流出处理

这是全投资假设，即假设项目中全部投入资金均为企业的自有资金。当投资项目所需资金来自负债时，为取得该笔债务所支付的筹资费用和债务的偿还要视为自有资金处理，不作为现金流出量。

3. 要考虑机会成本

在投资方案选择中，因选择一种方案而放弃了另外的投资方案的代价，就是机会成本。在投资决策时，要考虑机会成本的影响。例如，在考虑是否更换旧设备生产新产品时，该机器设备当前的可变现价值就是继续使用旧设备的机会成本。

第三章　水利工程的项目划分及其费用组成

水利工程按概算项目划分为四大部分，分别为工程部分、建设征地移民补偿、环境保护工程、水土保持工程。本章仅就工程部分介绍其项目组成和划分，此外，还探讨了水利水电工程的费用构成以及水利建设单位建设的成本管理说明与示例。

第一节　水利水电工程项目组成与划分

一、水利水电工程项目组成

工程部分划分为建筑工程、机电设备及安装工程、金属结构设备及安装工程、施工临时工程和独立费用五个部分，每个部分下设三个等级项目。

（一）建筑工程

1. 枢纽工程

枢纽工程是指水利枢纽建筑物、大型泵站、大型拦河水闸和其他大型独立建筑物（含引水工程的水源工程）。枢纽工程包括挡水工程、泄洪工程、引水工程、发电厂（泵站）工程、升压变电站工程、航运工程、鱼道工程、交通工程、房屋建筑工程、供电设施工程和其他建筑工程。其中挡水工程等前七项为主体建筑工程。

（1）挡水工程包括挡水的各类坝（闸）工程。

（2）泄洪工程包括溢洪道、泄洪洞、冲沙孔（洞）、放空洞、泄洪闸等工程。

（3）引水工程包括发电引水明渠、进水口、隧洞、调压井、高压管道等工程。

（4）发电厂（泵站）工程包括地面、地下各类发电厂（泵站）工程。

（5）升压变电站工程包括升压变电站、开关站等工程。

（6）航运工程包括上下游引航道、船闸、升船机等工程。

（7）鱼道工程根据枢纽建筑物的布置情况，可独立列项。与拦河坝相结合的，也可作为拦河坝工程的组成部分。

（8）交通工程包括上坝、进厂、对外等场内外永久公路，以及桥梁、交通隧道、铁路、码头等工程。

（9）房屋建筑工程包括为生产运行服务的永久性辅助生产建筑、仓库、办公用房、值班宿舍及文化福利建筑等房屋建筑工程和室外工程。

（10）供电设施工程指工程生产运行供电需要架设的输电线路及变配电设施工程。

（11）其他建筑工程包括安全监测设施工程，照明线路，通信线路，厂坝（闸、泵站）区供水、供热、排水等公用设施，劳动安全与工业卫生设施，水文、泥沙监测设施工程，水情自动测报系统工程及其他。

2. 引水工程

引水工程是指供水工程、调水工程和灌溉工程。引水工程包括渠（管）道工程、建筑物工程、交通工程、房屋建筑工程、供电设施工程和其他建筑工程。

（1）渠（管）道工程包括明渠、输水管道工程，以及渠（管）道附属小型建筑物（如观测测量设施、调压减压设施、检修设施）等。

（2）建筑物工程指渠系建筑物、交叉建筑物工程，包括泵站、水闸、渡槽、隧洞、箱涵（暗渠）、倒虹吸、跌水、动能回收电站、调蓄水库、排水涵（槽）、公路（铁路）交叉（穿越）建筑物等。建筑物类别根据工程设计确定。工程规模较大的建筑物可以作为一级项目单独列示。

（3）交通工程指永久性对外公路、运行管理维护道路等工程。

（4）房屋建筑工程包括为生产运行服务的永久性辅助生产建筑、仓库、办公用房、值班宿舍及文化福利建筑等房屋建筑工程和室外工程。

（5）供电设施工程指工程生产运行供电需要架设的输电线路及变配电设施工程。

（6）其他建筑工程包括安全监测设施工程，照明线路，通信线路，厂坝（闸、泵站）区供水、供热、排水等公用设施工程，劳动安全与工业卫生设施，水文、泥沙监测设施工程，水情自动测报系统工程及其他。

3. 河道工程

河道工程是指堤防修建与加固工程、河湖整治工程以及灌溉工程。河道工程包括河湖整治与堤防工程、灌溉及田间渠（管）道工程、建筑物工程、交通工程、房屋建筑工程、供电设施工程和其他建筑工程。

（1）河湖整治与堤防工程包括堤防工程、河道整治工程、清淤疏浚工程等。

（2）灌溉及田间渠（管）道工程包括明渠、输配水管道、排水沟（渠、管）、渠（管）道附属小型建筑物（如观测测量设施、调压减压设施、检修设施）、田间土地平整等工程。

（3）建筑物工程包括水闸、泵站工程，田间工程机井、灌溉塘坝工程等。

（4）交通工程指永久性对外公路、运行管理维护道路等工程。

（5）房屋建筑工程包括为生产运行服务的永久性辅助生产建筑、仓库、办公用房、值班宿舍及文化福利建筑等房屋建筑工程和室外工程。

（6）供电设施工程指工程生产运行供电需要架设的输电线路及变配电设施工程。

（7）其他建筑工程包括安全监测设施工程，照明线路，通信线路，厂坝（闸、泵站）区供水、供热、排水等公用设施工程，劳动安全与工业卫生设施，水文、泥沙监测设施工程及其他。

（二）机电设备及安装工程

1. 枢纽工程

枢纽工程指构成枢纽工程固定资产的全部机电设备及安装工程。本部分由发电设备及安装工程、升压变电设备及安装工程和公用设备及安装工程三项组成。大型泵站和大型拦河水闸的机电设备及安装工程项目的划分参考引水工程及河道工程划分方法。

（1）发电设备及安装工程包括水轮机、发电机、主阀、起重机、水力机械辅助设备、电气设备等设备及安装工程。

（2）升压变电设备及安装工程包括主变压器、高压电气设备、一次拉线等设备及安装工程。

（3）公用设备及安装工程包括通信设备、通风采暖设备、机修设备、计算机监控系统、工业电视系统、管理自动化系统、全厂接地及保护网，电梯，坝区馈电设备，厂坝区供水、排水、供热设备，水文、泥沙监测设备，水情自动测报系统设备，视频安防监控设备，安全监测设备，消防设备，劳动安全与工业卫生设备，交通设备等设备及安装工程。

2. 引水工程及河道工程

引水工程及河道工程指构成该工程固定资产的全部机电设备及安装工程，一般由泵站设备及安装工程、水闸设备及安装工程、电站设备及安装工程、供变电设备及安装工程和公用设备及安装工程四项组成。

（1）泵站设备及安装工程包括水泵、电动机、主阀、起重设备、水力机械辅助设备、电气设备等设备及安装工程。

（2）水闸设备及安装工程包括电气一次设备及电气二次设备及安装工程。

（3）电站设备及安装工程。其组成内容可参照枢纽工程的发电设备及安装工程和升压变电设备及安装工程。

（4）供变电设备及安装工程包括供电、变配电设备及安装工程。

（5）公用设备及安装工程包括通信设备、通风采暖设备、机修设备、计算机监控系统、工业电视系统、管理自动化系统、全厂接地及保护网，厂坝（闸、泵站）区供水、排水、供热设备，水文、泥沙监测设备，水情自动测报系统设备，视频安防监控设备，安全监测设备，消防设备，劳动安全与工业卫生设备，交通设备等设备及安装工程。

（6）灌溉田间工程还包括首部设备及安装工程、田间灌水设施及安装工程等。

①首部设备及安装工程包括过滤、施肥、控制调节、计量等设备及安装工程等。②田间灌水设施及安装工程包括田间喷灌、微灌等全部灌水设施及安装工程。

（三）金属结构设备及安装工程

金属结构设备及安装工程指构成枢纽工程、引水工程和河道工程固定资产的全部金属结构设备及安装工程，包括闸门、启闭机、拦污设备、升船机等设备及安装工程，水电站（泵站等）压力钢管制作及安装工程和其他金属结构设备及安装工程。金属结构设备及安装工程的一级项目应与建筑工程的一级项目相对应。

（四）施工临时工程

施工临时工程指为辅助主体工程施工所必须修建的生产和生活用临时性工程。本部分组成内容如下：

（1）施工导流工程。施工导流工程包括导流明渠、导流洞、施工围堰、蓄水期下游断流补偿设施、金属结构设备及安装工程等。

（2）施工交通工程。施工交通工程包括施工现场内外为工程建设服务的临时交通工程，如公路、铁路、桥梁、施工支洞、码头、转运站等。

（3）施工场外供电工程。施工场外供电工程包括从现有电网向施工现场供电的高压输电线路（枢纽工程35kV及以上等级；引水工程、河道工程

10kV及以上等级；掘进机施工专用供电线路）、施工变（配）电设施设备（场内除外）工程。

（4）施工房屋建筑工程。施工房屋建筑工程指工程在建设过程中建造的临时房屋，包括施工仓库，办公及生活、文化福利建筑及所需的配套设施工程。

（5）其他施工临时工程。其他施工临时工程指除施工导流、施工交通、施工场外供电、施工房屋建筑、缆机平台、掘进机泥水处理系统和管片预制系统土建设施以外的施工临时工程，主要包括施工供水（大型泵房及干管）、砂石料系统、混凝土搅拌和浇筑系统、大型机械安装拆卸、防汛、防冰、施工排水、施工通信等工程。根据工程实际情况可单独列示缆机平台、掘进机泥水处理系统和管片预制系统土建设施等项目。

（五）独立费用

独立费用由以下六项组成：

（1）建设管理费。

（2）工程建设监理费。

（3）联合试运转费。

（4）生产准备费。生产准备费包括生产及管理单位提前进厂费、生产职工培训费、管理用具购置费、备品备件购置费、工器具及生产家具购置费。

（5）科研勘测设计费。科研勘测设计费包括工程科学研究试验费和工程勘测设计费。

（6）其他费用。其他费用包括工程保险费、其他税费。

第（一）（二）（三）部分均为永久性工程，均构成生产运行单位的固定资产。第（四）部分为施工临时工程的全部投资扣除回收价值后，第（五）部分为独立费用扣除流动资产和递延资产后，均以适当的比例摊入各永久工程中，构成固定资产的一部分。

二、水利水电工程项目划分

根据水利工程性质，其工程项目分别按枢纽工程、引水工程和河道工程划分，工程各部分下设一级、二级、三级项目。

（一）一级项目

一级项目是指具有独立功能的单项工程，相当于扩大单位工程。

（1）枢纽工程下设的一级项目有挡水工程、泄洪工程、引水工程、发电厂（泵站）工程、升压变电站工程、航运工程、鱼道工程、交通工程、房屋建筑工程、供电设施工程和其他建筑工程。

（2）引水工程下设的一级项目为渠（管）道工程、建筑物工程、交通工程、房屋建筑工程、供电设施工程和其他建筑工程。

（3）河道工程下设的一级项目为河湖整治与堤防工程、灌溉工程及田间工程、建筑物工程、交通工程、房屋建筑工程、供电设施工程和其他建筑工程。

编制概估算时视工程具体情况设置项目，一般应按项目划分的规定来设置项目，不宜合并。

（二）二级项目

二级项目相当于单位工程。例如：枢纽工程一级项目中的挡水工程，其二级项目划分为混凝土坝（闸）、土（石）坝等工程；引水工程一级项目中的建筑物工程，其二级项目划分为泵站（扬水站、排灌站）、水闸工程、渡槽工程、隧洞工程；河道工程一级项目中的建筑物工程，其二级项目划分为水闸工程、泵站工程（扬水站、排灌站）和其他建筑物。

（三）三级项目

三级项目相当于分部分项工程。例如：上述二级项目下设的三级项目为土方开挖、石方开挖、混凝土、模板、防渗墙、钢筋制安、混凝土温控措施、细部结构工程等；三级项目要按照施工组织设计提出的施工方法进行单价分析；二、三级项目中，仅列示了代表性子目，编制概算时，二、三级项目可根据水利工程初步设计阶段的工作深度要求对工程情况进行增减。以三级项目为例，下列项目宜做必要的再划分。

（1）土方开挖工程。土方开挖工程应将土方开挖与砂砾石开挖分列。

（2）石方开挖工程。石方开挖工程应将明挖与暗挖，平洞与斜井、竖井分列。

（3）土石方回填工程。土石方回填工程应将土方回填与石方回填分列。

（4）混凝土工程。混凝土工程应将不同工程部位、不同强度等级、不同级配的混凝土分列。

（5）模板工程。模板工程应将不同规格形状和材质的模板分列。

（6）砌石工程。砌石工程应将干砌石、浆砌石、抛石、铅丝（钢筋）笼块石等分列。

（7）钻孔工程。钻孔工程应按使用不同的钻孔机械及钻孔的不同用途分列。

（8）灌浆工程。灌浆工程应按不同的灌浆种类分列。

（9）机电、金属结构设备及安装工程机电、金属结构设备及安装工程应根据设计提供的设备清单，按分项要求逐一列出。

（10）钢管制作及安装工程。钢管制作及安装工程应将不同管径的钢管、叉管分列。

对于招标工程，应根据已批准的初步设计概算，按水利水电工程业主预算的项目划分进行业主预算（执行概算）的编制。

（四）水利工程项目划分注意事项

（1）现行的项目划分适用于估算、概算和施工图预算。对于招标文件和业主预算，要根据工程分标及合同管理的需要来调整项目划分。

（2）建筑安装工程三级项目的设置深度除应满足《水利工程设计概（估）算编制规定》的规定外，还必须与所采用定额相一致。

（3）对有关部门提供的工程量和预算资料，应按项目划分和费用构成正确处理。如施工临时工程，按其规模、性质，有的应在第四部分"施工临时工程"一至四项中单独列项，有的包括在"其他施工临时工程中"不单独列项，还有的包括在建筑安装工程直接费中的其他直接费内。

（4）注意设计单位的习惯与概算项目划分的差异。如施工导流用的闸门及启闭设备大多由金属结构设计人员提供，但应列在第四部分"施工临时工程"内，而不是第三部分"金属结构"内。

第二节　水利水电工程的费用构成

一、水利水电工程的费用构成概述

建设项目费用是指工程项目从筹建到竣工验收、交付使用所需要的各种费用。各行各业对工程建设项目费用划分的原则基本相同，但在具体费用划分及项目设置上，结合各自行业特点，又不尽相同。水利水电工程一般规模大、项目多、投资大，在编制概预算时，对建设项目费用划分得更细更多。水利工程建设项目费用包括工程部分、建设征地移民补偿、环境保护工程、水土保持工程四部分。

建设征地移民补偿、环境保护工程、水土保持工程部分费用构成分别按《水利工程建设征地移民补偿投资概（估）算编规定》《水利工程环境保护设计概（估）算编制规定》《水土保持工程概（估）编制规定》执行。

根据现行的《水利工程设计概（估）算编制规定》（水利部水总［2014］429号），工程部分的建设项目费用由工程费（包括建筑及安装工程费）、独立费用、预备费、建设期融资利息组成。建筑安装工程费由直接费、间接费、企业利润和税金组成。

编制水利工程概预算，要针对每个工程的具体情况，在工程的不同设计阶段，根据掌握的资料，按照设计要求编制工程建设项目费用。认真划分费用的组成是编制预算的基础和前提。

1. 建筑及安装工程费

建筑及安装工程费由以下几种组成：

（1）直接费。①基本直接费。②其他直接费。

（2）间接费。①规费。②企业管理费。

（3）利润。

（4）材料补差。

（5）税金。①营业税。②城乡维护建设税。③教育费附加税。

2. 设备费

设备费由以下几种组成：

（1）设备原价。

（2）运杂费。

（3）运输保险费。

（4）采购及保管费。

3. 独立费用

独立费用由以下几种组成：

（1）建设管理费。

（2）工程建设监理费。

（3）联合试运转费。

（4）生产准备费。①生产管理单位提前进厂费。②生产职工培训费。③管理用具购置费。④备品备件购置费。⑤工器具及生产家具购置费。

（5）科研勘测设计费。①工程科学研究试验费。②工程勘测设计费。

（6）其他。①工程保险费。②其他税费。

4. 预备费

预备费包括以下两种：

（1）基本预备费。

（2）价差预备费。

5. 建设期融资利息

建设期融资利息是指在建设过程中通过融资手段获取资金所要支付的利息。

二、建筑及安装工程费

建筑及安装工程费由直接费、间接费、利润、材料补差及税金组成。

（一）直接费

直接费是指建筑安装工程施工过程中直接消耗在工程项目上的活劳动和物化劳动，由基本直接费和其他直接费组成。基本直接费包括人工费、材料费、施工机械使用费。其他直接费包括冬雨季施工增加费、夜间施工增加费、特殊地区施工增加费、临时设施费、安全生产措施费和其他费用。

1. 基本直接费

（1）人工费。人工费是指直接从事建筑安装工程施工的生产工人开支的各项费用，具体如下：

①基本工资。基本工资由岗位工资和生产工人年应工作天数以内非作业天数工资组成。

a. 岗位工资是指按照职工所在岗位的各项劳动要素测评结果确定的工资。

b. 生产工人年应工作天数以内非作业天数的工资包括生产工人开会学习、培训期间的工资，调动工作、探亲、休假期间的工资，因气候影响的停工工资，女工哺乳期间的工资，病假在六个月以内的工资及产、婚、丧假期的工资。

②辅助工资。辅助工资是指在基本工资之外，以其他形式支付给生产工人的工资性收入，包括根据国家有关规定属于工资性质的各种津贴，主要包括艰苦边远地区津贴、施工津贴、夜餐津贴、节假日加班津贴等。

（2）材料费。材料费是指用于建筑安装工程项目上的消耗性材料、装置性材料和周转性材料的摊销费。材料预算价格一般包括材料原价、运杂费、运输保险费和采购及保管费四项。

①材料原价是指材料指定交货地点的价格。

②运杂费是指材料从指定交货地点至工地分仓库或相当于工地分仓库（材料堆放场）所发生的全部费用，包括运输费、装卸费及其他杂费。

③运输保险费是指材料在运输途中的保险费。

④采购及保管费是指材料在采购、供应和保管过程中所发生的各项费用，主要包括材料的采购、供应和保管部门工作人员的基本工资、辅助工资、职工福利费、劳动保护费、养老保险费、失业保险费、医疗保险费、工伤保险费、生育保险费、住房公积金、教育经费、办公费、差旅交通费及工具用具使用费；仓库、转运站等设施的检修费、固定资产折旧费、技术安全措施费；材料在运输、保管过程中发生的损耗费等。

（3）施工机械使用费。施工机械使用费是指消耗在建筑安装工程项目上的机械磨损、维修和动力燃料费用等，包括折旧费、修理及替换设备费、安装拆卸费、机上人工费和动力燃料费等。

①折旧费指施工机械在规定使用年限内回收原值的台时折旧摊销费用。

②修理及替换设备费。

a. 修理费指施工机械使用过程中，为了使机械保持正常功能而进行修理所需的摊销费用和机械正常运转及日常保养所需的润滑油料、擦拭用品的费用，以及保管机械所需的费用。

b. 替换设备费指施工机械正常运转时所耗用的替换设备及随机使用的工具辅具等摊销费用。

③安装拆卸费是指施工机械进出工地的安装、拆卸、试运转和场内转移及辅助设施的摊销费用。部分大型施工机械的安装拆卸不在其施工机械使用费中计列，包含在其他施工临时工程中。

④机上人工费是指施工机械使用时机上操作人员的人工费用。

⑤动力燃料费是指施工机械正常运转时所耗用的风、水、电、油和煤等费用。

2.其他直接费

（1）冬雨期施工增加费。冬雨期施工增加费是指在冬雨季施工期间为保证工程质量所需增加的费用，包括增加施工工序，增设防雨、保温、排水等设施增耗的动力、燃料、材料以及因人工、机械效率降低而增加的费用。

（2）夜间施工增加费。夜间施工增加费是指施工场地和公用施工道路的照明费用。照明线路工程费用包括在"临时设施费"中；施工附属企业系统、加工厂、车间的照明费用，列入相应的产品中，均不包括在本项费用之内。

（3）特殊地区施工增加费。特殊地区施工增加费是指在高海拔、原始森林、沙漠等特殊地区施工而增加的费用。

（4）临时设施费。临时设施费是指施工企业为进行建筑安装工程施工所必需的但又未被划入施工临时工程的临时建筑物、构筑物和各种临时设施的建设、维修、拆除、摊销等。例如，供风、供水（支线）、供电（场内）、照明、供热系统及通信支线，土石料场，简易砂石料加工系统，小型混凝土拌和浇筑系统，木工、钢筋、机修等辅助加工厂，混凝土预制构件厂，场内施工排水、场地平整、道路养护及其他小型临时设施等。

（5）安全生产措施费。安全生产措施费是指为保证施工现场安全的作业环境及安全施工、文明施工所需要，在工程设计已考虑的安全支护措施之外发生的安全生产、文明施工相关费用。

（6）其他费用。其他费用包括施工工具用具使用费，检验试验费，工程定位复测及施工控制网测设，工程点交、竣工场地清理，工程项目及设备仪表移交生产前的维护费，工程验收检测费等。

①施工工具用具使用费是指施工生产所需，但不属于固定资产的生产工具，检验、试验用具等的购置、摊销和维护费。

②检验试验费是指对建筑材料、构件和建筑安装物进行一般鉴定、检查所发生的费用，包括自设实验室所耗用的材料和化学药品费用，以及技术革新和研究试验费，不包括新结构、新材料的试验费和建设单位要求对具有出厂合格证明的材料进行试验、对构件进行破坏性试验，以及其他特殊要求检验试验的费用。

③工程项目及设备仪表移交生产前的维护费是指竣工验收前对已完工程及设备进行保护所需的费用。

④工程验收检测费是指工程各级验收阶段为检测工程质量发生的检测费用。

（二）间接费

间接费是指施工企业为建筑安装工程施工而进行组织与经营管理所发生的各项费用。间接费构成产品成本，由规费和企业管理费组成。

间接费是指施工企业为建筑安装工程施工而进行组织与经营管理所发生的各项费用。间接费构成产品成本，由规费和企业管理费组成。

规费是指政府和有关部门规定必须缴纳的费用，包括社会保险费和住房公积金。

（1）社会保险费。

①养老保险费。养老保险费是指企业按照规定标准为职工缴纳的基本养老保险费。

②失业保险费。失业保险费是指企业按照规定标准为职工缴纳的失业保险费。

③医疗保险费。医疗保险费是指企业按照规定标准为职工缴纳的基本医疗保险费。

④工伤保险费。工伤保险费是指企业按照规定标准为职工缴纳的工伤保险费。

⑤生育保险费。生育保险费指企业按照规定标准为职工缴纳的生育保险费。

（2）住房公积金。住房公积金是指企业按照规定标准为职工缴的住房公积金。

2. 企业管理费

企业管理费是指施工企业为组织施工生产和经营管理活动所发生的费用，具体包括以下几部分：

（1）管理人员工资。管理人员工资是指管理人员的基本工资、辅助工资。

（2）差旅交通费。差旅交通费是指施工企业管理人员因公出差、工作调动的差旅费，午餐补助费，职工探亲路费，劳动力招募费，职工离退休、退职一次性路费，工伤人员就医路费，工地转移费，交通工具运行费及牌照费等。

（3）办公费。办公费是指企业办公用文具、印刷、邮电、书报、会议、水电、燃煤（气）等费用。

（4）固定资产使用费。固定资产使用费是指企业属于固定资产的房屋、设备、仪器等的折旧、大修理、维修费或租赁费等。

（5）工具用具使用费。工具用具使用费是指企业管理使用不属于固定资产的工具、用具、家具、交通工具和检验、试验、测绘、消防用具等的购置、维修和摊销费。

（6）职工福利费。职工福利费是指企业按照国家规定支出的职工福利费。职工发生工伤时企业依法在工伤保险基金之外支付的费用，以及其他在社会保险基金之外依法由企业支付给职工的费用。

（7）劳动保护费。劳动保护费是指企业按照国家有关部门的规定标准发放的一般劳动防护用品的购置及修理费、保健费、防暑降温费、高空作业及进洞津贴、技术安全措施费等。

（8）工会经费。工会经费是指企业按职工工资总额计提的工会经费。

（9）职工教育经费。职工教育经费是指企业为职工学习先进技术和提高文化水平按职工工资总额计提的费用。

（10）保险费。保险费是指企业财产保险、管理用车辆等保险费用，高空、井下、洞内、水下、水上作业等特殊工种安全保险费、危险作业意外伤害保险费等。

（11）财务费用。财务费用是指施工企业为筹集资金而发生的各项费用，包括企业经营期间发生的短期融资利息净支出、汇兑净损失、金融机构手续费，企业筹集资金发生的其他财务费用，以及投标和承包工程发生的保函手续费等。

（12）税金。税金是指企业按规定缴纳的房产税、管理用车辆使用税、印花税等。

（13）其他。其他包括技术转让费、企业定额测定费、施工企业进退场费、施工企业承担的施工辅助工程设计费、投标报价费、工程图纸资料费及工程摄影费、技术开发费、业务招待费、绿化费、公证费、法律顾问费、审计费、咨询费等。

（三）利润

利润是指按规定应计入建筑安装工程费用中的利润。

（四）材料补差

材料补差是指根据主要材料消耗量、主要材料预算价格与材料基价之间的差值计算的主要材料补差金额。材料基价是指计入基本直接费的主要材料的限制价格。

（五）税金

税金是指国家对施工企业承担建筑、安装工程作业收入所征收的营业税、城乡维护建设税和教育费附加。

三、设备费

设备费包括设备原价、运杂费、运输保险费和采购及保管费。

1. 设备原价

（1）国产设备。国产设备原价是指出厂价。

（2）进口设备。以到岸价和进口征收的税金、手续费、商检费及港口费等各项费用之和为原价。

（3）大型机组及其他大型设备分别运至工地后的拼装费用，应包括在设备原价内。

2. 运杂费

运杂费是指设备由厂家运至工地现场所发生的一切运杂费用，包括运输费、装卸费、包装绑扎费、大型变压器充氮费及可能发生的其他杂费。

3. 运输保险费

运输保险费是指设备在运输过程中的保险费用。

4. 采购及保管费

采购及保管费是指建设单位和施工企业在负责设备的采购、保管过程中发生的各项费用，主要包括以下几部分：

（1）采购保管部门工作人员的基本工资、辅助工资、职工福利费、劳动保护费、养老保险费、失业保险费、医疗保险费、工伤保险费、生育保险费、住房公积金、教育经费、办公费、差旅交通费、工具用具使用费等。

（2）仓库、转运站等设施的运行费、维修费、固定资产折旧费、技术安全措施费和设备的检验、试验费等。

四、独立费用

独立费用由建设管理费、工程建设监理费、联合试运转费、生产准备费、科研勘测设计费和其他等六项组成。

（一）建设管理费

建设管理费指建设单位在工程项目筹建和建设期间进行管理工作所需的费用，包括建设单位开办费、建设单位人员费、项目管理费三项。

1. 建设单位开办费

建设单位开办费是指新组建的工程建设单位为开展工作所必须购置的

办公设施、交通工具等以及其他用于开办工作的费用。

2. 建设单位人员费

建设单位人员费是指建设单位从批准组建之日起至完成该工程建设管理任务之日止，需开支的建设单位人员费用，主要包括工作人员的基本工资、辅助工资、职工福利费、劳动保护费、养老保险费、失业保险费、医疗保险费、工伤保险费、生育保险费、住房公积金等。

3. 项目管理费

项目管理费是指建设单位从筹建到竣工期间所发生的各种管理费用，具体如下：

（1）工程建设过程中用于资金筹措、召开董事（股东）会议、视察工程建设所发生的会议和差旅等费用。

（2）工程宣传费。

（3）土地使用税、房产税、印花税、合同公证费。

（4）审计费。

（5）施工期间所需的水情、水文、泥沙、气象监测费和报汛费。

（6）工程验收费。

（7）建设单位人员的教育经费、办公费、差旅交通费、会议费、交通车辆使用费、技术图书资料费、固定资产折旧费、零星固定资产购置费、低值易耗品摊销费、工具用具使用费、修理费、水电费、采暖费等。

（8）招标业务费。

（9）经济技术咨询费。其包括勘测设计成果咨询、评审费，工程安全鉴定、验收技术鉴定、安全评价相关费用，建设期造价咨询，防洪影响评价、水资源论证、工程场地地震安全性评价、地质灾害危险性评价及其他专项咨询等发生的费用。

（二）工程建设监理费

工程建设监理费指建设单位在工程建设过程中委托监理单位，对工程建设的质量、进度、安全和投资进行监理所发生的全部费用。

(三)联合试运转费

联合试运转费指水利工程的发电机组、水泵等安装完毕,在竣工验收前,进行整套设备带负荷联合试运转期间所需的各项费用,主要包括联合试运转期间所消耗的燃料、动力、材料及机械使用费,工具用具购置费,施工单位参加联合试运转人员的工资等。

(四)生产准备费

生产准备费指水利建设项目的生产、管理单位为准备正常的生产运行或管理发生的费用,包括生产及管理单位提前进厂费、生产职工培训费、管理用具购置费、备品备件购置费和工器具及生产家具购置费。

(1)生产及管理单位提前进场费。生产及管理单位提前进场费是指在工程完工之前,生产、管理单位的一部分工人、技术人员和管理人员提前进场进行生产筹备工作所需的各项费用。其内容包括提前进场人员的基本工资、辅助工资、职工福利费、劳动保护费、养老保险费、失业保险费、医疗保险费、工伤保险费、生育保险费、住房公积金、教育经费、办公费、差旅交通费、会议费、技术图书资料费、零星固定资产购置费、低值易耗品摊销费、工具用具使用费、修理费、水电费、采暖费等,以及其他属于生产筹建期间应开支的费用。

(2)生产职工培训费。生产职工培训费指生产及管理单位为保证生产、管理工作顺利进行,对工人、技术人员和管理人员进行培训所发生的费用。

(3)管理用具购置费。管理用具购置费指为保证新建项目的正常生产和管理所必需购置的办公和生活用具等费用,包括办公室、会议室、资料档案室、阅览室、文娱室、医务室等公用设施需要配置的家具器具的购置费。

(4)备品备件购置费。备品备件购置费指工程在投产运行初期,由于易损件损耗和可能发生的事故,而必须准备的备品备件和专用材料的购置费。这里不包括设备价格中配备的备品备件。

(5)工器具及生产家具购置费。工器具及生产家具购置费指按设计规定,为保证初期生产正常运行所必需购置的不属于固定资产标准的生产工具、器具、仪表、生产家具等的购置费。这里不包括设备价格中已包括的专用工具。

（五）科研勘测设计费

科研勘测设计费指工程建设所需的科研、勘测和设计等费用，包括工程科学研究试验费和工程勘测设计费。

（1）工程科学研究试验费。工程科学研究试验费指为保障工程质量，解决工程建设技术问题，而进行必要的科学研究试验所需的费用。

（2）工程勘测设计费。工程勘测设计费指工程从项目建议书阶段开始至以后各设计阶段发生的勘测费、设计费和为勘测设计服务的常规科研试验费，不包括工程建设征地移民设计、环境保护设计、水土保持设计各设计阶段发生的勘测设计费。

（六）其他

（1）工程保险费。工程保险费是指工程建设期间，为使工程能在遭受水灾、火灾等自然灾害和意外事故造成的损失后得到经济补偿，而对工程进行投保所发生的保险费用。

（2）其他税费。其他税费是指按国家规定应缴纳的与工程建设有关的税费。

五、预备费及建设期融资利息

（一）预备费

预备费包括基本预备费和价差预备费。

（1）基本预备费。基本预备费主要为解决在工程建设过程中，设计变更相关技术标准调整增加的投资以及工程遭受一般自然灾害所造成的损失和为预防自然灾害所采取的措施费用。

（2）价差预备费。价差预备费主要为解决在工程建设过程中，因人工工资、材料和设备价格上涨以及费用标准调整而增加的投资。

(二)建设期融资利息

根据国家财政金融政策规定,工程在建设期内需偿还并应计入工程总投资的融资利息。

第三节 水利建设单位建设的成本管理

一、水利建设单位建设的成本管理说明

(一)制定水利基本建设单位建设成本管理办法的必要性

建设成本是反映基本建设投资效果的综合性指标,成本管理是水利基本建设单位财务管理的核心内容,建设单位在财务管理的各个环节、各个方面都要紧紧围绕降低建设成本,提高投资效益这一中心任务开展工作。近年来,国家对建设管理体制进行了一系列改革,实行了项目法人责任制、招标投标制、工程监理制、合同管理制,其主要目的也是为了进一步降低建设成本,提高投资效益。

从水利基本建设单位成本管理的现状看,成本核算不实、控制不力、乱挤乱占的现象时有发生,在部分基层建设单位仍普遍存在。究其原因,既有人们长期形成的重投资、轻管理,重规模、轻核算的思想观念,也有成本管理制度不健全,落实不到位的影响,这些因素导致建设成本约束软化。因此,建立和完善成本管理制度,具有重要的现实意义。

(二)制定水利基本建设单位建设成本管理办法的原则

1. 合法性原则

水利基本建设单位建设成本管理办法,是建设单位的内部管理制度,应当符合并严格执行国家的有关法律、法规,体现国家的有关方针、政策,不得超出自身的职能范围,不得超出财经法规允许的范围和界限,各项基本建设支出要遵守现行的财务规章制度。

2. 适应性原则

建设成本管理办法要与具体的水利基本建设项目相适应，符合建设项目的实际情况。一是要适合项目的特点。水利基本建设项目的规模有大型项目、中型项目和小型项目，类型有水库、水电站等枢纽工程和堤防、疏浚等其他工程。即使是同规模、同类型的水利基本建设项目，其组织结构、管理方式、成本控制方法等都会有所区别。因此，制定成本管理办法要体现项目的特点。二是适合成本核算对象的特点。建筑工程、安装工程、设备、管理费用等各个成本项目，均有不同的性质和用途，与此相适应，对其管理和控制的方法应有所区别。

3. 规范性原则

建设成本管理办法应当起到规范水利基本建设项目建设成本的作用。一方面，建设成本管理办法的内容要全面，要涵盖与建设成本直接相关的各个方面、各个环节的工作，不能顾此失彼；另一方面，建设成本管理办法的内容要科学，不能与基本的原理和要求相违背。

4. 经济原则

制定成本管理办法的目的，是为了有效地降低工程造价，规范成本管理。因此，在设置具体的控制手段时，必须考虑经济的原则，具有实用性。人为地搞一些华而不实的繁琐手续，经济效果不大，甚至得不偿失。一是要贯彻"例外管理"的原则，对正常成本费用支出可以从简控制，格外关注各种例外情况。如超出预算的支出，脱离标准和市场正常水平的重大差异等。二是要贯彻重要性原则，把注意力集中于重要事项，对成本数额很小的费用项目或无关大局的事项可以从略。如对大型项目而言，要更多地关注价款结算、设备购置等重要的经济事项。三是要具有灵活性，面对预见不到的情况，办法仍能发挥应有的作用。

（三）水利基本建设单位建设成本管理办法的结构体系

1. 建设成本的概念和任务

（1）建设成本的内容。建设成本包括建筑安装工程投资、设备投资、待摊投资和其他投资四个部分。

（2）成本管理的任务。成本管理的任务是控制支出，监督和分析开支情况，降低造价，提高投资效益。

2. 成本开支范围和内容

（1）建筑工程支出。建筑工程的支出包括：房屋和建筑物、设备附着物、道路建筑工程、水利工程支出、拆除和整理等。

（2）安装工程支出。安装工程的支出包括：设备装配、设备单机试运转和系统联动无负荷试运转等。

（3）设备投资支出。设备投资的支出包括：需要安装设备、不需要安装设备、为生产准备的低于固定资产标准的工具、器具等。

（4）待摊投资支出。待摊投资的支出有建设单位管理费、临时设施费等。

（5）其他投资支出。其他投资支出，如房屋购置和林木等的购置、培育以及无形资产和递延资产等。

3. 成本核算

（1）确定成本核算对象。大型项目：单位工程和费用明细项目；中小型项目：单项工程和费用明细项目。

（2）权责发生制。权责发生制是成本的确认标准。

（3）完全成本法。在规定的开支范围和标准内，都应全部纳入建设成本。

（4）待摊费用的分摊。待摊费用的分摊要公平、合理。

（5）实际成本的核算原则。

4. 成本控制

（1）建立成本管理责任制，实行分工归口管理。

（2）建立财务预算管理制度，对建设成本实行预算控制。

（3）标准成本控制，严格执行项目概（预）算。

（4）多方案选择的原则：选择价值系数较高的施工方案。

(5) 成本管理的基础工作：原始记录、定额管理等。

(6) 列支建设成本的程序要求：遵守基本建设管理程序，履行必要的审批手续。

(7) 遵守开支范围和开支标准。

(8) 划清各项费用界限，明确不得列入建设成本的支出事项。

(9) 列支成本时应注意的问题。

(10) 成本考核。

(四) 水利建设单位建设的成本管理应注意的问题

(1) 建立灵活的成本控制体系。要充分考虑到市场环境的改变对成本控制的影响，应当不断地对目前所采用的各种控制方法进行可行性和符合性的评审，以确保这些方法一直保持合理有效。

(2) 建设成本的管理和控制具有较强的综合性，应根据分工归口管理的原则，建立成本管理制度，使各职能部门都来加强成本的控制与监督。

不宜将成本控制的职责局限在财务部门，导致责任部门范围太窄。

(3) "预付工程款"和"预付备料款"反映建设单位按规定预先支付施工单位的进度和备料款，不是项目建设成本的组成部分，需通过工程价款结算从应付工程款中扣回。建设单位预付和尚未抵扣的款项不得列入建设成本。

(4) 建设单位应定期组织有关人员对项目建设成本进行对比分析。按照成本核算对象，对应项目概算、财务预算等，对成本水平、成本结构、成本变动状况及其影响因素进行综合分析。通过对比分析，查找差异和分析差异成因，提出控制和降低成本的途径和措施。

(5) 加强对未完工程及竣工验收费用的管理。此项费用是指建设项目符合国家规定的竣工验收条件，但尚有部分尾工未完成，为及时办理竣工财务决算，将该费用通过预提的方式纳入竣工财务决算。在具体管理过程中，必须注意三个方面的问题：一是按比例控制，大中型项目须控制在总概算的3%以内，小型项目须控制在5%以内；二是项目竣工验收时，建设单位应将未完工程及费用的详细情况提交竣工验收委员会确认，防止在预列时的高估冒算；三是对此项工程及费用在完成时要及时进行验收和清算。

（6）核算是管理的前提，建设单位要切实加强和规范对建设成本的会计核算。特别是在确定成本核算对象时，要尽量考虑并满足编制竣工财务决算的要求。在建账时，设置的会计账簿尤其是明细账目要与项目概算的明细项目基本吻合，形成对应关系，做到成本项目与概算在口径上基本保持一致。

（7）建立成本管理的激励和约束机制，将成本的完成情况和对职工的奖惩挂钩，以调动职工降低成本的主动性和自觉性。

（8）各建设单位在使用本办法时，要深入研究项目特点，对办法进行必要的调整、补充，如在成本管理责任制、成本核算对象、基础工作、审批程序等方面结合本单位的实际情况，进一步予以细化，以体现更强的针对性。

二、水利建设单位建设的成本管理示例

×××（水利建设单位）建设成本管理办法

第一章　总则

第一条　为加强水利基本建设成本管理，节约基本建设资金，提高投资效益，根据国家有关规定并结合水利基本建设单位的实际情况，制定本办法。

第二条　水利基本建设单位成本管理的任务是：根据项目概算、基本建设支出预算，合理、有效地使用水利基本建设资金，控制建筑工程费、安装工程费、设备费和其他费用性支出，监督和分析建设成本的开支情况，努力降低工程造价，提高投资效益。

第三条　建设成本是指计入交付使用资产价值的各项投资支出。建设成本按照费用支出的用途，可划分为四类：建筑安装工程投资支出、设备

投资支出、待摊投资支出和其他投资支出。

第二章 成本开支范围和内容

第四条 建筑安装工程投资支出是指建设单位按项目概算内容发生的建筑工程和安装工程的实际成本,其中不包括被安装设备本身的价值及按照合同规定支付给施工企业的预付备料款和预付工程款。

建筑工程支出包括房屋和建筑物支出、设备附着物支出、道路建筑工程支出、水利工程支出、拆除和整理支出等。

安装工程支出包括设备装配支出、设备单机试运转和系统联动无负荷试运转支出。

第五条 设备投资支出是指建设单位按项目概算内容发生的各种设备的实际成本,包括需要安装设备和不需要安装设备以及为生产准备的低于固定资产标准的工具、器具的实际支出。

需要安装设备是指必须将其整体或几个部位装配起来,安装在基础或建筑物支架上才能使用的设备。

不需要安装设备是指不必固定在一定位置或支架上就可以使用的各种设备。

第六条 待摊投资支出是指建设单位按项目概算内容发生的,按照规定应当分摊计入交付使用资产价值的各项费用支出。

待摊投资支出的费用项目有:建设单位管理费、土地征用及迁移补偿费、土地复垦及补偿费、勘察设计费、研究实验费、可行性研究费、临时设施费、设备检验费、负荷联合试车费、合同公证及工程质量监理费、(贷款)项目评估费、国外借款手续费及承诺费、社会中介机构审计(查)费、招投标费、经济合同仲裁费、诉讼费、律师代理费、土地使用税、土地使用费、耕地占用税、车船使用税、汇兑损失、报废工程损失、坏账损失、借款利息、固定资产损失、器材处理亏损、设备盘亏及毁损、调整器材调拨价格折价、企业债券发行费用、航道维护费、航标设施费、航测费、其他待摊投资等。

第七条 其他投资支出是指建设单位按项目概算内容发生的构成基本建设实际支出的房屋购置和林木等购置、培育支出以及取得各种无形资产和递延资产发生的支出。

其他投资支出的费用项目主要包括：房屋购置、林木支出、器具购置费用、为可行性研究购置固定资产的费用、购买或自行开发无形资产的费用、递延资产。

第三章 成本核算

第八条 成本核算的目的是要确定工程的实际耗费，考核工程的经济效果。为了正确地对工程成本进行核算，必须合理划分成本核算对象。

建设成本的核算对象依据项目的建设规模确定，要满足竣工财务决算编制和成本管理的需要。

大型项目以单位工程和费用明细项目为核算对象，中小型项目以单项工程和费用明细项目为核算对象。

成本核算对象一经确定后，不得任意变更。财会部门应该为每一成本核算对象设置工程成本明细账，以便组织各成本核算对象的成本计算。

第九条 按照权责发生制的原则计算成本。

成本确认的主要依据是工程形象进度，与工程款项的支付没有直接关联。对已完成的工作量，在履行必备的结算手续后，无论工程价款是否已支付，都要进行计算和归集，计入各成本核算对象，防止成本与工程形象进度之间的背离。

支付承包商的预付工程款和预付备料款，不在成本中反映，结算时，按合同约定的比例或额度，予以抵扣。

承包商的质量保证金在扣留时计入成本。

第十条 采用完全成本法计算和归集各项费用。

凡为项目实体形成的各种耗费和发生的辅助性费用，在规定的开支范围和标准内都要全部纳入建设成本，包括直接材料、设备，直接人工工资，直接其他费用，管理性费用。

第十一条　待摊投资在计算和归集后，需分配计入交付使用资产成本。

流动资产、无形资产、递延资产及不需要安装设备、工具、器具和家具等固定资产，不分摊待摊投资。

在分配过程中，对能够确定由某项资产负担的费用，直接计入该项资产成本；不能确定负担对象的待摊费用，采用按概算数或按实际数的方法计入受益的各项资产成本。

第十二条　建设成本要真实、准确。除少量未完工程及竣工验收费用，按规定预计纳入建设成本外，不得以计划成本、估计成本或预算成本代替实际成本。

第四章　成本控制

第十三条　建立成本管理责任制，根据对成本的可控程度和分工归口管理的原则，将成本管理的职责划归各职能部门，以加强成本的控制与监督。

工程技术部门负责组织编制施工进度计划，做好施工安排，确保工程顺利开展，并对结算的工程量进行计量和审核；计划合同部门负责办理工程合同、协议的签订，编制或审核预算，组织办理工程价款的结算；材料供应部门负责编制材料采购、供应计划，健全材料的收、发、领、退制度，按期提供材料耗用和结余等有关的成本资料；财务部门负责组织成本核算，监督考核预算的执行情况，组织对工程建设成本进行预测、控制和分析，并制定本项目的成本管理制度；行政管理部门负责制定和执行有关管理费用的控制措施。

第十四条　建立财务预算管理制度，对建设成本实行预算控制。

财务预算的管理流程是：以施工进度计划为基础，编制材料及设备采购、移民迁移安置等业务预算；以业务预算为依据，确定预算的具体项目和相应标准；经综合平衡后，下达执行。

财务部门负责组织财务预算的编制、审查、汇总、上报、下达、报告等具体工作，跟踪监督财务预算的执行情况，分析财务预算与实际执行的差异及原因，提出改进管理的措施和建议。

　　工程技术、计划合同、材料供应、行政管理等职能部门具体负责本部门业务涉及的财务预算的编制、执行、分析、控制等工作，并配合财务部门做好财务预算的综合平衡、协调、分析、控制、考核等工作，对本部门财务预算执行结果承担责任。

　　下达执行的年度财务预算，一般不予调整。由于市场环境、施工条件、政策法规等发生重大变化，致使财务预算的编制基础不成立，或者将导致财务预算执行结果产生重大偏差的，由业务涉及的职能部门提出书面报告，阐述财务预算执行的具体情况、客观因素变化情况及其对财务预算执行造成的影响程度，提出财务预算的调整幅度。财务部门进行审核分析，编制年度财务预算调整方案，经批准后，予以调整。

　　第十五条　项目概（预）算是建设项目的标准成本，是控制建设规模、建设内容、建设成本的重要依据。

　　严格按设计文件、概（预）算中安排的项目、内容组织工程建设，不做概算外项目，不提高建设标准。

　　财务部门要定期将实际成本与项目概（预）算进行比较，分别计算各个成本项目的量差和价差，分析差异形成的原因及其影响的程度。对其中非正常的、不符合常规的异常成本差异，按例外管理的原则，进行详细揭示和重点分析，提高成本控制的效率。

　　第十六条　在制定工程施工部署方案和技术方案时，要利用价值工程的原理，进行功能和费用的对比，从备选方案中选择价值系数较高的方案，以达到降低成本的目标。

　　第十七条　为了使成本预测、控制、核算、分析、考核等有可靠的依据，应建立健全原始记录，做好定额管理、计量验收、物资收发领退和定期盘点等各项基础工作。对工程建设过程的各个环节（如：材料、设备验收入库、物料消耗和盘存、考勤、工程量、质量检验、阶段验收等），建立一套完整准确的原始记录。原始记录表格设计、填报时间、传递程序、存档保管等应根据情况，由各业务部门自行制定；与成本核算有关的原始记录，由财务部门参与审定。

凡可实行定额管理的，均应根据历史水平及现实情况制定切实可行的定额，主要包括各种消耗定额、费用定额和质量指标。各项定额，原则上每年核定一次，并随着管理水平的提高，及时进行必要的修订。

按照国家有关计量法规设置完备的计量检验器具和仪表，对物资的收发、消耗、施工质量、施工进度等，进行严格的计量检验，并建立对计量检验器具、仪表的定期校验制度，加强维护，使之准确无误。

建立各种财产物资的收发、领退、转移、报废和清查盘点制度，做到账实相符、账卡相符、账账相符，防止大盈大亏等一次性处理的不正常现象发生。

第十八条　建设成本的开支，要与基本建设管理程序的要求相适应。

计划任务书已经批准，初步设计和概算尚未批准的，只能支付项目建设必需的施工准备费用；已列入年度基本建设支出预算和年度基建投资计划的建设项目，可按规定内容支付所需费用。

在未经批准开工之前，不得支付工程款。

第十九　条支出的审批程序为：

（1）经办人审查。经办人对支付凭证的合法性、手续的完备性和金额的真实性进行审查。

（2）业务部门审核。经办人审查无误后，送经办业务所涉及的职能部门负责人审核；实行工程监理制的项目须先经监理工程师签署意见。

（3）单位负责人或其授权人员核准签字。支出的审批权限为：财务预算内支出由单位负责人或其授权人员限额审批，限额以上以及财务预算以外的资金支出实行集体审批。

第二十条　严格按规定的开支范围和开支标准列支成本，不得增列成本项目所规定范围内容以外的开支。

财务部门在参与工程价款结算过程中，对工程量的计算、单价套用、费用和费率的计取，实施全面监督，剔除价款中的不合理部分。

第二十一条 正确划清各项费用界限，下列支出不得列入建设成本：

（1）从事生产经营活动发生的成本费用。

（2）项目已具备竣工验收条件，3个月内不办理竣工验收和资产移交手续所发生的各项费用。

（3）在项目概（预）算外，用留成收入或上级部门拨入的资金购建自用固定资产的支出。

（4）对外投资支出。

（5）被没收的财物、支付的滞纳金、罚款、违约金、赔偿金。

（6）捐赠、赞助支出。

（7）国家法律、法规规定以外的各种付费及国家规定不得列入成本、费用的其他支出。

第二十二条 加强对支出的审核。

审核的主要事项有：是否应该发生、是否合乎规定、是否手续完备、已经发生的费用应在哪个成本核算对象中列支，以便对建设项目的各种耗费进行指导、限制和监督。

第二十三条 在成本的审核、列支过程中，要把握以下注意事项：

（1）自营工程所发生的各项费用，必须按实际支出数计入成本，不得按预算价格进行结转。

（2）安装工程支出不得包括被安装设备本身的价值。

（3）不需要安装的设备和工具、器具购入时，无论是验收入库，还是直接交付使用，都直接计入设备投资支出。

需要安装的设备购入后，无论是验收入库，还是直接交付安装，必须具备以下三个条件，才能计入设备投资支出。

①设备的基础和支架已经完成。②安装所需的图纸已经具备。③设备已经运到安装现场，验收完毕，吊装就位并继续安装。

列入房屋、建筑物等建筑工程预算的附属设备，其成本计入建筑工程支出，不得在设备投资中列支；需要安装设备的基础、支柱等附着物，其成本计入建筑工程支出，不得在设备投资中列支。

（4）建设期间的存款利息收入计入待摊投资，冲减建设成本。经营性项目在建设期间的财政贴息资金，冲减建设成本。

未按规定用途使用的借款，挤占挪用部分的罚息支出以及不按期归还借款而支付的滞纳金，不得列入待摊投资支出。

（5）由于管理不善、设计方案变更以及自然灾害等原因发生的单项工程报废，必须经有关部门组织鉴定。

因管理不善造成的损失，要追究有关责任人的经济责任。

报废工程成本扣除残值、赔偿金后的净损失需办理报批手续，经批准后，从建筑安装成本中转到待摊投资支出。

（6）坏账损失、固定资产损失、设备的盘亏和毁损在列入建设成本前，要按规定程序报经有关部门批准。

发生的固定资产盘盈、处理积压物资盈余、设备盘盈，相应地冲减建设成本。

（7）其他待摊投资是有指定内容的费用项目，包括国外设备及技术资料费、出国联络费、外国技术人员费、取消项目的可行性研究费、编

外人员生活费、停缓建维护费、商业网点费、供电费以及行政事业单位发生的非常损失。

不得在上述范围以外自行增加项目和内容。

第二十四条　建立成本考核分析制度。

在将成本指标按照职责分工分解落实到各职能部门或个人的基础上，定期组织有关人员对年度财务预算及其有关指标的完成情况，进行对比和考核分析，揭示差距并提出改进的措施。

第五章　附则

第二十五条　本办法自发布之日起实施。

第二十六条　本办法由×××负责解释。

第四章　水利工程建设资金管理与经济管理

第一节　水利工程建设资金管理

一、建立水利资金使用档案，切实加强水利资金管理

（一）档案管理工作中存在的问题

1.对档案的重视程度不够

长期以来，相当一部分人员包括部分领导干部对档案工作的认识都存在一些误区，认为档案工作就是抄抄写写、保管的事务性工作，不是单位的主要工作，不能给单位创造经济效益，只要"守好摊"，不丢失，不泄密，能应付外调、查档就行了。轻视档案工作的思想表明了一些人对档案工作缺乏了解，忽视档案工作已无法适应现在的管理需求。

2.管理力量薄弱，管理水平不高管理手段落后

大部分人员没有经过专业的档案知识培训，对档案的重要性、归档要求、档案材料的收集、整理、归档、装订等业务不太了解，档案收集意识淡薄。而且大多数档案人员身兼数职，对档案工作精力投入不足，日常事务往往只是将材料放入档案盒，没有及时整理归档，严重影响了档案管理水平。另外，一些归档的材料还不够真实和准确。

3. 档案室硬件环境设施不齐全

对档案管理必备的条件解决落实差，个别单位没有专用档案室，有的单位档案多，档案室狭窄、潮湿、"六防"设备不配套，引起档案材料霉变、虫蛀，影响档案的美观整洁及完整。有的管档单位必备的切刀、统一的文件夹都无法购置齐备。

针对这些问题我们也采取了许多办法，积极探索档案管理工作的对策，提高档案管理人员素质。要注意加强干部档案工作队伍建设，选择政治上可靠、作风正派、责任心强的共产党员从事档案管理工作，注意对他们的教育培养，关心他们的工作、生活，充分发挥他们的积极性和创造性。

档案管理的好坏，在很大程度上取决于管理档案工作人员的素质。作为管理档案的工作人员，要注重自身专业水平的提高，通过自学、参加培训等方式，熟悉档案工作的各个环节和基本要求，努力掌握科学管理的原则和方法，提高工作效率，提高档案质量。积极探索新的管理模式，使档案工作更科学、更实用，为不断进步发展的社会提供有利的资源。健全档案管理制度，建立档案工作制度必须遵循以下要求：第一，规章制度要体现合理性、科学性。建立起来的规章制度必须符合单位特点和档案管理实际，以适应单位档案管理的需要。第二，简明实用。制度必须具有可操作性，其建立应以方便实用、简便易行、可操作性强为目标，以便更好地发挥制度的指导和规范作用。第三，坚持制度约束的双向性。既约束领导又约束职工。领导的行为和形象直接影响着制度的顺利执行，而职工是单位的主要构成群体，是制度的主要约束对象和执行者。第四，坚持制度执行的严肃性。档案部门既是制定档案规章制度的主管部门，又是规章制度的执行部门。在规章制度的执行过程中，要做到有功必赏、有过必罚，充分体现制度的权威性。

4. 改进和完善档案功能

改进和完善档案功能，使其记录内容全面、客观、动态。对档案的功能应进行重新定位：一是对档案的原有重要部分应该予以保留；二是档案的内涵要进一步丰富和扩大，以便使其所具有的功能更加适合单位对信息的需求，从而更好地为单位服务。

5. 采用信息化管理手段

信息化是当今社会发展的一大趋势，它对档案工作提出了新的要求，那就是尽可能地运用当代科技新成果和管理新手段，提高档案工作的效率和水平，以尽快实现档案信息化管理。目前，国外档案管理很多已使用计算机，就是在国内，使用计算机辅助管理档案的单位也越来越多。实现人事档案计算机辅助管理势在必行。

6. 做好档案管理工作，强化服务意识，提高服务水平是很有必要的

档案管理人员要树立"工作就是服务"的观念。以"增强服务意识"和"主动服务"作为工作的出发点和归宿。要明确服务方向，端正服务态度，树立创新意识，提高服务质量。服务的好坏是衡量档案工作者职业道德标准的重要尺度，发挥好档案信息资源的作用，使其充分地为社会主义现代化建设服务，是我们档案工作者义不容辞的责任。

(二) 加强水利资金使用监督管理，明确目标任务，加强管理

1. 责任到位，制度到位

各级财政、水利部门要充分认识加强水利资金使用监督管理的重要性和紧迫性，增强主动性和自觉性，从制度建设、预算管理、监督检查、廉政风险防控等各个方面，切实采取有效措施，全面加强水利资金使用监督管理。逐步形成完备的水利资金管理制度体系，将各级财政安排的水利资金全部纳入监督管理范围，建立健全廉政风险防控管理机制。建立多元化监督体系，实现水利资金运行管理全过程监督。通过强化监督管理，使水利资金管理基础工作明显加强，科学化、精细化管理水平明显提升，水利资金使用效益明显提高，数据不实、支出缓慢、虚假立项骗取套取、挤占挪用资金等违规违纪行为大幅减少，水利资金分配使用、管理的廉政风险得到有效防范和化解。

2. 突出监督管理重点

全面加强各级各类水利资金使用监督管理，重点加强对资金规模大、涉及范围广、与民生密切相关的水利项目资金的监督管理，按照各项资金使用管理制度，突出抓好大江大河治理、病险水库除险加固、中小河流治理、农村饮水安全工程、大中型灌区续建配套和节水改造、小型农田水利建设、农村水电增效扩容改造、防汛抗旱救灾、山洪灾害防治、公益性水利工程维修养护、中央水利建设基金、水资源管理等中央和省级重大水利项目资金监督管理。

总之，在新的历史条件下，档案工作必须要紧密联系时代发展要求，要从观念上更新，采取有效措施，积极探索档案现代管理模式，促进社会主义和谐社会建设。

二、加大水利资金监管力度，提高水利资金使用效益

（一）充分认识加强水利资金监管的重要性和紧迫性

1. 加强水利资金监管

2008—2010年，全区水利投入63.8亿元（其中2008年12.7亿元、2009年20.4亿元、2010年30.7亿元），集中建设了黄河标准化堤防、农村饮水安全、病险水库除险加固等一批重点水利工程项目。为保证水利投入取得实实在在的效果，我们加大了监管力度，对资金使用管理提出了具体要求。从水利资金检查结果看，总体情况是好的，但也发现不少薄弱环节和问题，有些问题还比较严重，必须引起高度重视。加强水利资金监管，就是要严格按照中央号文件的部署要求和政策规定，针对资金使用管理中薄弱环节和关键点，建立健全内部制约机制，严格资金控制管理，保证建设资金安全、有效使用。

2. 加强水利资金监管是新形势下水利财务工作的现实需要

财务管理的重点与财政体制改革密切相关，当前我国财政资金国库集

中支付改革全面推进,政府投资财政转移支付制度向纵深发展,水利建设资金管理的重点必须适应财政体制改革的要求,适时进行相应调整。在注重资金筹集的同时,更加突出资金的安全管理;在注重资金拨付环节监管的同时,更加突出资金使用环节的监管;在财政部门加强监管的同时,更要发挥行业主管部门和项目法人的财务管理职能。从当前财务管理的现状看,实行国库集中支付后,项目法人单位滞留、挪用建设资金的情况得到有效缓解,而在概算执行、资金使用等方面还存在不少问题,因此加强水利资金使用管理,进一步完善监督管理机制,保证水利资金安全运行,是今后水利财务管理的重点内容和首要任务。

3. 加强水利资金安全管理是保证干部安全的有效措施

当前水利建设处于投资高峰期,水利投资渠道和市场主体日益多元化,水利建设管理的体制机制尚不完善尚未真正建立起全面系统、严密规范的制度体系,水利建设管理能力和干部队伍廉政建设面临着严峻挑战。加强水利建设资金安全管理,跟踪建设资金各流转环节的监督管理,推行水利建设项目法人制、招标投标制、监理制和合同管理等四项制度,对保证干部安全具有十分重要的现实意义。实践证明,近几年重点水利工程资金安全管理工作是行之有效的,促进了水利建设的规范有序推进,有效维护了水利行业的良好形象。

(二)以制度建设和落实为抓手,切实加强水利资金监管

水利资金是水利工作又好又快发展的重要物质保障,管好用好水利资金是水利项目建设的重要任务,是确保工程安全、干部安全的关键环节。因此,必须针对资金管理和使用中的薄弱环节,结合实际工作中存在的问题,以制度建设为核心,全面加强财务管理,提高资金使用效益。

1. 进一步加强对水利建设资金安全管理工作的领导

保证水利建设资金的安全是水利部门的基本职责,是财务管理工作的重要目标,各级水利部门和单位的领导,特别是一把手,要把保证建设资金的安全作为项重要工作来抓,列入重要议事日程,经常研究分析情况,

查找存在问题，制订改进措施，切实加强对该项工作的领导。要把资金安全管理情况纳入单位考核的重要内容，纳入单位惩防腐败体系建设，切实抓紧抓实。要按照分级管理、分级负责的原则，统筹各方面力量，把资金安全管理工作不断引向深入。

2. 进一步加强项目法人内部控制制度建设

根据财政部的内部会计控制规范要求，在单位负责人领导下，进一步加强以货币资金内部控制和工程项目内部控制为重点的内部控制体系建设，构筑水利建设资金安全管理防线，努力实现资金零距离、无缝隙监督管理。严格按内部牵制原则设置会计岗位，明确会计、出纳的职责权限，坚持会计出纳分设、票据印鉴分管制度，确保办理货币资金业务的不相容岗位相互分离、相互制约。建立严格的授权批准制度，明确审批人对货币资金业务的授权批准方式、权限、程序、责任和相关控制措施，重要货币资金支付业务，实行集体决策和审批，加强对货币资金的安全管理。以项目法人内部控制制度的建立和有效执行，保证水利建设资金的安全运行。

3. 突出合同管理环节，保障资金使用安全

合同管理是财务管理的重要领域，是体现财务管理水平和质量的重要方面，是水利项目实行"四制"管理的核心，也是制约财务管理工作的"短板"，其执行落实情况对水利项目建设影响重大。因此，必须把加强合同管理作为资金安全管理的重点工作来抓。在招标投标阶段，注重招标文件的审查工作，把投标保证金、履约担保、预付款、计量支付、价款结算、农民工工资支付、监督检查等涉及资金安全的具体要求，在专用条款中加以约定，从源头上为开展资金安全管理工作提供条件。在合同执行过程中，要严把工程价款结算关口，认真履行施工单位申请、监理单位审核项目法人批准的必要程序；在项目内部，严格执行经办人审查、有关业务部门审核、单位领导核准签字的支付程序；工程竣工后，严格竣工决算审查审计制度，并预留一定比例的保证金，待工程通过审计，满足运行管理条件后支付。通过加强合同管理环节的管控，坚决杜绝合同签订和管理上存在的

纰漏。确保水利建设资金安全、合理和有效使用。

4. 进一步加强水利资金使用管理的督查检查

各级主管部门应加强对水利资金的监督检查，有计划、有重点地实施财务检查，了解掌握资金使用管理的基本情况，及时发现资金管理过程中存在的主要问题，有针对性地提出加强与改进水利建设资金管理的意见和建议，对检查中发现的问题应督促项目法人及时落实整改，要严格责任追究制度，按有关规定进行处罚处理。

5. 进一步加强水利财会队伍建设

要有计划、有步骤地抓好在职会计人员的培训工作，不仅要培训财务专业技能，也要培训工程实务知识，还要把思想政治教育和专业培训相结合，促进会计人员素质的全面提高。要培育高层次的水利财务会计领军人才梯队，营造积极向上、奋发有为的工作氛围，引领水利财务管理水平的全面升级。

三、水利资金预算配置研究

（一）水利资金预算配置的影响要素

要对水利资金进行科学的核算，就需要搞明白水利资金出于何处。通常来讲，水利工程是以国家为主体进行建设的，所以就是来自于政府专用水利资金，在性质上属于公共财政无偿性，受到社会群众的监督；现在中国市场发展已经相当成熟，一些水利工程开始分配给市场的主体，可是这种资金来源于市场，商品性与有偿性"味道浓厚"。

时间影响水利资金预算配置。我们看到水利资金既可能来自于政府，也可能来自市场主体，所以需要一定的时间积累水利资金；水利工程的支出特点，依靠长期投入，还有就是水利项目不同实施阶段的需求不同，所以依靠持续的资金供应、技术条件和利用环境，在不同的时间有不同的表现，所以水利资金最优化的配置时间应该在经济效益最好的时期；最后就是水利资金经济属性,这也是决定水利资金预算的重要属性,水利资金投入会在不同的阶段表现出不同的属性,可能因为引水排水,也可能是水利设施修整等。我们要根据水利资金在不同时间出现的不同特点,来进行合理预算,才能做到准确合理。

此外,水利资金预算配置不可避免地要受到空间的约束,特别是在我国地理区域差距非常大的情况下,许多地区的降水量、存水量等指标水平也不相同,就需要我们分析水利资金因为这些空间的差异,实现最好的预算配置。在自然和社会两个方面,进行统筹研究,既要兼顾到地理的差距,又要考虑社会的经济条件。发达地区通常需水量大,需要建设较多的水利项目,可是在水利融资、集资上也比较容易,政府投入反而小。在空间上,还有就是改造原来的水利项目,这也影响着水利资金的预算配置。

(二)水利资金预算最优化配置的原则

水利事业对于地方的发展,无疑是最有力的推进剂,可以看到世界各国如果想要发展一个地区的经济,首先就是要考察和解决该地的水利和道路问题,正是在这样的科学思路指引下,我国格外重视水利资金预算最优化配置,并且社会和谐发展的要求,也严格限制水利项目对生态平衡的影响和破坏。

1. 经济效益原则

水利项目的本质就是为了给人民带来利益,所以尽可能实现最大效益,就是水利预算配置需要坚持的基本原则。在消除洪水恶水影响和保证最好供水的机能上,尽可能减少经济投入成本,节约费用;同理,在预算相同的情况下,如何能获得最大的经济效益,就进行怎样的配置,实现最优化。

2. 社会效益原则

水利项目就是为了服务社会,这是最终目的。如何能使社会效益最大化,就是水利资金预算的追求。在进行水利资金预算时,要考虑到投入和产出是否符合社会利益的需求,在满足了需求后,如何又能在成本不变的情况下,加大这种效益,这就是水利资金预算需要遵守的配置原则。

3. 生态效益原则

水利项目与生态环境息息相关，依靠生态环境才能建立起来，所以水利资金预算需要包括对生态的破坏和修整，坚守可持续发展的思路去进行资金配置最优化途径，要把对自然的破坏成本计算在内，也要重视水利项目对于生态的改良。

在进行水利资金预算最优化配置时，必须恪守三个原则，但是也要注意可能统一，也可能排斥。所以，应该在经济效益、社会效益和生态效益之间，找寻一个科学的平衡机制，进行综合的分析，这样才能把水利资金的预算实现真正的最优化，并在这样的原则上科学地对水利资金分配，实现多向共赢。

（三）实现水利资金预算最优化配置

1. 水利资金的均衡配置要求满足各时间段、各地区的水利建设要求

这是一种理想的状态。在实际操作过程中，个别地区往往会出现水利资金总量不足，无法满足所有的水利建设项目的要求。在这种情况下，应从水利资金最优化配置的三个原则出发，充分研究，选择最佳的水利建设项目，在各项目之间进行资金的均衡配置。水利资金的均衡配置还具有另一个层面上的意义，即在同一个项目的不同阶段，水利资金也要进行均衡配置。同时，要充分地考虑到水利资金的配置时间问题，确保水利项目的顺利实施。

2. 水利资金预算的最优化配置

水利资金预算的最优化配置，是在综合考虑水利资金的配置时间和空间配置的基础上，在遵循水利资金配置的三个基本原则的前提下，按照市场化经济体制的作用，充分发挥水利资金的运动性和增值性，实现水利资金利用效率的最大化结果。

3. 建立合理的预算标准，完善预算制度

预算标准是各个层次的预算部门预算信息的汇总与深度分析的结果。预算是最优化配置水利资金的前提，是确保水利资金在配置过程中流通顺

第四章　水利工程建设资金管理与经济管理

畅的重要步骤。加强水利资金的宏观监控，有利于引导社会资金进入水利投资领域，增加水利资金的总量，可以改善水利资金的配置结构，宏观监控措施能够有效地提升水利投资的质量，提高水利资金的利用效率。

四、水利工程项目资金管理探讨

（一）紧紧抓住中央水利投资计划管理

水利部和财政部联合印发的《全国重点地区治理项目管理暂行办法》，以及《中央财政预算内专项资金水利项目管理暂行规定》明确指出，水利治理项目必须落实项目法人制度，各级水利项目计划下达的部门是专项资金的责任主管部门，必须对项目专项资金的使用和管理担负起监督责任和检查责任，必须加强全过程的跟踪管理和指导，把握项目法人的专项资金管理这一治理水利专项资金管理中的最为关键、最为重要的环节，筑牢水利专项资金安全应用和管理防线。因此，各级水利事业部门作为具体项目实施的主管机构，确实要担负起对水利项目规划、设计施工、工程实施策略、项目推进计划以及项目工程质量的全面责任。当前，随着我国水利项目投资计划管理方式在悄悄地发生改变，已经不再由水利部门统筹和归口管理，这样的处理方式方法，必然导致职责、权力和利益承载得不到有机统一，不利于激发水利事业单位的生机和活力，同时会给水利部门在管理和控制水利项目总体布局、进度控制、质量管控等方面带来一系列问题与困难，与水利部门近年来历时多年的改革调整也不相适应，特别是与"多渠道、多元化、多层次"的投资体系推行很不利。因此必须紧紧扭住中央水利投资计划管理，切实创新机制，理顺水利项目投资计划管理体制，传承传统管理方法策略中的好做法，落实中央水利投资继续由水利部门统筹管理制度。

（二）切实充分发挥好水利行业机构的管理功能

水利行业机构是国家水利部下设的机构，其主要职能是代理水利部行使各地区的水利行政管理职责,与水利部统筹其所在区域的水利发展规划,拟制水利发展计划方案等工作。它在水利建设的协调、指导、管理和监督等方面具有得天独厚的优势,因此必须发挥其不可代替的职能使命作用。国家水利部、财政部和国家发展和改革委员会等部门就水利项目建设专项资金管理,也赋予水利行业机构诸多项目建设管理、工程计划管理等方面的职责,然而在具体的实际实施操作过程中,水利工程项目下达与行业机构的沟通还不够,对接不畅的问题依然存在,这必然导致相关区域的工程项目管理产生问题,给流域管理带来诸多困难,从而导致区域机构在统筹本区域内水利工程建设,落实相应的管理职责等方面起不到应有的功能,不仅不利于水利工程项目建设和管理,同时对于水利事业部门的整体建设和发展也很不利。因此,上级水利管理部门必须对此高度重视,要加强沟通协调,理顺区域机构的沟通渠道,做到抓权与放权适度,职责、权利与义务明确且相协调,上级加强对行业机构人员素质的培养和锻炼,切实充分发挥好水利行业机构的管理功能。

(三)切实把握好水利工程项目投资、质量和进度的管理

水利工程项目投资、质量与进度具有自身的特点和规律,水利工程管理监督部门和职能机构必须清醒认识和把握好其内在的特点和规律,认识到水利专项资金管理具有很强的时效性,必须落实行政规划在相关部门规定的时间内产生相应的实物工作量,完成相应的投资,达到预期的拉动相关产业发展,促进经济增长的目标。近年来,由于受到各种强对流气候的影响,我国自然灾害突发、频发,从而引起了相关部门的高度重视,相应地加大了水利建设的力度,对水利工程项目的资金项目大幅度提升,许多重点水利工程项目,特别是重点防洪工程项目年度投资得到大幅度提升,较以往有成倍甚至几倍的增加。水利工程项目管理部门确实要遵循水利工程建设的内在规律,首先要切实把好工程项目质量关,然后处理好当期投资和按计划推进工程项目建设投资的关系,并依据其内在的科学管理流程对项目资金进行跟踪管理,确实将资金投入的效益达到最大化。

(四) 切实加强有效的审计、监督检查

水利工程项目资金的管理通常都有较强的管理制度和规范性，对此各级管理部门必须加强制度的落实，同时相关部门还必须切实加强有效的审计、监督检查，对于专项工程项目建设资金的使用必须严格落实专款专用，任何机构和职能部门不能滞留挪用或挤占，切实加强对专项工程项目资金管理的审计工作力度。其中，单位领导必须高度重视，督促建立健全相应的财务管理机构和财务管理制度；配齐能够胜任水利工程项目资金管理的具有专业特长的会计人员、审计人员、核算人员，并保持财务人员的相对稳定，促使财务管理工作不发生较大波动；加强项目批复、工程建设合同、业主和监理确认、工程量汇总单等财务核算必需的相关资料的管理，严格依据合同约定、工程建设进度和相关审批程序支付资金；严格执行履约和质量保证金制度等财经纪律。

水利事业单位财务管理部门对水利工程项目资金的管理，必须严格依据国家相关财经制度、财经法规要求落实好相关规定，加强管理方法策略和研究，推进水利事业发展。

第二节　水利工程经济管理及开发

一、水利经济

(一) 水利经济的重要性和必要性

水利是一切经济的命脉，是国民经济的重要基础设施，是经济社会可持续发展的重要保障，在构建和谐社会和保障经济社会可持续发展中肩负着重要的使命。中华人民共和国成立以来，我国的水利事业经过半个多世纪的发展，现已初步形成了防洪、排涝、灌溉、供水、发电等水利工程体系，为经济社会的发展提供了可靠保证。但我们还应当看到，洪涝灾害、

干旱缺水、水污染严重、水土流失依然是社会经济全面发展的阻碍，在构建和谐社会和树立科学发展观的进程中，全面发展水利经济是十分重要和紧迫的。

（二）水利经济的特点

1. 系统性

水利经济是个复杂的经济学系统，涉及经济学中的供给、需求与市场、市场与政府的关系，同时包括资源环境经济学、可持续发展经济学等。

2. 稀缺性

水资源的季节性和地域性差别较大，我国水资源人均占有量少、时空分布不均的矛盾难以缓解，水资源供需矛盾十分突出。随着社会经济的发展，需水量持续增长，水资源短缺将长期存在。

3. 竞争性

水的问题，有自然属性，也有社会属性，水利经济是种经济形态，作为市场经济的一个组成部分，高效、有序的竞争必不可少。这里其实是水与经济的关系。而经济发展，其承载力要有一个度。这种度的因素，叠加在一起就是一个综合系统。一个流域应该有一个综合承载力。如果超过了这个承载力，就会自然地产生竞争，我们现在面临的挑战就是，要在开发、保护、竞争之间寻求一个平衡。

4. 其他特性

水资源问题说到底是政治问题，政府在水利经济系统中的地位是不容忽视的。作为生态环境资源的公共水资源的特性决定了水利经济在现代市场经济中的特殊地位。特别是"十四五"期间国家对水利设施加大了投资力度，对水资源的利用和保护更加重视，这给现代水利经济的发展创造了良好的条件。

（三）水利经济的组成

1. 从水资源的自然资源属性发展的水利经济

水资源的自然资源属性是指其作为生产过程的投入要素所体现的特征。

自然水经过加工处理以后能成为生活中的饮用水、工业用水等。这些都是水资源自然资源属性的具体表现，它能够为人类产生经济价值提高效率。从这方面发展的水利经济体系主要包括水利工程、自来水供应、农田灌溉及节水工程等，其中节水技术是现代水利经济未来的重点发展领域。

2. 从水资源的资产属性发展的水利经济

水资源的资产属性是指仅仅通过水的所有权的运用便能为所有者带来经济效益所体现的特征。作为自然资源之的水资源，其第一大经济特性就是稀缺性，其稀缺性同时包含着物质稀缺性和经济稀缺性两个方面，当一社会机构取得一定的水域所有权后，那就视为生产工具，能为所有者带来一定的经济效益。这方面主要包括水电工程、水产养殖、水运、水权价值评估与交易等。

3. 从水资源的环境资源属性发展的水利经济

水资源环境是人类社会生态环境的重要组成部分，水资源在作为资源使用过程中，由于要处理分解、净化还原、转化人类活动所产生的废弃物和其他有害影响等，这就需要使用者在利用水资源的过程中要注重对其进行保值和增值，由此产生出来的经济产业包括污水收集与处理、水环境监测与评估、水生态保护水体净化与恢复技术等。

4. 从水资源的生态资源属性发展的水利经济

水资源还具备与人类生产生活直接相关或无关的生态功能。这部分功能表现为：水资源不仅是生命的构成要素，更是一切生命赖以生存的基本条件，包括生命系统在内的整个生态系统维持的必备要素。所有的自然生命都包含水，都需要水来维持。以水的生态资源属性发展的水利经济主要包括绿化建设、植被与恢复、湿地保持、地下水保护等。这些是生态和环境的基本要素，也是水利经济的重要生产要素。

(四) 现阶段如何正确发展水利经济

水利经济主要是围绕水资源的自然资源属性和资产属性而建立的经济模式，现阶段水利经济是围绕水资源的属性体系建立起来的具有可持续发

水利经济的可持续发展

展特征的经济系统。要把和水相关的因素整合成一个系统，不是靠各个分散的部门能够管理好的，而是要更好地发展水务一体化体系建设；强调资源整合和政府及市场调节作用。

1. 政府的作用

水资源属国家和集体所有，水务管理部门负责管理。实行水资源的使用权与市场化的原则，政府保留水资源用于生态保护的权利，行使生态保护的一切职能；制定水资源产权相关法律和规划，确定不同水域的功能；制定一般水产品和服务产业的市场运作规则。

2. 市场的作用

市场在发展水利经济过程中的主要作用有：按相关法律和规划配置水资源的使用权，由供求关系和价值规律决定水资源的供应数量和价格，市场的重要作用是调节，调节的手段是税收，主要有水资源费、排污收费等，它是种广泛的调节手段，起到优化水环境保护作用，使得企业无法通过增加污染排放获得额外收益，从而达到节约减排目的，实现社会、企业、个人的和谐统一。

随着国家对水利基础产业的不断投入，水利经济作为各级基层的一个重要经济体系，一个不断发展的经济实体，它在国民经济体系中占有十分重要的位置。通过对水资源系统的特性和组成进行了粗浅的分析；随着市场经济体制的不断完善，水权及水市场理论将得到更进一步探索与实践，势必对水利经济的发展起到巨大推动作用。

3. 坚持改革的水利经济体制

过去，我国水利事业实行的是"国家投资、农民投劳、社会无偿享用"的办法，重建设，轻管理，行业贫困，队伍不稳，工程老化失修，社会效益、经济效益衰减，形成"建一处工程，背一个包袱"的非良性循环状态。因而，随着改革开放的纵深化发展与我国社会主义市场经济体制结构的不断完善，水行业存在的体制问题渐趋凸显，深层次的矛盾日益尖锐。水资源短缺、水环境恶化已经成为影响国民经济和社会发展的重要制约因素，影响着国民经济的可持续发展。造成这种状况的重要原因，就在于水利经济管理体制不顺，机制不活。因此，在新时期下，要构建水利经济协调发展体系，首先关键点就是要理顺管理体制，建立水利市场机制，利用市场关系，调整水资源配置，强化水利环境保护。继而，才能实现水利经济可持续发展。而这一点的实现，主要还得从以下三个方面来进行：

第一，建立水利现代企业制度。在社会主义市场经济深化完善的条件下，水利经济单位要成为真正的市场经济主体，除必须转变并重塑水利经济管理单位经营机制，净化运行的外部环境外，另一个重要方面就是要建立水利市场现代企业制度，使水利经济能规范运行在一个基本的组织结构中。我国水利管理单位制度改革的基本方向，应该是也必须是建立水利市场现代企业制度。所谓水利市场现代企业制度，是指水利企业按照市场经济原则引进现代企业制度，实行量化产权公司制治理模式。它包括企业产权和治理结构、决策和责、权、利结构等方面的内容而构成了水利经济现代企业制度。

第二，健全水利现代企业经营责任制。推行水利经营责任制，可以激发水利企业活力，使其产生动力而提高效力，进而形成强劲的竞争力。水利经营责任制肯定了公正、公平，同时也张扬了水利人固有的自由本性，从而使水利人都能处在一个公正的平台上进行竞争发展。

第三，实行现代水利资产经营，有利于发挥国有经济的主导作用；有利于调整水利资产结构；有利于转换水利经济经营机制。而要实现这一点，需要遵循三点：其一，因地制宜，实事求是；其二，坚持原则，严格程序；其三领导率先，组织保障。近1年来，农村小型水利设施产权制度改革的收效就十分明显（把小型水利设施的所有权、使用权、管理权、收益权以水权证的形式固定下来，并采取拍卖、租赁、转让等形式进入市场）。

4. 完善水利财务管理体制和监督机制

随着国民经济体制改革的深入，特别是投资体制改革，国家财政无偿投资的比重逐年减少，有偿投资的比重逐年增加，国家投资比重减少，社会筹资比重却相应增加。完善水利财务管理体制就必然成为当务之急,建立水利投入稳定增长机制势在必行。换言之,即要建立政府财政投资与市场运作相结合的多元投资体制。在这一机制的构建上,从客观实际与国外先进经验的借鉴上说,我们需要从以下三个方面去实施:

第一,构建水利建设融资机制。充分利用我国资本市场扩容的有利时机,大力发挥水利建设直接融资的功能,是我国水利资本市场充分利用各种直接融资手段,开拓资本市场筹资的新渠道。通过资本市场进行多融资是解决水利投资不足问题的较好途径,同时,通过资本市场进行多元化融资,也可以引入市场机制,促进资产结构调整,合理配置资源,进行科学管理,推进现代水利建设制度的建立。

第二,构建发行金融债券机制。认识金融与资本对水利经济发展的重要性,通过水利产业的金融化和资本化推进水利产业的经济体制改革,是利用资本市场获取资本的最直接、最便捷的资本来源。通过债券市场或股票市场进行筹资,是构建水利经济融资体系的重要方向。

第三,构建产业基金机制。利用资本市场,建立规范化的水利产业基金,通过基金收益凭证募集资金,交由专家组成的投资管理机构运作,主要用于特定产业发展的多元化投资组合和中长期专业化投资工具。它适用于回收期长、收益高、投入大的大型水利水电项目。

投资的问题得以解决,免不了就需要考虑财务管理监督机制的建立完善。根据2011年中央文件的精神,我们需要"切实加强水利资金监督管理"。因为,水利资产监管是水利市场运营的重要保证。如果没有资产监管措施,水利资产经营就会呈现无序状态。而水利资产监管机制构建,首先就需要进行水利资产评估。水利资产评估有利于科学的决策。其次要对水利投资予以必要控制。换言之,即要对水利投资进行监督管理。其监督控制的主要内容包括三个方面,即工期建设、成本建设、质量建设。如此,才能为新时期水利经济和谐发展体系的构建提供重要的后备保障。综述,我们可以得出结论:只有坚持中国特色的水利经济管理体制改革,完善水利财务管理体制和监督机制,才能更有效地构建起水利经济和谐发展体系。当然,这两者并不构成充分必要条件,我们还需要从以政府为主导的角度去努力。

二、水利可持续发展的水利经济运行机制

(一)当前水利运行机制的局限性

水资源是当前最不可或缺的基础性资源物质,也是引发系列社会经济问题的根源所在。

1. 水利运行投资体系缺失

在很长一段时间内,水利项目都是国家重点投入、重点规划的基础项目,也由此形成了水利项目完全由国家投入的发展模式,这种模式固然能够保障水利运行和水利规划的有序性,但是受制于国家政府预算,水利运行一直难以真正发挥实际效用,大型水利工程项目涉及面广、施工周期长、维护成本高,如果没有民间资本的投入,很难真正正常营运。

2. 水利运行市场化程度不高

从本质上来讲,我国的水利工程项目一直是公共基础项目,承担了大量的公共性服务任务,管理经营中也具有明显的公益性和计划性,水利项目预算中很少涉及水利项目的运营方案,缺少市场操作的水利工程项目很难真正在水价调控、水利市场管理和水循环管理上发挥作用。

3. 水价波动频繁,市场观念落后

目前,农业用水、工业用水和生活用水都有明确的单价,甚至在用水高峰时段还会出现议价环节,水利工程往往是地区性水资源的核心管理机构,它对水价的影响是至关重要的,但是目前水利运行管理机制中,没有发挥这种效应,也没有体现出水利运行在水环境保护、水资源合理运用、水资源经济价值保障上的重要价值,这些都是水利运行市场化观念落后的典型表现。

(二) 基于水利可持续发展的水利经济运行机制

正是由于水资源的战略性意义以及水资源的不可再生性，我们需要在水力资源运行管理中重视水资源的循环使用，提高水力资源的使用价值和经济效益，并且要立足长远发展，制定水利运行可持续性机制，造福于后世。因此，针对当前在水利运行管理中暴露出来的主要问题，基于可持续性发展的水利经济运行机制主要内容如下。

1. 健全水利运行的市场管理机制

水资源不仅仅是生产、生活必需品，更是具备经济价值的高附加值商品，因此在水利经济运行管理中，建立健全水利经济运行的市场化管理十分必要。以市场需求为导向，以水资源的可持续利用为基本原则，以稳定水市场经济为目标，建立符合我国水资源开发现状的经济运行体制。从水利工程项目的立项招标开始，明确水利工程项目的社会责任、公益性目标和经济运行方案，使水利经济的发展同时兼顾社会性和经济性，保障其日常运营的可持续性。

2. 水价合理调控

水资源对于农业经济、工业经济和日常生活的影响巨大，要保障水资源供应的市场稳定性，就必须制定水价的合理调控机制。首先是要保障正常的水需求，通过水利工程的蓄水和放水，使水资源需求方的正常需水量得到保障；其次是要对水资源的有效利用进行控制，对于水资源浪费的现象要进行严厉处理；再次是要对水污染问题进行防治，控制毒害废物废水的排放。要实现水利经济运行的上述三个功能，可以在水价管理上实现阶梯性水价和附加水价，对于水资源浪费严重的行业和个人，进行水价处罚机制，确保水资源的合理利用。

3. 完善水利经济运行中的投资渠道

要真正发挥水利项目的社会效益和经济价值，就必须扩大水利项目中市场资本的份额，建立起一个由政府主导，社会力量、市场机制和企业运作有机结合筹资办水利的新举措。通过引入民间资本和强化水利经济运行中的市场化行为,扩大水利运行的经济效益,提高水利运行的市场投资吸引力。政府要重视对水利项目的政策扶持,提高水利项目的银行贷款额度和市场准入机制,建立水利项目建设的专项管理资金,并对水利运行实行高效的股份制管理,扩大水利经济运行的可行性与操作性。

水利事业是农业、经济和社会生活的基本保障,也是防治水利灾害的有力方法。我国传统的水利运行机制中,普遍存在投资力度和投资多样性不足、水利市场功能单一、水利市场意识淡薄和水价调控混乱的局面。本书针对上述问题,针对性地提出了在水利运行机制中合理优化水市场分配机制,实行水价市场调控机制,通过明确水利项目的具体要求,扩展水利投资渠道,建立具备可持续性发展的水利经济运行机制。

三、城市水利经济效用

(一) 当前城市水资源存在的主要问题

社会经济的发展使得水资源呈现匮乏状态,受到二者之间关系的影响,必然会制约城市经济的发展,从目前的发展状况来看,主要存在以下几点问题。

1.洪涝灾害

水资源与城市发展间互相影响,在水资源充足的情况下,城市建设工作的开展也更加顺利,可以更好地推动城市经济的发展;反之,如果水资源匮乏,必然会制约城市建设发展的步伐。从目前我国城市发展情况来看,仍有一半以上的城市防洪措施不够完善。多数城市的防洪水平相对较低,甚至没有达到国家的标准,部分河道甚至无法满足二十年一遇洪水的标准,一旦洪涝灾害发生,必然会给群众带来重大损失,影响城市经济的发展。

2.防洪建设设施不够完善

随着城市进程的加快,水泥地、楼群不断增多排洪面积必然会缩小,导致渗水困难,洪涝灾害频发。

3. 生态环境的恶化

社会经济的进步，城市的不断扩张，使很多农村土地被占用，道路也在不断拓宽，水土保持能力下降，导致城市生态环境不堪一击。这些问题的综合作用，导致城市经济无法实现良性循环，进而制约城市经济的增长。

(二) 城市水利建设开发与利用

城市水利建设要更新传统观念，加大城市水利功能的多样性。

1. 实现城市可持续发展

城市的可持续发展需要满足生态环境的进一步发展，因此城市水利生态化是必经之路，城市对水资源的建设需要从生活用水生产用水出发，实现人水相依的目标，在保证人们生产用水、生活用水的基础上，加快城市经济的进程。

2. 建设并完善水网与水利工程设施

城市水利工程建设之前必须要进行提前规划，做好统筹监督工作，兼顾不同水系间的关系，进而建造出合理且科学的水利工程，通过优秀的水利工程、水利文化、水利设施来促进城市生态环境的提高，进而形成独特的城市生态风格，形成特有的水利经济体制。

3. 城市工程建设与生态环境质量要兼顾

首先，对城市现有的水资源必须要给予充足的保护，完善饮水区，保证饮水的充足与安全。

其次，保护地下水资源。城市各方面的用水对地下水资源都会产生不同程度的污染，影响城市建设的水生态环境，地下水是城市生活、生态环境、生产建设不可或缺的重要因素，因此城市管理者要对地下水资源给予充分的保障。

(三) 水利经济所产生的效用

社会经济的进步，城市不断拓展，人口不断增加，这必然导致城市资源使用情况的改变，水资源需求量不断增加，供需矛盾将更加明显，随着城市发展脚步的加快，越来越多的城市呈现出缺水的状态，这样持续下去，必然会影响城市经济的长远发展。

(四) 实现城市水利经济发展的重要措施

作为国民经济发展的重要资源之一,要想实现城市的可持续发展,解决城市水生态问题迫在眉睫,具体来说,可以采取以下几种措施。

1. 正确认识水

水不仅是自然资源,更是经济资源,同时也是战略资源。人们的生活离不开水,不论是日常生活,还是农业生产与工业生产,水都是至关重要的一个环节,一个城市的发展如果没有良好的水利措施,那么就只是空谈,没有实际意义。

2. 城市水资源要充足

城市发展建设过程中,城市水资源必须要满足人们日常生活的需求,否则就将导致地下水使用过量,超过城市生态水的承受水平。一些原本缺水的城市为了满足对水的需求,常常会使用大量资金进行调水,由此我们不难发现,水资源对城市的发展具有决定性的作用。城市在发展过程中必然会大量利用水资源,在这一过程中,要建立节能减排的产生,实现水资源的循环利用,进而保证经济的持续发展。

3. 减少人类功利化的活动

人类功利化的活动是影响城市水环境的主要因素,城市建设需要良好的生态来促进城市经济的发展,要实现这一目标,就必须要采取有效措施减少城市污水的排放,并且建立完善的城市排水系统,减少城市自身的排洪压力。同时,要建立科学的供水体系,先利用地下水,后用地表水,最后才是环境水,从而使得城市形成和谐的生态环境,使城市经济处于良性发展。

城市水环境对城市经济发展具有重要影响,与人们的日常生活息息相关,因此一个具有良好规划的城市必定拥有健全的城市水资源规划,在城市发展中必须要善于利用有限的水资源来提高城市的生活环境与生活质量,维护城市经济建设,促进城市经济的发展。

四、水利经济与水利市场的创新发展

（一）水利经济与市场的现状概述

1. 以市场经济为导向，推进水管单位体制改革

水利管理部门之前大多都是以事业单位的形式存在的，没有形成很好的良性盈利的模式。根本原因就是没有很好地与市场经济做嫁接，没有很好的市场意识和经营理念。经过对水管单位的改革，使其从公有制的形式转变为企业制，这样使其实行营利性经营，自负盈亏并且更好地把为人民服务的工作做好。因此，经过水管单位的改革，员工可以从定程度上增加对工作的责任感和积极性，从而为水管企业能够实现盈利和增收做好准备。

2. 以经济效益为中心，加强水利价格收费体系建设

水利作为社会主义经济体系的重要组成部分，更是关系国民生计的重要设施和产业。水利方面作为一种经济形式存在，无论是社会的服务实体，还是作为产品出售的部门，都必须有相应的补偿机制。另外，水利的产品线上，有自己的产品出售，水电以其多种的经营模式产品而存在，这些产品在市场经济的环境下有相应的价格出售。

只是一味地消耗而没有形成良性的盈利循环的经济，不能称为健全的经济模式。而只有产出，没有消耗的经济也不能称为真正的经济模式。水利价格的收费体制的建立，是水利经济走进市场和适应市场的必然选择和路径，这是水利行业的经济特点。目前，各省在建立科学、合理的水利价格收费体系方面还存在很大差异，像经济发达的广东、浙江、江苏、山东等省步子迈得都很大，工业省份辽宁，水费计收效果好，相对水资源严重短缺的陕西省运用价格杠杆，促进节约用水，在水价核定上有很大突破。这些省份水价标准的提高，收入的增加，在一定程度上有效地缓解了水管单位存在的经济困难，增强了自身的经济实力。

3. 以社会服务为前提，逐步建立水利工程社会效益补偿机制

可以从两个方面来解决水利工程的社会补偿问题：第一，更加扎实地推进基础工作的完善，进行调查研究，对水利工程进行积极的宣传和引导，制定出水利工程的资产折耗补偿办法。第二，将水利工程的资产耗损补偿办法，进行积极的立法和出台相应的制度性文件，争取得到相应部门的大力支持。把水管单位经营性资产与公益性资产分别进行管理和核算，公益性资产折耗补偿应由财政拨款补助解决。当然，也可以通过政府批准后出台某一有针对性的行政事业性收费政策予以补偿。这样，公益性资产折耗有补偿，经营性资产有效益，水管单位的经济运行机制才是健全的、健康的，也一定能够达到良性循环。

4. 以实施人才战略为突破口，建立优胜劣汰机制

自实施积极财政政策以来，农业基础设施建设成效显著。按照"集中资金保重点，突出续建和急需"的原则，农业国债投资积极适应农业发展进入新阶段的要求，重点安排了国家大型商品粮生产基地、种养业良种工程、动植物保护体系、渔政渔港设施、旱作农业示范区等重大项目。良种工程的建设使"九五"期间全国农作物商品种子的生产能力提高25%，种子质量检验能力提高49%，种子储藏能力提高22%，畜禽水产良种覆盖率提高近10%。按照《全国生态环境建设规划》的总体部署和要求，国家在国债投资中重点加强了生态环境建设，先后启动实施重点地区生态环境建设综合治理、天然林资源保护和中西部地区退耕还林试点工程，加大重点防护体系建设和重点地区水土流失治理、种苗基地和森林病虫害防治等在建工程的投资力度。

(二) 加强水利产业的创新发展

1. 水利水电工程与市场产业研究

作为我国的基础性建设产业之一，水利水电工程由于具有投资大、建设周期较长等特点，决定了工程从投资决策阶段直至竣工阶段的各个环节必须纳入建设成本控制的环节。从招标投标标价及相关的评标方法、工程造价预算、原材料价格和实际施工过程中人工、材料的优化管理等方面指出了现行水利工程中存在的相关问题，相应提出了我国目前宜采用单位估

价法和实物量法的转换，以期达到尽快与国际接轨。通过实例对单独使用单位估价法的不合理及低价中标所产生的后果进行了简要介绍。投资管理对工程顺利进行具有重要作用。因市场经济是一个动态的、逐步渗透的体系，同时受水利水电工程建设独特性的影响，投资管理实际应用中面临很多困难。虽然我国水利工程投资管理已经慢慢向社会化、专业化、规范化的模式转变，并且也颁发了一些相关的管理办法和实施细则，但投资管理办法在执行过程中仍然需要一次质的飞跃。《中华人民共和国招标投标法》是为了规范招标投标活动，保护国家利益社会公共利益和招标投标活动当事人的合法权益，提高经济效益，保证项目质量。作为工程承包发包的主要形式，在国际、国内的工程项目建设中已广泛实施，是一种富有竞争性的采购方式，是市场经济的重要调节手段，它不但能为业主选择好的供货商和承包人，而且能够优化资源配置，形成优胜劣汰的市场机制。水利工程招标内容包括设计、监理、施工和材料等，其中施工招标是竞争最激烈的。

2. 加强水利工程市场监督机制研究

水利部实施的《水利工程建设项目招标投标管理规定》中，评标方法包括综合评分法、综合最低评标法、合理最低投标价法、综合评议法和两阶段评标法。综合评分法和合理最低投标价法是使用较多的，其他方法使用较少。综合评分法是事先在招标文件或评标定标办法中将评标的内容进行分类，形成若干评价因素，评标因素的设置应充分体现企业的整体素质和综合实力，准确反映公开、公平、公正的竞标法则。因此，评标因素主要从胜任程度与信誉评价、对招标文件的响应性、施工组织设计和投标标价等方面进行设置。确定各项评价因素所占的比例和评分标准，由评标组织中的每位成员按照评分规则，采用不记名方式打分，最后统计投标人的得分，得分最高的为中标人。该方法能够综合反映各投标单位的综合实力，但是整个过程，评标组受主观因素影响较多，容易产生纠纷和不公正，因此对评标专家要求很高。

五、立足水利经济，促进水闸管理

（一）摸清家底，灵活开发存量资产

要想走水利产业化道路，必须紧紧依托水利存量资产。但是，由于长期受传统计划经济影响，水利部门没有把国有水利资产监管运营工作摆上应有的位置，中华人民共和国成立以来，虽然建成了一大批水利工程设施形成了大量的水利国有资产，但因为某些结构和布局不合理，产生了行业和职工贫困等种种困难和矛盾。因此，如何以水利巨大的存量资产为基础，盘活用活水利存量资产，并不断以存量带动增量，是我们急需安排解决的问题，为此我们首先进行了清产核资，将"家底"摸清，做到心中有数。然后将所有资产分为"充分利用、近期利用、待利用、不能利用"四种类型，经分析研究后，制订出了"以船闸经营为龙头，带动其他资产性经营全面发展"的经济计划并逐步实施。如某企业仓库院内原为一汽车修理厂，因经营不善已倒闭多年。为盘活这部分资产，我们多方联络，招商引资，与单位职工联合办塑料加工厂，取得了较好的经济效益。闸管范围东端为弃土堆，由于多年疏于管理，所植树木被盗伐殆尽，近50亩土地闲置、荒废，被群众严重"吞食"，为巩固地盘，充分开发利用土地资源，我们与单位某职工签订经济承包合同，将此地规划为用材林地，遍植速生白杨林，并套种草本作物，经济前景十分可观。

（二）加大投入，保障工程发挥较大经济效益

水管单位获得经济收入的最主要的手段，就是让所辖工程充分发挥工程效益，而要使工程发挥较大经济效益，就必须保障它安全有效地运行，因此经济投入是保证产出多少的必要条件。船闸过闸收入是某企业主要的经济来源，但由于船闸建于"文化大革命"年代，属"三边工程"，先天不足，后天又因管理不善，工程欠账太多，病险严重，因故障经常造成停航，直接影响了正常的生产运行和经济效益。为确保船闸的经济龙头地位，稳定单位的

财政形势，从2000年起，我们每年从生产收入中抽出近5%的资金，不惜血本地累计投入近百万元进行船闸的加固改造，减缓该闸的老化病险状况。

（三）发展水利经济，促进水闸管理

水管单位经济的严重滞后，是影响水闸工程管理的一个决定性因素。当前，市场经济的蓬勃发展，给水管单位带来了强烈冲击，商品经济的浪潮将水闸"四平八稳"的管理模式荡涤得支离破碎，当水工建筑、机械设备变成了水管单位赖以生存的资产存量时，源远流长的一河碧水被赋予了商品属性时，当市场竞争等种种"利剑"高悬在水管人头上时，一夜之间，水管部门以前那种伸手要钱，大把花钱，养尊处优的感觉荡然无存了，接踵而来的是深深的危机感和紧迫感，面对纷繁的商品社会和激烈的市场竞争，水管单位如何面向社会，走出低谷，稳定队伍，聚集人气，是摆在每个水管人面前的严峻课题。针对水闸管理所面临的现状，笔者认为，水管单位要想使水闸管理走出困境，除应理顺管理体制，规范管理行为外，还应逐步大力发展水利经济，经济工作是一切工作的生命线，社会的发展如果离开了经济这个基础，那将是"无源之水，无本之木"，纵观目前水闸管理的困难局面，其主要原因就是投入不足，资产存量不活或闲置，成本过高，水价偏低，收费渠道不畅，形不成良性循环。如果在搞好工程管理、充分发挥其效益的同时，利用资源和资产优势，大力发展水利经济，搞"一水多能""以养多专"，全方位面向社会服务，取得良好的社会效益和经济效益，一定能大大地促进水闸管理工作。

（四）严守财务制度，努力增收节支

在市场经济体制下，有经营性质的水管单位，将逐渐过渡为自主经营、自负盈亏、自我发展的法人实体，它们在财务管理方面的自主权不断扩大，传统的微观财务管理体制，将逐步发展成为主动型、开拓型、服务型的宏观管理体制；生产管理和物资管理将以成本管理和资金管理为重点。新时代赋予水管人员更艰巨的历史使命和更广阔的工作环境；而高速、互动、信息传递、知识共享等信息网络技术的蓬勃发展，对财务人员的业务和思

想素质提出了更严格的要求；如何更新思想观念，在做好日常微观财务管理的同时，参与更多的宏观管理，是摆在我们面前的又一新的课题，以下几点是我们的具体做法。

1. 财务管理规范化、制度化

财务管理直接与经济打交道，因此必须有严格的规章制度做保障。在日常工作中，我们努力做到严把"三关"，即经手领导签字关、复查核对关和账务处理程序标准控制关。要求每张单据必须有两人以上经手人签字，领导签批后方可列支，报账时财务人员对单据进行认真的复查核对，发现问题及时向领导讲明原因，并予以坚决退回。特别是工程结算，必须要有预、决算书，工程承包合同书，变更单及有施工人、分管领导、法人代表签字的标准发票几项俱全的情况下方能入账。对每笔账务都要进行账实、账证、账账、账表的认真核对，杜绝错漏现象发生。为便于账务处理的程序、标准的控制和信息共享，我们在全系统率先实现"电算化"，甩掉了传统的手工处理会计信息的落后手段，从而使会计信息的收集、处理、分析、输出、加工等过程通通改为了微机化。

2. 优化经济环境，规范收费行为

在发展水利经济的大环境下，我们不但要管好有形资产，而且要特别重视无形资产的管理。作为生产经营的窗口行业，良好的服务氛围、优化的经济环境就是我们至关重要的无形资产，它与经济收入休戚相关。为此，我们努力树立文明窗口形象，将窗口的人性化和职工管理严格化有机地结合起来，以"诚信"二字培育人才。要求船闸工作人员必须持证上岗，文明服务。

3. 厉行节约、合理支出

单位经济基础差、人员多，收费来源少，入不敷出的境况逼迫我们必须厉行节约。为合理地解决资金分配问题，我们采用了"保两头、减中间"的办法，即确保正常的生产经营投资，确保人员基本工资，缩减其他非生产性开支。每年年初，我们都列出详细的财务支出计划，首先考虑生产第一线的投入，确保正常的生产秩序；其次考虑人员基本工资的发放，确保职工队伍的稳定，严格控制诸如吃喝、招待、办公差旅、车船燃料费等其他开支。坚持"重点突出、兼顾其他、合理分配、绝不透支"的原则，以稳扎稳打的方式保证单位的各项工作在稳定的经济环境中健康、有序地进行。

六、我国水资源开发与水利经济

（一）水利经济发展的客观必然性

这里所说的水利经济，是指以水资源、水环境和水利工程为主要要素所从事的生产、经营活动的总称。水资源的双重属性，决定了水利经济发展的客观必然性。

（1）水利经济存在与发展的客观必然性。水作为一种自然资源存在时，它表现为一种生态要素，发挥生态效益和环境效益。但是，当水作为一种经济资源存在时，它在经济活动中就表现为生产要素，具有增值功能和经济效益。以水为原料的商品生产，包括在河湖水域从事的水产养殖、运输，水能资源的开发利用，水利工程对水资源的优化配置等，大量涉水行业的发展都是水资源的经济功能效益的充分体现。

（2）水利经济与实行水务管理体制的客观必然性。水资源作为人类社会最为重要的基础资源，既要保障对水资源的可持续利用，又要充分发挥水资源的经济功能效益，必须对水资源实行统一规划、科学管理、严格保护和有效利用。现行的水利管理体制，导致水资源管理保护和水资源经济开发管理"两张皮"，管理保护水资源的却不管理水资源的经济性开发，实施水资源经济性开发的却不承担水资源的节约与保护。这种矛盾甚至对立的关系，既不利于水生态资源的严格管理与保护，也不利于水的经济性开发利用，只有把对水资源的严格管理保护与水资源的经济性开发利用有机结合起来，才能真正实现对水资源的统一管理、有效保护和科学利用。

（3）水利经济与水利现代化建设的客观必然性。我们看到，水利作为经济社会发展最为重要的基础设施和基础产业，明显滞后于交通、电力、

第四章 水利工程建设资金管理与经济管理

通信等行业。一个重要的原因就是长期以来，水利行业重视工程建设、忽视资源管理，重视水利的传统功能益、忽视水利的经济开发效益，重视政府财政的力量、忽视市场机制的力量，甚至像一度由水利系统建设和经营的船闸、水厂和水产养殖都拱手让出。水利行业要与经济社会同步甚至超前发展，必然依据水资源的双重属性和水利的双重功能作用，创新水利投入机制，充分利用政府财政和市场机制的双重力量，以更大规模的水利投入，加强安全水利、资源水利、环境水利和民生水利建设，加快现代化建设步伐，为经济社会现代化发展提供更加有力的水利基础支撑和保障。

(二) 水利经济研究的对象及重点

水利产品应理解为广义的相互关联依存，逐次交换消费的系列产品。如对水利在我国国民经济和社会发展中的重要地位与作用的科学准确的定位与理论研究；围绕现代水利面临的洪涝灾害、干旱缺水、水生态恶化三大问题所做的可行性研究、科学的规划，并按规划所采取的对策和措施都应是产品。同样，相关部门制订的防洪调度方案、水环境保护法规、用水、节水计划都是产品。因为这些都是劳动产出物，这一系列的工作成果，立起了水资源的开发、利用、治理、配置、节约、保护、消费的秩序，保证了社会经济正常而有效地运行。再进一步地分析水利的主要劳动产出物，其水文工作者观测、记录水文数据，整编的系列资料是科研产品；水利勘测设计人员根据水文、测绘、地质资料所规划的工程方案、设计报告及图纸是设计产品；水利施工队伍按照设计图纸施工完成的各种水工建筑物是工程产品；水工建筑物由工程管理部门用作对天然水进行加工，使天然水按人们的意愿进行蓄滞、泄、供，并被加工成为商品水、电等更是水利产品。根据产品消费的竞争性和排他性，水利产品主要具有两个特性，即公共产品性和外部性。水利产品的公共产品性，如堤防，水库，大型排灌站，各种水资源治理规划、设计报告等，都具有公共性，公共产品能使市场有效运转，却不能完全由市场来提供，这是市场经济对水利及其他一些具有社会公益事业单位劳动产出物所表现出的"市场失灵"现象。公共产品不

水利经济的可持续发展

能由市场来提供，但公共产品的生产却能创造市场并促进市场的发展。水利产品的外部性，即水利产品生产者的经济活动给其他经济主体带来无须偿付的利益或损失。如水库、堤防工程和城市防洪工程使被保护区免受洪灾侵害，使被保护区地产增值，工程建设给企业商家带来发展机遇等。显然，受益的各方并没有直接向水利行业支付费用。水利产品的公共产品性和外部性是"市场失灵"在水利行业的主要表现。因此，应当理性地认识到产生这种现象的非市场因素，找出制度失衡的原因。在市场机制不能或不能完全发挥作用的场合，发挥政府应有的干预经济的作用，以实现并维持正常的经济秩序。水利经济专业技术研究的重点问题是：在市场经济条件下，本部门的水利经济研究现状及水利产品在水利行业中的地位和作用；水利经济分析计算方法在本部门、本专业的应用与研究状况及存在的问题；南水北调工程中有关的重点水利经济问题攻关；加入WTO对本部门水利经济研究产生的影响；水利经济对社会效益、环境效益计算方法的研究等。

（三）增加水利经济效益的途径分析

1. 加强水利工程的管理体制

（1）健全水利工程的相应配套设施的建设。在水利工程建设的过程中不能仅仅关注主体工程的建设，更要加强配套设施的健全和完善，注重在进行主体工程的建设中应该建立相应的配套设施计划，使得主体工程能够在配套设施的辅助下顺利进行。只有两者相互有序地配合才能使得水利工程发挥其最大的经济效益和社会效益。

（2）认真贯彻法律政策的规定，使得水利管理具有合理性和科学性，比如说水利管理的相关文件和费用的计划，包括水利工程造价、水资源费用和工业水产水费等费用的管理，使得水利工程管理更加符合经济效益的要求。

（3）加强工程建设过程中和投入后的严格管理。具体表现在水利工程的建设过程中，严格按照法律相关规定执行工程的招标管理，保证招标能够公开化和公正性，严格保证工程质量。

2.借助水利工程带来的便利大力发展当地的相关产业

众所周知,水利工程的建设带来的不仅是当地经济的整体发展,更是为当地相关经济产业带来了机遇。这就需要当地人民能够抓住这个机遇,大力发展当地的经济,比如说可以发展当地的养殖业,利用丰富的水资源来发展养殖业具有很大的前景,还有可以发展当地的旅游业。总之,水利工程带来的便利对当地市场经济的整体发展以及人民的生活水平有着很大的帮助意义,我们要充分利用这一资源条件来促进水利带来的经济效益。

3.通过转变水利发展模式,促进经济社会发展步入科学发展轨道

根据水资源承载能力和水环境承载能力的约束,不断强化社会管理,推动经济结构调整,经济增长方式转变。按照不同区域、不同河流、不同河段的功能定位,合理有序规范经济社会行为。在水资源紧缺地区,产业结构和生产力布局要与两个承载能力相适应,严格限制高耗水、高污染项目。在洪水威胁严重的地区,城镇发展和产业布局必须符合防洪规划的要求,严禁盲目围垦、设障侵占河滩及行洪通道科学建设、合理运用分蓄洪区,规避洪水风险。

水资源开发要通过水利工程和系统管理将资源转化为人类需求的产品,它包括了生产、交换、分配和消费等阶段的整个经济系统,不仅是一个技术管理问题,更是一个协调人与自然的生态系统和人与人之间的经济利益关系的问题。因此,注重水资源开发过程中的经济问题,不仅会协调当代人之间的利益,更是实现水资源的优化配置,并实现技术与经济的最佳结合点的发展需求。

七、水利经济规划发展路径

(一)水利经济发展概述

水利经济是指以水资源、水环境、水利工程为要素所从事的生产经营活动的统称,水利行业的一个重要组成部分就是水利经济的发展。中华人

民共和国成立以后在水利建设方面取得了很大的成就，水利经济也伴随着国家经济的发展而不断地发展。水利行业逐渐形成了以水利建设的勘测、施工、运行管理为主的产业结构，我国水利企业无论在人员、规模及技术方面都在朝好的方向发展，企业的未来也充满了希望。但如何使水利经济的发展能够更迅速，水利企业能够真正实现可持续发展，依然是我们要研究的课题。

（二）水利经济发展的客观必然性

1. 水利经济存在与发展的客观必然性

水是一种自然资源，以一种生态要素的形式出现，发挥着不可替代的生态效益与环境效益。但当水以一种经济资源存在时，它在经营活动中就是一种生产要素，能够增值且有经济效益。以水为原料的生产包括水产养殖、水路运输、水能资源开发、水利工程对水资源的优化配置等。我们长期以来一直强调水的自然属性和公益性作用，而忽视了水的经济属性，这使得水利经济的发展失去了很多机会，影响了行业的现代化建设进程。可以说水利经济发展是社会经济发展的客观需要。

2. 水利经济与实行水务管理体制的客观必然性

水资源是人类社会极为重要的基础性资源，我们既要保持水资源的可持续利用，又要充分发挥其经济功能效益，这就要求我们必须对水资源科学管理、统一规划。只有协调好水资源保护与水资源开发利用之间的关系，使二者可以有机地结合起来，才能从真正意义上实现对水资源的统一管理，对水资源进行保护及科学利用。

3. 水利经济与水利现代化建设的客观必然性

与交通、通信、电力等行业相比，水利同样作为社会经济发展中的基础性行业，而在发展中却明显落后。在我国经济飞速发展的今天，水利经济发展要与社会经济发展同步，甚至要超越社会经济发展的速度，水利行业要根据水资源的双重属性创新水利的投入机制，充分利用市场机制和政府财政的力量，加大水利投入的规模，加强安全水利、环境水利、民生水利的建设，为我国社会经济发展提供牢固的基础支撑及保障。

(三) 关于发展水利经济的主要措施

1. 多渠道筹集水利建设资金

对于水利建设资金的筹集要采取多渠道、多方式的办法，如挖掘民间资本，推进民营水利建设。对投资大、收入高的项目可成立股份公司，在行业内部或是面向社会筹集资金，水利企业的内部员工可以参与投资入股，共同开发水利市场。值得注意的是，水利建设是关系到民生的大事，涉及人民群众的生命安全，所以水利建设部门必须对相关审批严格控制，对水利公共事业的安全性负责。

积极开展招商引资活动来满足城市水务建设的需要，将有实力的大企业集团引入来做大做好水利项目。目前，我国很多公司已经和水利部门合作参与到水利市场中来，共同来发展水利经济，并在水务市场中占据了一定的位置。这样水利部门达成了预定的目标，参与企业也实现了经济效益，达到一种双赢的结果。

2. 法治经济、依法收费

水利建设必须形成一种法治经济，目前中央及地方也出台了很多保障水利经济发展的政策，但水利建设实现法治经济还是存在着法规不完善、法规政策落实不到位等问题。水利行业要坚持实行依法收费，将政府制定的法律法规真正落实到工作中去，同时要杜绝企业内部资源浪费的现象，做好水土保持工作。

3. 实行体制改革

我国现行的区域分割治理方式容易造成地区利益争夺，也不利于水资源的合理分配及发挥其最大的经济效益，会出现一个地方水资源充沛浪费严重，而另一个地方水资源又极度紧张的情况。所以要注意城市供水由水利管理部门统一分配，农村用水要由水利行政部门管理，发动地方群众参与当地的水利建设兴修等问题。

4. 重视人才

一个行业的发展离不开人才，人才是技术及经验的载体，是企业发展的宝贵财富。我国水利行业的发展中培养了很多懂水利建设的人才，但精通管理、善于经营的人才却较少。所以，水利行业在寻求发展的同时也要关注对人才的培养、培育，企业内部要重视人才，建立起人才培育的体系。另外，企业也要敢于在市场中引入高端人才，使企业可以更好地发展。

5. 提高科技含量

我国目前水利科技的发展程度、水利科技的含量都较低，水利行业内部员工的素质、科学文化水平也都不高，这些因素的存在阻碍了我国水利经济向世界一流水平前进。我国水利行业应该改变原来那种仅仅依靠经验来进行生产经营活动的思维方式，变成依靠高科技、劳动技术、经验等相结合的方式来实现水利建设科技化发展。加快水利企业技术改造，鼓励水利企业技术创新，努力形成低投入、高产出的企业经营状态。

第五章 水利工程的招标与投标

第一节 水利工程招标与投标概述

一、招标投标在水利工程建设领域的发展

我国水利工程建设领域最早实行招标投标的项目，是20世纪80年代开始建设的云南省鲁布革水电站引水系统工程。该工程是利用世界银行贷款项目，按照世界银行规定必须进行公开招标。原水电部委托中国技术进出口公司，采用了国际公开招标办法，日本的大成公司中标。中标合同价比标底价低了43%，实际工期比合同规定工期提前了122天。至此，揭开了中国水电工程招标竞争的序幕。"鲁布革冲击波"对我国水电系统的投标竞争、合同管理产生了直接的影响。当时水利行业提出的招标方式有公开招标、邀请招标、邀请议标，其中采用邀请招标和邀请议标的较多，国家当时还没有颁布完善的法律和法规文件。

二、招标投标的含义

招标投标是一种国际惯例，是商品经济高度发展的产物，是应用技术、经济的方法和市场经济竞争机制的作用，有组织开展的一种择优成交的方

式。这种方式是在货物、工程和服务的采购行为中,招标人通过事先公布的采购要求,吸引众多的投标人按照同等条件进行平等竞争,按照规定程序并组织技术、经济和法律等方面专家对众多的投标人进行综合评审,从中择优选定项目中标人。其实质是以较低的价格获得最优的货物、工程和服务。

从采购交易过程来看,它必然包括招标和投标两个最基本的环节,前者是招标人以一定的方式邀请不特定或一定数量的自然人、法人或其他组织投标,后者是投标人响应招标人的要求参加投标竞争。没有招标就不会有供应商或承包商的投标;没有投标,采购人的招标就不能得到响应,也就没有开标、评标、定标和合同签订及履行等行为。在世界各国和有关国际组织的招标采购法律规则中,尽管大都只称招标(如国际竞争性招标、国内竞争性招标、选择性招标、限制性招标等),但无不对投标做出相应的规定和约束。因此,招标与投标是一对相互对应的范畴,无论是叫招投标还是叫招标,都是内涵和外延一致的概念。

三、基本特性

(一)组织性

招标投标是一种有组织、有计划的商业交易活动。它必须按照招标文件确定的时间、地点,按照规定的规则、办法和程序进行,有着高度的组织性。

(二)公开性

①招标活动的信息公开。②开标的程序公开。③评标的标准和程序公开。④中标的结果公开。

(三)公平性和公正性

①对待各方投标者一视同仁,招标方不得有任何歧视某一个投标者的行为。②严格的保密原则和科学的评标办法,保证评标过程的公正性。③与

投标人有利害关系的人员不得作为评标委员会成员。④招标的组织性与公开性则是招标过程中公平、公正竞争的又一重要保证。

(四) 一次性

招标与投标的交易行为,不同于一般的商品交换,也不同于公开询价与谈判交易。在招标投标过程中,投标人没有讨价还价的权利是招标投标过程中又一个显著的特征。投标人参加投标,只能应邀进行一次性秘密报价,是"一口价"。投标文件递交时间截止后,不得撤回或进行实质性条款的修改。

(五) 规范性

按照目前通用做法,招标投标程序已相对成熟与规范,不论是工程施工招标,还是有关货物或服务采购招标,都要按照编制招标文件→发布招标公告→投标→开标→评标→定标→签订合同,这一相对规范和成熟的程序进行。

四、招标投标的活动原则

《招标投标法》第五条规定:招标投标活动应遵循公开、公平、公正和诚实信用的原则。《世界银行贷款项目国内竞争性招标采购指南》中规定:本指南的原则是充分竞争,程序公开,机会均等,公平一律地对待所有投标人,并根据事先公布的标准将合同授予最低评标价的投标人。不论是《招标投标法》还是国际惯例,都要求在招标投标活动中必须遵循"三公"(公开、公平、公正)和诚实信用原则。"三公"和诚实信用原则是招标投标的基本原则。

(一) 公开原则

公开原则要求招标投标活动具有很高的透明度,实行招标信息、招标程序公开,即发布招标公告、投标邀请书、公开开标、公开中标结果,使每一个投标人知悉招标的一切条件和要求,获得同等的信息。

1. 招标信息公开

招标人采用公开招标方式，应当按照原国家计委《招标公告发布暂行规定》的要求发布招标公告。依法必须进行招标项目的招标公告，应当按照《国家发展计划委员会关于指定发布依法必须招标项目招标公告的媒介的通知》在《中国日报》《中国经济导报》《中国建设报》和中国采购与招标网等指定的报刊、信息网络或其他媒介发布。采用邀请招标方式进行招标的应向三个以上具备承担招标项目能力的、资信良好的特定法人或其他组织发出投标邀请书。招标公告、投标邀请书应当载明招标人的名称和地址，招标项目的性质、数量、实施地点和时间，以及获取招标文件的办法等事项。招标人可以根据招标项目本身的要求，在招标公告或者投标邀请书中，要求投标人提供有关资质证明文件和业绩情况，并对潜在的投标人进行资格审查，国家对投标人的资格条件有规定的，依照其规定。

2. 开标公开

开标时间应当按招标文件中规定的投标文件递交截止时间的同一时间，开标地点应当为招标文件中预先确定的地点。开标由招标人或招标代理机构主持，投标人全权代表应携带授权委托书出席开标会。开标时由投标人代表或公证机构人员当众检查投标文件的密封情况。经确认无误后，由工作人员当众拆封，宣读投标人名称、投标价格和投标文件的其他主要内容。开标过程应当记录，也可以委托公证机关对开标情况公证，并存档备查。

3. 评标标准公开

评标标准和办法应当在提供给所有投标人的招标文件中载明，评标应当严格按照招标文件确定的评标标准和方法进行。《招标投标法》明确要求，招标文件中应载明评标方法和评标标准。

4. 中标结果公开

中标人经评标确定后，招标人应当向中标人发出中标通知书，同时将中标结果和未中标结果通知所有未中标的投标人并对评标结果进行公示。未中标的投标人和其他有利害关系的人认为招标投标活动中有不符合相关法律规定的，有权提出异议，并依法向有关行政监督部门投诉。

（二）公平原则

公平原则要求给予所有投标人平等的机会，使其享有同等的权利，并履行相应的义务，不歧视任何一方。招标文件不得要求或者标明特定的生产供应者以及含有倾向或者排斥潜在投标人的内容；招标人不得向他人透露已获取招标文件的潜在投标人的名称、数量以及可能影响公平竞争的有关招标投标的其他情况；招标人设有标底的，标底必须保密；招标人对已发出的招标文件进行必要的澄清或者修改的，应当以书面形式通知所有招标文件购买者；所有投标人都有权参加开标会；所有在投标截止时间前收到的密封完好的投标文件都应当在开标时当众拆封、宣读。

（三）公正原则

公正原则要求评标时按事先公布的评标标准来对待所有投标人。按照《评标委员会和评标方法暂行规定》，评标活动遵循公平、公正、科学、择优的原则，评标委员会应当按照招标文件确定的标准和方法，对投标文件进行评审和比较，从中推选合格的中标候选人。任何单位和个人不得非法干预、影响评标的过程和结果。

（四）诚实信用原则

"诚实信用"是民事活动中的基本原则之一。在招标投标活动中，遵守诚实信用原则，要求招标投标双方当事人应当以诚实信用的态度行使权利和履行义务，不得有欺骗、背信的行为。为此，招标人不得规避招标；投标人不得串通投标；投标人不得以他人名义投标或者以其他方式弄虚作假骗取中标，以及采取向招标人或评标委员行贿的手段谋取中标；订立合同后，合同双方都应当严格履行合同；中标人不得违反法律规定将中标项目私自转包或分包；对违反诚实信用原则、损害他人或社会公共利益的，要依法承担赔偿责任。

五、招标方式

（一）公开招标

公开招标，又称无限竞争性招标，是指招标人以招标公告的方式邀请不特定法人或其他组织参与投标。招标公告内容包括招标人的名称、地址、招标项目的性质、数量、实施地点和时间以及获取招标文件的办法等事项。

招标人应当在国家发展和改革委员会指定的媒介发布招标公告，其中大型水利工程建设项目以及国家重点项目、中央项目、地方重点项目同时还应当在《中国水利报》发布招标公告。公告正式媒介发布至发售资格预审文件（或招标文件）的时间间隔一般不少于10日。招标人应当对招标公告的真实性负责。招标公告不得限制潜在投标人的数量。

公开招标方式为承包商提供了公平竞争的机遇，同时使招标人有较大的选择余地，有利于降低工程造价，缩短工期和保证工程质量。但是，采用公开招标方式时，投标人多且良莠不齐，不但招标工作量大，所需时间较长，而且容易被不负责任的单位抢标。因此，采用公开招标方式时对投标人进行严格的资格审查就特别重要。

法定的公开招标方式适用范围是：全部使用国有资金投资，或国有资金投资占控制地位或主导地位的项目，应当实行公开招标。

（二）邀请招标

邀请招标，又称有限竞争性招标，是指招标人以投标邀请书的方式邀请特定法人或其他组织参与投标。采用邀请招标方式的，招标人应当向3个以上有投标资格的法人或其他组织发出投标邀请书。投标人少于3个的，招标人应当重新招标。

邀请招标的招标工作量小，且目标集中；被邀请的投标人的中标概率较高；但竞争性差，招标人的择优的余地较小，有可能找不到合适的承包商。

依法必须招标的项目中，国家重点水利项目、地方重点水利项目及全部使用国有资金投资或者国有资金投资占控股或者主导地位的项目应当公开招标。但有下列情况之一的，经批准后可采用邀请招标：项目技术复杂，有特殊要求或涉及专利权保护的项目；受自然资源或环境限制的项目；新技术或技术规格事先难以确定的项目；应急度汛项目；其他特殊项目。

在我国工程实践中曾经采用过一种招标方式，被称为"议标"，实质上为谈判性采购，是采购人和被采购人之间通过一对一谈判而最终达到采购目的的一种采购方式，不具有公开性和竞争性，因而不属于招标投标法所称的招标方式。

六、招标组织形式

招标组织形式是指招标人是自行组织招标还是委托招标代理机构代理招标。

《水利工程建设项目招标投标管理规定》中规定，当招标人具备以下条件时，按有关规定和管理权限经核准可自行办理招标事宜：①具有项目法人资格（或法人资格）；②具有与招标项目规模和复杂程度相适应的工程技术、概预算、财务和工程管理等方面专业技术力量；③具有编制招标文件和组织评标的能力；④具有从事同类工程建设项目招标的经验；⑤设有专门的招标机构或者拥有3名以上专职招标业务人员；⑥熟悉和掌握招标投标法律、法规、规章。

招标人申请自行办理招标事宜时，应当报送以下书面材料：①项目法人营业执照、法人证书或者项目法人组建文件；②与招标项目相适应的专业技术力量情况；③内设的招标机构或者专职招标业务人员的基本情况；④拟使用的评标专家库情况；⑤以往编制的同类工程建设项目招标文件和评标报告，以及招标业绩的证明材料；⑥其他材料。

当招标人不具备上述条件时，应当委托符合相应条件的招标代理机构办理招标事宜。招标人有权自行选择招标代理机构,委托其办理招标事宜。任何单位和个人不得以任何方式为招标人指定招标代理机构。

七、工程建设项目招标的条件

为建立和维护建设工程招标投标秩序,招标人必须在正式招标前做好必要的准备,满足招标条件。招标项目按照规定应具备两个基本条件:项目审批手续已履行,项目资金来源已落实。招标项目按照国家规定需要履行项目审批手续的,应当先履行审批手续。项目建设所需资金也必须落实,因为建设资金是最终完成工程项目的物质保证。

对于不同工程建设项目的招标,又有更为具体的条件。其中,水利工程建设项目招标应当具备以下条件:①勘察设计招标应当具备的条件:勘察设计项目已确定,勘察设计所需资金已落实,必需的勘察设计基础资料已收集完成。②监理招标应当具备的条件:初步设计已经批准,监理所需资金已落实,项目已列入年度计划。③施工招标应当具备的条件:初步设计已批准;建设资金来源已落实,年度投资计划已安排;监理单位已确定;具有能满足招标要求的设计文件,已与设计单位签订适应施工进度要求的图纸交付合同或协议;有关建设项目永久征地、临时征地和移民搬迁的实施、安置工作已经落实或已有明确安排。④重要设备、材料招标应当具备的条件:初步设计已批准,重要设备、材料技术经济指标已基本确定,设备、材料所需资金已落实。

八、招标代理机构

(一)招标代理机构的分类及业务范围

《中华人民共和国招标投标法实施条例》规定,招标代理机构的资格依照法律和国务院的规定由有关部门认定。国务院住房城乡建设、商务、发展改革、工业和信息化等部门，按照规定的职责分工对招标代理机构依法实施监督管理。

按照国家有关规定，需要具备相应招标资格才能进行招标代理的主要有：中央投资项目、工程建设项目、机电产品国际招标项目、政府采购项目、通信建设项目等。

1. 中央投资项目招标代理机构

依据《中央投资项目招标代理机构资格认定管理办法》规定，获得中央投资项目招标代理资格的，可以受招标人委托，从事中央投资项目的项目业主招标、专业化项目管理单位招标、政府投资规划编制单位招标，以及项目的勘察、可行性研究、设计、设备、材料、施工、监理、保险等方面的招标代理业务。国家发展和改革委员会负责从事中央投资项目招标代理业务机构资格的认定工作。

中央投资项目是指使用了中央预算内投资、专项建设基金、统借国际金融组织和外国政府贷款以及其他中央财政性投资的固定资产投资项目。

2. 工程建设项目招标代理机构

按照《工程建设项目招标代理机构资格认定办法》的规定，获得工程建设项目招标代理资格的，可从事各类工程建设项目招标代理业务。住房和城乡建设部负责从事各类工程建设项目招标代理机构资格的认定工作。

工程建设项目招标代理是指工程招标代理机构接受招标人的委托，从事工程的勘察、设计、施工、监理以及与工程建设有关的重要设备（进口机电设备除外）、材料采购招标的代理业务。

3. 机电产品国际招标代理机构

依据《机电产品国际招标机构资格管理办法》规定，获得机电产品国际招标机构资格的，可从事机电产品国际招标代理业务。商务部负责全国机电产品国际招标代理机构的资格管理工作。

4. 政府采购代理机构

按照《政府采购代理机构资格认定办法》的规定，获得政府采购项目的采购代理机构资格,可从事政府采购项目的采购代理业务。财政部负责从事政府采购招标代理业务机构资格的认定工作。

政府采购代理机构代理政府采购事宜是指从事政府采购货物、工程和服务的招标、竞争性谈判、询价等采购代理业务,以及政府采购咨询、培训等相关专业服务。需要注意的是,对政府设立的集中采购机构,不实行资格认定制度。

5. 通信建设项目招标代理机构

按照《工业和信息化部行政许可实施办法》的规定,获得通信建设项目招标代理机构资质的,可以承担通信建设项目招标代理业务,工业和信息化部负责从事通信建设项目招标代理机构资质认定工作。

(二)工程建设项目招标代理机构

1. 等级及承揽业务

工程招标代理机构资格分为甲级、乙级和暂定级。各级工程招标代理机构应当按照与招标人签订的书面合同约定的范围内实施代理,并按照国家有关规定收取费用;超出合同约定实施代理的,依法承担民事责任。

甲级工程招标代理机构可以承担各类工程的招标代理业务。

乙级工程招标代理机构只能承担工程总投资1亿元人民币以下的工程招标代理业务。

暂定级工程招标代理机构,只能承担工程总投资6000万元人民币以下的工程招标代理业务。

甲级工程招标代理机构资格由国务院建设主管部门认定。

乙级、暂定级工程招标代理机构资格由工商注册所在地的省、自治区、直辖市人民政府建设主管部门认定。

2. 资格条件

《工程建设项目招标代理机构资格认定办法》中规定申请工程招标代理资格的机构应当具备下列基本条件:①是依法设立的中介组织,具有独立法人资格;②与行政机关和其他国家机关没有行政隶属关系或者其他利益关系；③有固定的营业场所和开展工程招标代理业务所需设施及办公条件；④有健全的组织机构和内部管理的规章制度；⑤具备编制招标文件和组织评标的相应专业力量；⑥具有可以作为评标委员会成员人选的技术、经济等方面的专家库；⑦法律、行政法规规定的其他条件。

申请甲级工程招标代理资格的机构，除具备本办法基本条件外，还应当具备下列条件：①取得乙级工程招标代理资格满3年；②近3年内累计工程招标代理中标金额在16亿元人民币以上（以中标通知书为依据，下同）；③具有中级以上职称的工程招标代理机构专职人员不少于20人，其中具有工程建设类注册执业资格人员不少于10人（其中注册造价工程师不少于5人），从事工程招标代理业务3年以上的人员不少于10人；④技术经济负责人为本机构专职人员，具有10年以上从事工程管理的经验，具有高级技术经济职称和工程建设类注册执业资格；⑤注册资本金不少于200万元人民币。

申请乙级工程招标代理资格的机构，除具备本办法基本条件外，还应当具备下列条件：①取得暂定级工程招标代理资格满1年；②近3年内累计工程招标代理中标金额在8亿元人民币以上；③具有中级以上职称的工程招标代理机构专职人员不少于12人，其中具有工程建设类注册执业资格人员不少于6人（其中注册造价工程师不少于3人），从事工程招标代理业务3年以上的人员不少于6人；④技术经济负责人为本机构专职人员，具有8年以上从事工程管理的经历，具有高级技术经济职称和工程建设类注册执业资格；⑤注册资本金不少于100万元人民币。

新设立的工程招标代理机构具备基本条件和乙级要求第③、④、⑤项条件的，可以申请暂定级工程招标代理资格。

3. 禁止行为

工程招标代理机构在工程招标代理活动中不得有下列行为：①与所代理招标工程的招标投标人有隶属关系、合作经营关系以及其他利益关系；②从事同一工程的招标代理和投标咨询活动；③超越资格许可范围承担工程招标代理业务；④明知委托事项违法而进行代理；⑤采取行贿、提供回扣或者给予其他不正当利益等手段承接工程招标代理业务；⑥未经招标人书面同意，转让工程招标代理业务；⑦泄露应当保密的与招标投标活动有关的情况和资料；⑧与招标人或者投标人串通，损害国家利益、社会公共利益和他人合法权益；⑨对有关行政监督部门依法责令改正的决定拒不执行或者以弄虚作假方式隐瞒真相；⑩擅自修改经招标人同意并加盖了招标人公章的工程招标代理成果文件；⑪涂改、倒卖、出租、出借或者以其他形式非法转让工程招标代理资格证书；⑫法律、法规和规章禁止的其他行为。

（三）中央投资项目招标代理机构

1.等级及承揽业务

中央投资项目招标代理资格分为甲级、乙级和预备级。

甲级招标代理机构可以从事所有中央投资项目的招标代理业务。

乙级招标代理机构可以从事总投资5亿元人民币及以下中央投资项目的招标代理业务。

预备级招标代理机构可以从事总投资2亿元人民币及以下中央投资项目的招标代理业务。

国家发展和改革委员会是中央投资项目招标代理资格的行政管理部门，依据招标投标法及相关法律法规，对招标代理机构进行资格认定和监督管理。

省级发展改革部门负责在本行政区域内从事招标活动的中央投资项目招标代理机构的日常管理和监督检查。

2.资格条件

在《中央投资项目招标代理资格管理办法》，中规定，中央投资项目招标代理机构应具备下列基本条件：①是依法设立的社会中介组织，具有独立企业法人资格；②与行政机关和其他国家机关没有隶属关系或者其他利益关系；③有固定的营业场所，具备开展中央投资项目招标代理业务所需的办公条件；④有健全的组织机构和良好的内部管理制度；⑤具备编制招标文件和组织评标的专业力量；⑥有一定规模的评标专家库；⑦近3年内机构没有因违反《中华人民共和国招标投标法》《中华人民共和国政府采购法》（简称政府采购法）及有关管理规定，受到相关管理部门暂停资格、降级或撤销资格的处罚；⑧近3年内机构主要负责人没有受到刑事处罚；⑨国家发展和改革委员会规定的其他条件。

甲级中央投资项目招标代理机构除具备本办法基本条件外，还应具备以下条件：①注册资本金不少于1000万元人民币；②招标从业人员不少于60人，其中具有中级及以上职称的不少于50%，已登记在册的招标师不少于30%；③评标专家库的专家人数在800人以上；④开展招标代理业务5年以上；⑤近3年内从事过的中标金额在5000万元人民币以上的招标代理项目个数在60个以上，或累计中标金额在60亿元人民币以上。

乙级中央投资项目招标代理机构除具备本办法基本条件外，还应具备以下条件：①注册资本金不少于500万元人民币；②招标从业人员不少于30人，其中具有中级及以上职称的不少于50%，已登记在册的招标师不少于30%；③评标专家库的专家人数在500人以上；④开展招标代理业务3年以上；⑤近3年内从事过的中标金额在3000万元人民币以上的招标代理项目个数在30个以上，或累计中标金额在30亿元人民币以上。

预备级中央投资项目招标代理机构除具备本办法基本条件外，还应具备以下条件：①注册资本金不少于300万元人民币；②招标从业人员不少于15人，其中具有中级及以上职称的不少于50%，已登记在册的招标师不少于30%；③评标专家库的专家人数在300人以上。

（四）政府采购代理机构

政府采购，是指各级国家机关、事业单位和团体组织，使用财政性资金采购依法制定的集中采购目录以内的或者采购限额标准以上的货物、工程和服务的行为。政府采购不仅是指具体的采购过程，而且是采购政策、采购程序、采购过程及采购管理的总称，是一种对公共采购管理的制度，是一种政府行为。

政府采购代理机构，是指取得财政部门认定资格的，依法接受采购人委托，从事政府采购货物、工程和服务采购代理业务的社会中介机构。

1. 等级及承揽业务

政府采购代理机构资格分为甲级资格和乙级资格。

取得甲级资格的政府采购代理机构可以代理所有政府采购项目。取得乙级资格的政府采购代理机构只能代理单项政府采购项目预算金额在1000万元人民币以下的政府采购项目。

政府采购代理机构甲级资格的认定工作由财政部负责，乙级资格的认定工作由申请人工商注册所在地的省级人民政府财政部门负责。

2. 资格条件

乙级政府采购代理机构应当具备下列条件：①具有企业法人资格，且注册资本为100万元人民币以上；②与行政机关没有隶属关系或者其他利益关系；③具有健全的组织机构和内部管理制度；④有固定的营业场所和开展政府采购代理业务所需的开标场所，以及电子监控等办公设备、设施；⑤申请政府采购代理机构资格之前3年内，在经营活动中没有因违反有关法律法规受到刑事处罚或者取消资格的行政处罚；⑥有参加过规定的政府采购培训，熟悉政府采购法规和采购代理业务的法律、经济和技术方面的专职人员，母公司和子公司分别提出申请的，母公司与子公司从事政府采购代理业务的专职人员不得相同；⑦专职人员总数不得少于10人，其中具有中级以上专业技术职务任职资格的不得少于专职人员总数的40%；⑧财政部规定的其他条件。

甲级政府采购代理机构除应当具备乙级第②项至第⑥项条件外，还应当具备下列条件：①具有企业法人资格，且注册资本为500万元人民币以上；②专职人员总数不得少于30人，其中具有中级以上专业技术职务任职资格的不得少于专职人员总数的60%；③取得政府采购代理机构乙级资格1年以上，最近两年内代理政府采购项目中标、成交金额累计达到1亿元人民币以上，或者从事招标代理业务两年以上，最近两年中标金额累计达到10亿元人民币以上；④财政部规定的其他条件。

第二节 水利工程招标一般程序与编制

一、水利水电工程施工招标活动

（一）水利水电工程施工招标概述

水利水电工程施工招标即在水利工程项目的初步设计或施工图设计完成后，以招标的方式选择水利工程施工承包商。其标的物是向建设单位（业主）交付按设计规定的水利建筑产品。水利水电工程施工招标的特点是发包的工作内容明确、具体，各投标人编制的投标书在评标时易于进行横向对比。虽然投标人按招标文件的工程量表中既定的工作内容和工程量编标报价，但价格的高低并非确定中标人的唯一条件，投标过程实际上是各投标人完成该项任务的技术、经济、管理等综合能力的竞争。

（二）水利水电工程施工招标的主要程序

水利工程建设项目的施工招标工作程序如下：

1. 招标前，按项目管理权限向水行政主管部门提交招标报告备案

报告的具体内容：招标已具备的条件、招标方式、分标方案、招标计划安排、投标人资质（资格）条件、评标方法、评标委员会组建方案以及开标、评标的工作具体安排等。

水利部是国务院水行政主管部门，对全国水利工程建设实行宏观管理。水利部所属流域机构（长江水利委员会、黄河水利委员会、淮河水利委员会、珠江水利委员会、海河水利委员会、松辽河水利委员会、太湖流域管理局）是水利部的派出机构，对其所在的流域行使水行政主管部门的职责，负责本流域水利工程建设的行业管理；省（自治区、直辖市）水利（水电）厅（局）是本地区的水行政主管部门，负责本地区水利工程建设的行业管理。

2. 编制招标文件

水利水电工程施工招标文件要严格按照规定使用《水利水电工程标准施工招标文件》的要求编制。

3. 发布招标信息、招标公告或投标邀请书

采用公开招标方式的项目，招标人应当在国家发展和改革委员会指定的媒介（《中国日报》《中国经济导报》《中国建设报》和中国采购与招标网）之一，发布招标公告，其中大型水利工程建设项目以及国家重点项目、中央项目、地方重点项目同时还应当在《中国水利报》发布招标公告，指定报纸在发布招标公告的同时，应将招标公告如实发送给指定网络。

其他要求：

①从招标公告在正式媒体发布至发售资格预审文件（或招标文件）的时间间隔一般不少于10日；②招标人应当对招标公告的真实性负责，招标公告不得限制潜在投标人的数量；③采用邀请招标方式的，招标人应当向3个以上有投标资格的法人或其他组织发出投标邀请书；④投标人少于3个的，招标人应当依照《水利工程建设项目招标投标管理规定》（水利部令第14号）重新招标。

4. 组织资格预审（若进行资格预审）

资格预审是指在投标前对潜在投标人进行资格审查。目的是有效地控制招标过程中的投标申请人数量，确保工程招标人选择到满意的投标申请人实施工程建设。一般来说，资格审查方式可分为资格预审和资格后审。资格预审适用于公开招标或部分邀请招标的技术复杂的工程、交钥匙的工程等。资格后审是指在开标后对投标人进行的资格审查。对于一些工期要求比较紧、工程技术、结构不复杂的工程项目，为了争取早日开工，可进行资格后审。

5. 组织购买招标文件的潜在投标人现场踏勘

水利水电施工招标文件的投标人须知前附表规定组织踏勘现场的，招标人按照招标公告（或投标邀请书）规定的时间和地点组织踏勘现场。

此外还包括：接受投标人对招标文件有关问题要求澄清的函件，对问题进行澄清，并书面通知所有潜在投标人。招标人对已发出的招标文件进行必要澄清或者修改的，应当在招标文件要求提交投标文件截止日期至少15日前，以书面形式通知所有投标人。该澄清或者修改的内容为招标文件的组成部分。不足15日的，招标人应当顺延提交投标文件的截止时间。组织成立评标委员会，并在中标结果确定前保密。在规定时间和地点，接收符合招标文件要求的投标文件，在投标截止时间之前，投标人可以撤回已递交的投标文件或进行更正和补充，但应当符合招标文件的要求。投标人在递交投标文件的同时，应当递交投标保证金。依法必须进行招标的项目，自招标文件开始发出之日起至投标人提交投标文件截止之日止，最短不应当少于20日。组织开标、评标会议。确定中标人。向水行政主管部门提交招标投标情况的书面总结报告。发中标通知书，并将中标结果通知所有投标人。进行合同谈判，并与中标人订立书面合同。

中标人收到中标通知书后，招标人、中标人双方应具体协商谈判签订合同事宜，形成合同草案。合同草案一般需要先报招标投标管理机构审查。对合同草案的审查，主要是看其是否按中标的条件和价格拟订。经审查后，招标人与中标人应当自中标通知书发出之日起30天内，按照招标文件和中标人的投标文件正式签订书面合同。招标人与中标人签订合同后5个工作日内，应当退还投标保证金。

(三) 水利水电工程施工招标的发包范围

水利水电工程施工招标可以进行标段划分，即确定招标项目的发包范围。因为有的水利水电建设项目投资额较大，所涉及的各个项目技术复杂，工程量也巨大，往往一个承包商难以完成。为了加快工程进度，发挥各承包商的优势，降低工程造价，有必要对一个建设项目进行合理分包。

1. 影响确定发包范围的主要因素

水利水电工程施工招标发包的范围受工程项目的特点、现场条件、招标人的合同管理能力等因素的影响。

划分工程项目标段时必须坚持不分解工程的原则，保持工程的整体性和专业性。

所谓肢解工程，是指将本应由一个承包人完成的工程任务，分解成若干个部分，分别发包给几个承包商去完成。一般施工招标发包的最小分标单位，为单位工程。对不能分标发包的工程而进行分标发包的，即构成肢解工程。

依据工程项目特点和现场条件划分合同包的工作范围时，主要应考虑以下影响因素。

（1）施工内容的专业要求

对于专业要求不强、技术不复杂的中小型水利工程项目（如工程建设场地比较集中、工程量不大、技术上不复杂、便于管理），可采用总包的形式，而不进行分包。对于大型复杂的水利水电项目，可以按专业确定发包范围，将土建施工、金属结构、机电设备安装分别招标。

（2）施工现场条件

划分合同包时应充分考虑施工过程中几个独立承包商同时施工可能发生的交叉干扰，以利于业主和监理对各合同的协调管理。基本原则是：现场施工尽可能避免平面或不同高程作业的干扰；要考虑各合同实施过程中在空间和时间上的衔接，避免两个合同交界面工作责任的推诿。

（3）招标人的合同管理能力

全部施工内容只发一个合同包招标，招标人仅与一个中标人签订合同，施工过程中管理工作比较简单，但有能力参与竞争的投标人较少。如果招标人有足够的管理能力，也可以将全部施工内容分解成若干个单位工程和特殊专业工程分别发包，一是可以发挥不同投标人专业特长，增强投标的竞争性；二是每个独立合同比总承包合同更容易落实，即使出现问题也是局部的，易于纠正或补救。但招标发包的数量多少要适当，合同太多会给招标工作、各施工阶段的管理工作带来麻烦或不必要的损失。

（4）对工程总投资影响

划分合同包数量的多少对工程总造价是有影响的，应根据项目的具体特点进行客观分析。只发一个合同包便于投标人进行合理的施工组织，人工、施工机械和临时设施可以统一使用；划分合同数量较多时，各投标书的报价中均要分别考虑动员准备费、施工机械闲置费、施工干扰的风险费等。但大型、复杂的工程项目，一般工期长，投资大，技术难题多，因而对承包商在能力、经验等方面的要求很高。对这类工程，如果不分标，可能会使有资格参加投标的承包商数量大为减少，竞争对手少，必然会导致投标报价提高，招标人就不容易得到满意的报价。如果对这类工程进行分标，就会避免这种情况，对招标人、投标人都有利。

（5）其他影响因素

工程项目的施工是一个复杂的系统工程，影响划分合同包的因素很多，如筹措建设资金的计划到位时间、施工图完成的计划进度、工期要求等条件。例如，建设资金的安排，对工程进度有重要影响。有时根据资金筹措到位情况和工程建设的次序，在不同时间进行分段招标，就十分必要。

2. 施工合同包的工作范围

一个独立施工合同包的工作范围可以是：①全部工程招标。将项目建设的所有土建、安装施工工作内容一次性发包。②单位工程发包。③特殊专业工程招标。如机电设备安装工程、金属结构工程、特殊地基处理等可以作为单独的合同发包。

（四）两阶段招标

招标投标法实施条例提出对技术复杂或者无法精确拟定技术规格的项目，招标人可以分两阶段进行招标。

第一阶段，投标人按照招标公告或者投标邀请书的要求提交不带报价的技术建议，招标人根据投标人提交的技术建议确定技术标准和要求，编制招标文件。

第二阶段，招标人向在第一阶段提交技术建议的投标人提供招标文件，投标人按照招标文件的要求提交包括最终技术方案和投标报价的投标文件。

招标人要求投标人提交投标保证金的，应当在第二阶段提出。

二、水利水电工程标准施工招标资格预审文件

（一）资格审查的方式

资格审查方式可分为资格预审和资格预审。资格预审是在招标阶段对申请投标人的第一次筛选，目的是审查投标人的企业总体能力是否符合招标工程的要求。

资格后审是指在开标后对投标人进行的资格审查。对于一些工期要求比较紧，工程技术、结构不复杂的工程项目，为了争取早日开工，可进行资格后审。

进行资格预审的，一般不再进行资格后审，但招标文件另有规定的除外。

招标投标法实施条例规定：国有资金占控股或者主导地位的依法必须进行招标的项目，招标人应当组建资格审查委员会审查资格预审申请文件。资格审查委员会及其成员应当遵守招标投标法和本条例有关评标委员会及其成员的规定。

（二）资格审查的内容

采取公开招标方式时，资格预审和资格后审的主要内容是一样的，都是审查投标人的下列情况：①投标人组织与机构，资质等级证书，具有独立订立合同的权利。②在近3年没有参与骗取中标和严重违约的行为及造成重大工程质量问题。③履行合同的能力，包括专业，技术资格和能力，资金、财务、设备和其他物质状况，管理能力，经验、信誉和相应的工作人员、劳力等情况。④受奖罚的情况和其他有关资料，没有处于被责令停业，财产被接管或查封、扣押、冻结、破产状态。⑤法律、行政法规规定的其他资格条件。

对于大型复杂项目尤其是需要有专门技术、设备或经验的投标人才能

完成时，则应设置强制性合格条件。强制性合格条件一般以申请投标人是否完成过与招标工程同类型或同容量工程作为衡量标准。

采取邀请招标方式时，招标人对投标人进行资格审查，是通过对投标人按照投标邀请书的要求提交或出示的有关文件和资料进行验证，确认自己的经验和所掌握的有关投标人的情况是否可靠、有无变化。

（三）资格预审的审查方法

《水利水电工程标准施工招标资格预审文件》中"资格审查方法"分为合格制和有限数量制两种方法，招标人可根据招标项目具体特点和实际需要选择使用。

合格制即凡符合《水利水电工程标准施工招标资格预审文件》中规定的初步审查和详细审查标准的申请人均通过资格预审。此方法不限定资格审查合格者数量。

有限数量制即审查委员会依据规定的审查标准和程序，对通过初步审查和详细审查的资格预审申请文件进行量化打分，按得分由高到低的顺序确定通过资格预审的申请人。通过资格预审的申请人不得超过限定的数量。

（四）资格预审的审查程序

上述两种资格方法的审查程序基本相同。有限数量制在资格预审文件澄清后还要进行评分。可分为以下几个步骤：

1. 初步审查

审查委员会依据规定的标准，对资格预审申请文件进行初步审查。有一项因素不符合审查标准的，不能通过资格预审。

审查委员会可以要求申请人提交"申请人须知"和规定的有关证明和证件的原件，以便核验。

2. 详细审查

审查委员会依据规定的标准，对通过初步审查的资格预审申请文件进行详细审查。有一项因素不符合审查标准的，不能通过资格预审。

通过资格预审的申请人除应满足规定的审查标准外，还不得存在下列任何一种情形：①不按审查委员会要求澄清或说明的；②有"申请人须知"中规定的任何一种情形的；③在资格预审过程中弄虚作假、行贿或有其他违法违规行为的。

3. 资格预审申请文件的澄清

在审查过程中，审查委员会可以书面形式，要求申请人对所提交的资格预审申请文件中不明确的内容进行必要的澄清或说明。申请人的澄清或说明应采用书面形式，并不得改变资格预审申请文件的实质性内容。申请人的澄清或说明内容属于资格预审申请文件的组成部分。招标人和审查委员会不接受申请人主动提出的澄清或说明。

4. 评分

通过详细审查的申请人不少于3个且没有超过规定数量的，均通过资格预审，不再进行评分。通过详细审查的申请人数量超过规定数量的，审查委员会依据评分标准进行评分，按得分由高到低的顺序进行排序。

资格预审后，招标人在申请人须知前附表规定的时间内以书面形式将资格预审结果通知申请人，并向通过资格预审的申请人发出投标邀请书。通过资格预审的申请人收到投标邀请书后，应在1天内以书面形式明确表示是否参加投标。在规定时间内未表示是否参加投标或明确表示不参加投标的，不得再参加投标。由此造成潜在投标人数不足3个的，招标人重新组织资格预审或不再组织资格预审而直接招标。

招标投标法实施条例第十九条规定：资格预审结束后，招标人应当及时向资格预审申请人发出资格预审结果通知书。未通过资格预审的申请人不具有投标资格。通过资格预审的申请人少于3个的，应当重新招标。

（五）资格审查文件的编制

1. 资格审查文件编制目的

招标人利用资格预审程序可以较全面地了解申请投标人的各方面情况，并将不合格或竞争能力较差的投标人淘汰，以减少工程项目招标的工作量，节省招标时间。一般情况下，招标人是通过资格预审文件来了解申请投标人的各方面情况，所以资格预审文件编制水平直接影响后期招标工作。在编制资格预审文件时，应结合招标工程的特点和需要，要求申请投标人提供满足其资格要求的文件，资格审查文件要突出对投标人实施能力的要求，不能遗漏某一方面的内容。

2. 资格审查文件的内容

为加强水利水电工程施工招标管理，规范资格预审文件和招标文件编制工作，水利部在国家发展和改革委员会等九部委联合编制的《标准施工招标资格预审文件》和《标准施工招标文件》基础上，结合水利水电工程特点和行业管理需要，组织编制了《水利水电工程标准施工招标资格预审文件》，与《标准施工招标资格预审文件》结合使用。内容共分五章，包括资格预审公告、申请人须知、资格审查办法、资格预审申请文件格式和项目建设概况。

第 1 章 资格预审公告。包括招标条件、项目概况与招标范围、申请人资格要求、资格预审办法、资格预审文件的获取、资格预审申请文件的递交、发布公告的媒介和联系方式几个部分。

第 2 章 申请人须知（包括前附表）。本章是资格预审活动遵循的程序规则和对申请人的要求。

第 3 章 资格审查办法（包括前附表）。包括资格审查程序、审查标准和方法。

资格审查方法：合格制、有限数量制。

第 4 章 资格预审申请文件格式。

第 5 章 项目建设概况。

三、标底及其编制

（一）标底的概念

标底是招标人对招标工程的预测价格。标底由招标人自行编制或委托经有关部门批准的具有编制标底资格和能力的中介机构代理编制。

（二）标底的作用

招标投标法中没有明确规定招标工程是否必须设置标底价格，招标人可根据实际工程的情况决定是否编制标底。招投标制度的本质就是竞争，而价格的竞争是投标竞争的最重要因素之一。为了防止投标人以低于成本的报价展开恶性竞争，我国的一般工程项目施工招标中大多设置标底。标底在确定承包商的过程中起着一种"商务标准"的作用，合理的标底是业主以合理的价格获得满意的承包商、中标人获取合法利润的基础。标底的作用主要体现在以下几个方面。

1. 能够使招标人预先明确其在拟建工程上应承担的财务义务

标底的编制过程是对项目所需费用的预先自我测算过程，通过标底的编制可以促使招标人事先加强工程项目的成本调查和预测，做到对价格和有关费用心中有数。

2. 是控制投资、核实建设规模的依据

标底必须控制在批准的概算或投资包干的限额之内（指扣除该项工程的建设单位管理费、征地拆迁费等所有不属于招标范围内各项费用的余额）。在实际工作中，如果按规定的程序和方法编制的标底超过批准的概算或投资包干的限额，应进行复核和分析，对其中不合理部分应剔除或调整；如仍超限额，应会同设计单位一起寻找原因，必要时由设计单位调整原来的概算或修正概算，并报原批准机关审核批准后，才能进行招标工作。

3. 是评标的重要尺度

招标投标法实施条例规定：招标人可以自行决定是否编制标底。一个招标项目只能有一个标底。标底必须保密。招标人设有最高投标限价的，应当在招标文件中明确最高投标限价或者最高投标限价的计算方法。招标人不得规定最低投标限价。招标项目设有标底的，招标人应当在开标时公布。标底只能作为评标的参考，不得以投标报价是否接近标底作为中标条件，也不得以投标报价超过标底上下浮动范围作为否决投标的条件。

招标投标法实施条例淡化了标底的作用。无论如何，只有编制了标底，才能正确判断投标者所投报价的合理性和可靠性，否则评标就是盲目的。只有制定了准确合理的标底，才能在定标时做出正确的抉择。

4. 标底编制是招标中防止盲目报价、抑制低价抢标现象的重要手段

盲目压低标价的低价抢标者，在施工过程中则采取或偷工减料，或无理索赔等种种不正当手段以避免自己的损失，使工程质量和施工进度无法得到保障，业主的合法权益受到损害。在评标过程中，剔除低价抢标是防止此现象的有效措施。

标底的性质和作用要求招标工程必须遵循一定的原则，以严肃认真的态度和科学的方法来编制标底，使之准确、合理，保证招标工作的健康开展。

（三）标底的编制原则

编制标底应遵循以下原则：①标底编制应遵守国家有关法律、法规和水利行业规章，兼顾国家、招标人和投标人的利益。②标底应符合市场经济环境，反映社会平均先进功效和管理水平。③标底应体现工期要求，反映承包商为提前工期而采取施工措施时增加的人员、材料和设备的投入。④标底应体现招标人的质量要求，标底的编制要体现优质优价。⑤标底应体现招标人对材料采购方式的要求，考虑材料市场价格变化因素。⑥标底应体现工程自然地理条件和施工条件因素。⑦标底应体现工程量大小因素。⑧标底编制必须在初步设计批复后进行，原则上标底不应突破批准的初步设计概算或修正概算。⑨一个招标项目只能编制一个标底。

（四）标底的编制依据

①招标人提供的招标文件，包括商务条款、技术条款、图纸以及招标人对已发出的招标文件进行澄清、修改或补充的书面资料等。②现场查勘资料。③批准的初步设计概算或修正概算。④国家及地区颁发的现行工程定额及取费标准（规定）。⑤设备及材料市场价格。⑥施工组织设计或施工规划。⑦其他有关资料。

(五) 标底的编制程序

1. 准备阶段

(1) 项目初步研究

为了编制出准确、真实、合理的标底，必须认真阅读招标文件和图纸，尤其是招标文件商务条款中的投标人须知、专用合同条款、工程量清单及说明，技术条款中的施工技术要求、计量与支付及施工材料要求，招标人对已发出的招标文件进行澄清、修改或补充的书面资料等，这些内容都与标底的编制有关，必须认真分析研究。

工程量清单说明及专用合同条款，规定了该招标项目编制标底的基础价格、工程单价和标底总价时必须遵照的条件。

(2) 现场勘察

通过现场勘察，了解工程布置、地形条件、施工条件、料场开采条件、场内外交通运输条件等。

(3) 编写标底编制工作大纲

通常标底编制大纲应包括以下内容：①标底编制原则和依据。②计算基础价格的基本条件和参数。③计算标底工程单价所采用的定额、标准和有关取费数据。④编制、校审人员安排及计划工作量。⑤标底编制进度及最终标底的提交时间。

(4) 调查、收集基础资料

收集工程所在地的劳资、材料、税务、交通等方面资料，向有关厂家收集设备价格资料；收集工程中所应用的新技术、新工艺、新材料的有关价格计算方面的资料。

2. 编制阶段

(1) 计算基础单价。基础单价包括人工预算单价、材料预算价格、施工用电风水单价、砂石料预算价格、施工机械台时费以及设备预算价格等。

(2) 分析取费费率、确定相关参数。

(3) 计算标底工程单价。根据施工组织设计确定的施工方法，计算标底工程单价。工程单价的取费，通常包括其他直接费、现场经费、间接费、利润及税金等，应参照现行水利工程建设项目设计概（估）算的编制规定，结合招标项目的工程特点，合理选定费率。税金应按现行规定计取。

（4）计算标底的建安工程费及设备费。要注意临时工程费用的计算与分摊。临时工程费用在概算中主要由三部分组成：①单独列项部分，如导流、道路、房屋等；②含在其他临时工程中的部分，如附属企业、供水、通信等；③含在现场经费中的临时设施费。在标底编制时应根据工程量清单及说明要求，除单独列项的临时工程外，其余均应包括在工程单价中。

3. 汇总阶段

（1）汇总标底

按工程量清单格式逐项填入工程单价和合价，汇总分组工程标底合价和标底总价。

（2）分析标底的合理性

明确招标范围，分析本次招标的工程项目和主要工程量，并与初步设计的工程项目和工程量进行比较，再将标底与审批的初步设计概算作比较分析，分析标底的合理性，调整不合理的单价和费用。

广义的标底应包括标底总价和标底的工程单价。标底总价和标底的工程单价所包括的内容、计算依据和表现形式，应严格按招标文件的规定和要求编制。通常标底工程单价将其他临时工程的费用摊入工程单价中，这与初设概算单价组成内容是不同的；标底总价包括的工程项目和费用也与概算不同。在进行标底与概算的比较分析时应充分考虑这些不同之处。

（六）标底编制说明

标底文件一般由标底编制说明和标底编制表格组成。

标底编制说明主要内容有：①工程概况。②主要工程项目及标底总价。③编制原则、依据及编制方法。④基础单价。⑤主要设备价格。⑥标底取费标准及税、费率。⑦需要说明的其他问题。

（七）工程标底的编制方法

水利工程建设项目招标标底的编制方法通常采用以定额法为主、实物量法和其他方法为辅、多种方法并用的综合分析方法。标底编制应充分发挥各方法的优点和长处，以达到提高标底编制质量的目的。

1. 定额法

定额法是参照现行部、省市的定额和取费标准（规定），确定完成单位产品的工效和材料消耗量，计算工程单价，以工程单价乘以工程量计算总价的编制方法。定额法的主要优点是计算简单、操作方便，因此目前水利工程的标底编制主要考虑采用定额法。采用定额法编制初设概算时选用的定额是按全国水利行业平均工效水平制定的；而标底需要考虑具体工程的技术复杂程度、施工工艺方法、工程量大小、施工条件优劣、市场竞争情况等因素，因此在采用定额法编制标底时，可以根据工程具体情况适当调整现行的定额和取费标准。

一个合理的标底要有一个比较先进、切合实际的施工组织设计，包括合理的施工方案、施工方法、施工进度安排、施工总平面布置和施工资源估算，在分析国内的施工水平和可能前来投标的施工企业的实际水平基础上，认真分析现行的各种定额，从而选用比较合理的标底编制定额和取费标准。

定额法的具体步骤和方法如下：

（1）基础价格编制

基础价格的编制方法一般参照水利行业现行初设概算编制方法。基础资料准备得是否充分，基础单价的编制是否准确合理，对标底编制的准确程度和质量高低起着极其重要的作用。基础价格主要指人工、主要材料、施工用水、施工用电等的价格。必须保证选取的各种资源的数量和质量均能符合规定并满足招标人的要求。

如招标文件规定招标人供应主要材料、设备，提供大部分临时房屋，供应砂石料和混凝土等，在编制标底时，应考虑从这些项目中无获利机会的因素，其余工程项目的单价及费率相对可提高，反之相对可降低。

①人工预算单价

如招标文件没有特别的要求,人工预算单价一般可参照现行水利行业初设概算人工预算单价的编制方法。由于初步设计与招标设计深度不同,初设概算涵盖一个完整的工程项目(如水利枢纽、水闸、河道堤防工程等),而招标项目一般只是一个二级项目或三级项目,因此标底的人工预算单价可以根据招标项目的工程特点适当调整。以人力施工为主或人工费比例较高的项目如浆砌石、干砌石、砂石料(反滤料)铺筑、钢筋制安、钢管制安及各种片工拆除项目等,人工预算单价相对可降低;而对工人技术熟练程度要求较高的项目,人工预算单价相对可提高。

②主要材料预算价格

主要材料的品种应结合招标工程项目确定。凡是本招标项目中用量多或总价值高的材料,均应作为主要材料逐一落实价格,如钢材、水泥、木材、柴油、炸药、粉煤灰、砂、石子、块石等。材料预算价格准确与否,对标底的影响很大。工程标底编制人员必须列出工程需用材料计划表,然后要调查有能力供应符合技术条件和数量要求的材料供货商,并获取各种材料的报价、各种运输方式的运输费标准。

首先,确定主要材料的来源地,调查材料的批发价或出厂价;其次,确定运输方式、运输线路和运距,准确计算运杂费;最后,合理选用采购保管费费率。采购保管费要考虑损耗、损坏、被盗及供货差错等影响,对于某些材料这些因素的影响可能会达到较高的比例;同时须考虑用于卸料和贮料的附加费用以及其他附加费。材料的采购保管费费率可根据实际情况适当调整,如在材料价格较高、采购地点离工地较近、采购条件较好,采购保管费率应相对较低,反之相对较高。

③施工用电价格

在招标文件中,一般都明确规定了投标人的接线起点和计量电表的位置,并提供了基本电价,因此编制标底时应按照招标文件的规定,确定电能损耗范围、损耗率及供电设施维护摊销费。如供电范围没有高压线路,就不应计高压线路损耗；在变配电线路较短、用电负荷较集中时，变配电设备及输配电损耗率及供电设施摊销费均可降低，反之应提高。

④施工用水价格

招标文件中常见的施工供水方式有两种：一是招标人指定水源点，由投标人自行供水；二是招标人按指定价格在指定接水口向投标人供水。

第一种供水方式，应根据施工组织设所配置的供水系统，设备组时总费用和设备组时总有效供水量计算施工供水价格，计算方法与初设概算相同。在编制标底时，可根据具体供水范围、扬程高低、几级供水及供水设备、设施质量的优劣等，适当选定供水损耗率和供水设施维修摊销费。

第二种供水方式，应以招标人供应的价格为原价，根据供水的具体情况，再计入水量损耗和供水设施维护摊销费，不应简单照搬初设概算中的水量损耗和设施维修摊销费参数。

⑤施工机械台时费

施工机械台时费计算方法可参照初设概算的编制方法。

在编制标底时，如招标人免费提供某些大型施工机械（如缆机、拌和楼等），则不应计算折旧费，但应根据提供的施工机械新旧程度和施工工期决定修理费的高低。养路费、牌照税、车船使用税及保险费等费用，不宜按年工作台时计入施工机械台时费中，可在间接费中考虑或摊销在工程单价中。在工程规模大、工期长的工程中使用的大型机械如大型汽车、挖掘机、推土机、装载机、钻机等的折旧费、修理费、安拆费均可适当调整。

（2）建筑工程单价编制

工程单价一般由直接工程费、间接费、企业利润、税金和临时设施摊销费等组成。水利工程招标项目一般工程量大、项目繁多，在编制标底工程单价时可根据工程的具体情况，集中精力研究主要工程单价。应与施工组织设计人员共同研究施工方案，确定适当的施工方法、运距、辅助人员配备及施工机械的效率等。在编制标底单价时应根据工程量的大小、施工条件的优劣等因素调整定额中人工、材料及施工机械消耗量。当工程规模大、施工条件较好，市场竞争激烈时，人工、机械效率均可适当提高，反之可适当降低。下面介绍几种常遇到的工程单价。

①土方工程单价

土方工程主要分土方开挖和土方填筑两大类。影响土方工程单价的因素主要有土的级别、取（运）土的距离、施工方法、施工条件、质量要求等。根据工程所在地的气候条件、施工工期的长短，是否夜间施工等情况可适当调整其他直接费费率；根据工程量大小、场地集中程度、机械化程度高低等情况可适当调整现场经费费率、间接费费率及利润率。

运输是土方工程的主要工序之一，它包括集料、装土、运土、卸土及卸土场整理等子工序。影响工程单价的因素主要有：

a. 运输距离

运输距离越长，平均车速越快，折合每千米运费越低。如在道路等级及车型相同的情况下，在一定范围内远距离运输比近距离运输机械效率高，在编制标底时应考虑此项因素。

b. 施工条件

装卸车的条件、道路状况、卸土场的条件等都影响运土的工效。在运输道路级别较高，装卸车地点的场地较宽阔的条件下，运输效率较高，可以调整定额中自卸汽车的台时数量。

土方填筑包括取土和压实两大工序。

计算取土工序单价时要注意：料场覆盖层清理应按相应比例摊入土料填筑单价内。对不符合含水量标准的土料，要采取挖排水沟、扩大取土面积、分层取土、翻晒、分区集中堆存、加水处理等措施，在单价中应计入土料处理的费用。考虑土料损耗和体积变化，包括开采、运输、雨后清理、削坡、沉陷等的损耗，以及超填和施工附加量。对于有开挖利用料的工程，要注意不得在开挖和填筑单价中重复计算土方运输工序费用。在确定利用料数量时应充分考虑开挖和填筑在施工进度安排上的时差，一般不可能完全衔接，二次转运是经常发生的，二次转运的费用应计入土方工程单价中。

计算土方压实工序单价时要注意：直接影响压实工效的主要因素有土类级别、设计要求、碾压工作面、铺土厚度、碾压次数等。现行的压实定额通常是按坝体拟定的，而堤身压实与坝体有所不同，可根据堤防等级、堤身高度等适当调整人工、机械效率，使压实单价符合实际。

②砌筑工程单价

砌筑工程主要指浆砌石、干砌石、反滤料填筑、过渡料填筑、堆石体填筑等。

a.反滤料填筑、过渡料填筑、堆石体填筑单价。主要由砂石料采备、运输及压实三道工序组成。应重点研究砂石料的直接上坝（堤）与二次转运的比例，尽可能直接上坝（堤），对于堆石工程应多利用开挖料，以便降低堆石填筑单价。砌筑工程受气候影响小，填筑效率高，对定额的人工、机械消耗量可进行调整；由于材料费用较多，现场经费和间接费的现行取费标准也可根据工程的实际情况适当调整。b.砌石工程单价。砌石工程包括浆砌石、干砌石、抛石等，是以人力施工为主的项目，施工方法简单，技术含量相对较低，主要用于护坡、护脚、护基等工程。

编制标底单价时，可重点考虑两点：一是尽量利用拆除料和从开挖料中拣集石料；二是应考虑人工用量较多、材料原价高等因素，在选定各项取费费率和人工数量时可适当调整。

③混凝土工程单价

混凝土材料单价在混凝土工程单价中占有较大比重，在编制其单价时，要按照招标文件提供的配合比计算。混凝土材料消耗量是指完成每方成品混凝土计价工程的材料量。概算定额中的混凝土材料量包括结构断面工程量、场内施工操作、运输损耗量、超填量和施工附加量，而预算定额中不含超填量和施工附加量。在编制标底时，可根据工地混凝土运距、道路状况及生产管理水平适当调整施工操作、运输损耗率及超填和施工附加混凝土量。

编制拦河坝等大体积混凝土标底单价时，混凝土配合比应采用招标文件提供的配合比数据。如果招标文件没有提供参考数据，应考虑掺加适量的粉煤灰或外加剂以节约水泥用量,其掺量比例应根据设计对混凝土的温度控制要求或试验资料选取。对现浇混凝土强度等级的选取,应根据设计对水工建筑物的不同要求,尽可能利用混凝土的后期强度(60天、90天、180天及360天)节省水泥用量。

④钢筋制安工程单价

钢筋制作安装包括钢筋加工、绑扎、焊接及场内运输等工序。定额中一般包括切断及焊接损耗、截余短头废料损耗以及搭接帮条、架立筋、垫筋等附加量。在钢筋制安工作量较大时,钢筋材料的利用率高,损耗率相对较低,在编制标底钢筋制安工程单价时,根据工程部位的不同,可适当调整钢筋材料的附加量及人工数量。

(3) 设备价格编制

设备通常是生产厂家的产品,通过各种运输方式(铁路、公路、水路等)运至工地,设备费包括设备出厂价、运杂费、运输保险费、采购及保管费及其他费用。在编制设备的标底价格时要注意以下问题:向多家设备生产厂商询价,确定有竞争力的设备出厂价格。对于进口设备要计算到岸价、进口征收的税金、手续费、商检费及港口费等加上国内段的运杂费、保险费、采保费等各项费用。收集有关设备重量、体积大小及运距等资料,确定合理的设备运输线路和运输方式。收集有关设备在运输途中发生的调车费、装卸费、运输保险费、包装绑扎费、变压器充氮费及其他可能发生的杂费标准。合理计算运杂费用,要注意价格高的设备运杂费率要相对低。采保费的费率也可根据设备价格高低、运距远近、周转次数多少适当调整。

(4) 设备安装工程单价编制

以实物消耗量形式表现的定额计算工程单价时,量价分离,计算较准确,但相对烦琐。编制标底的主要设备安装单价时一般套用此类定额,同时可以适当调整人工和机械效率。

对于投资不大的辅助设备和次要设备,编制标底时可以采用安装费率形式计算安装工程单价。

金属结构设备有外购与自制两种方式。对于自制的设备价格需要套定额计算单价，根据设计提出的重量，计算金属结构的设备费。

闸门及埋件单价通常要划分为主材（钢材、铸件、锻件）、辅材、制造费、防腐、水封、利润、税金等项目。要注意闸门的水封、压板、压板螺栓、锁定梁、拉杆的价值要计入设备费；闸门喷锌、喷铝防腐不要漏项，启闭机单价通常要划分为结构件、外购件、电气部分、机械零部件及其他等项目。要注意负荷试验用的荷重物的制作和运输不要漏项。

设备安装费一般占设备费的5%—10%，对标底影响不大，可参考现行定额编制。但投标项目以机电和金属结构设备为主的，可适当调整人工数量、现场经费和间接费费率。

（5）临时设施费编制

①单独招标的临时工程项目

单独招标的项目包括导流工程、道路、桥梁、供电线路、缆机平台、大型砂石料系统、混凝土拌和系统、供水系统等，按工程量清单的数量乘标底工程单价计算。

对于砂石料系统、混凝土拌和系统和供水系统等临时工程，标底的编制通常只计算土建费和安装费，不包括设备费。设备费按折旧摊销计入相应的砂石料单价、混凝土拌和单价和施工用水单价中。

②应摊销的临时设施费用

凡未单独列项招标的临时工程项目及未包括在现场经费中的临时设施，而在施工中又必然发生的临时设施均包括在应摊销的临时设施费用中。主要指承包商的生活用房、办公用房、仓库等房屋建筑及场地平整，大型机械安拆，施工排水，施工临时支护及其他临时设施等项目。在编制标底时可根据工程的具体情况适当调整施工人员的生活、文化福利建筑费用和施工仓库面积等。

（6）风险附加费的计取与分摊

施工承包合同种类不同，计算和分摊风险附加费的方法也不同，对不调价合同标底应充分考虑风险因素，而可调价合同标底可不计或少计风险附加费。

2.实物量法

实物量法，是把项目分成若干施工工序，按完成该项目所需的时间，配备劳动力和施工设备，根据分析计算的基础价格计算直接费单价，最后分摊间接费的工程造价计算方法。实物量法是针对每个工程的具体情况来计算工程造价，计算准确、合理；但相对复杂，且要求标底编制人员有较高的业务水平和较丰富的经验，还要掌握翔实的基础资料和经验数据，在编制时间相对紧张的标底编制阶段，不具备全面推广应用的条件；但是针对工程量清单中对标底影响较大的主要工程单价，在设计深度满足需求，施工方法详细具体、符合实际，资料较齐全的条件下，应采用实物量法进行编制，提高标底的准确性，保证标底的质量。

（1）实物量法的优点

体现工程量的大小和工期的长短对工程单价的影响；体现施工条件的优劣对工程单价的影响；体现施工设备闲置时间对工程单价的影响；体现特殊施工设备的使用对工程单价的影响；体现施工技术水平对工程单价的影响。

（2）实物量法的工作程序

制定施工组织设计或施工规划，确定各个工序需要的人员及设备的规格、数量、时间，计算人工费、施工设备费、材料费，计算直接费单价，计算并分摊间接费。

（3）实物量法的工作步骤

①项目研究

项目研究的工作主要是由造价人员和施工组织设计人员完成的。为完成这项工作，必须充分了解项目的工程内容，对招标文件、图纸、工程量表和其他招标补充文件进行认真地分析、研究。经过现场调查、进行多种施工方法比选，选定一种最有效且最经济的施工方法，根据这一施工方法制定施工组织设计或施工规划，并以此作为编制标底工程单价的基础。

②计算人工预算单价和机械台时费单价

如招标文件没有特别的要求,人工预算单价可参照现行水利行业初设概算人工预算单价的编制规定计算。

机械设备的使用可分为两类:自购和租赁。对于租赁的机械设备的台时费可以通过询价获得;对于自购的机械设备可在获取设备出厂价格并掌握设备的基本资料后,采用一定的分析方法计算台时费。

③计算直接费

所谓直接费,是指人工、材料、机械的费用合计,不包括工地管理费、公司管理费和利润等附加费。确定一个直接费单价需要按一项或一组工程项目来选择合适的人工、机械和材料资源,然后按照作业类型先确定人工和机械资源的使用时间,再将这些数据与收集到的费用资料相结合,然后得到直接费及其单价。

④间接费的计算与分摊

在计算施工总费用时,必须把所有与工程有关的间接费分摊到直接费中去。间接费通常包括工地管理费、公司管理费(总部管理费)、利润和不可预见费等。

按照招标文件要求,计算其他项目与费用。标底总价汇总、分析与调整。汇总人工、机械及材料总费用和数量,并将这些资源需要总量与施工组织设计的资源总量进行比较,如果两者之间有较大分歧,就必须进行慎重的分析与调整。实物法的具体步骤和方法可参照水利部制定的《水利工程建设项目施工招标标底编制指南》,这里不再赘述。

3. 其他辅助方法

在采用定额法或实物量法编制标底时,可结合其他辅助方法进行,例如,招标工程量清单中对标底影响不大的次要工程项目和工程量较小的项目,可采取较为简便的费用计算分析方法,加快标底编制进度。主要方法有以下几个。

(1)分类抽样方法

这是用于次要项目的计价方法,做法是把费用项目划分为几类,把各类的成本价格估算出来。价格估算可用几种方式,其中包括:利用可能划分开来的大致工程量和各种单价,为每类项目计算出一笔总费用。把各类项目分成施工作业班组,估算每个班组的费用。

然后,利用以上计算的费用,根据经验,计算项目的总费用。

(2)内含方法

一些次要、零星的项目或费用在认为没有必要单独列项计价时,可以包含到其他价格中去。

(3)项目总额方法

在工程量表中有些项目没有表明数量时,通常需要估算出一笔总金额。这种方法是用来估算合同中所安排和规定的一般性项目的费用。

(4)经验方法

根据已完工程的相关资料,借用所需数据。

(5)概算价格调整方法

根据招标设计与初步设计的不同,对概算的价格进行调整,作为标底价格。

(6)类比分析方法

根据已计算的主要工程单价,类比分析得出次要工程项目单价。

(7)百分率方法

在已计算的主要工程项目的造价的基础上,乘以一个经验百分率得到次要工程项目造价。

(8)参照其他行业方法

其他行业在某些项目上有较成熟的施工工艺和造价资料,在标底中可以参照引用。

(八)标底编制应注意的问题

1.注重工程现场调查研究

必须充分考虑项目所在地域的自然环境与现场条件,应主动收集、掌握大量的第一手相关资料,必须适应建筑资源的供应可能与价格变动的可能，分析确定恰当的、切合实际的各种基础价格和工程单价，以确保编出合理的标底。

2. 注重施工机械设备选型

应根据工程特点和施工条件认真分析、合理选择，力求经济实用、先进高效，切忌生搬硬套、脱离实际，否则将直接导致定额选择和单价分析的偏差。

3. 注重施工组织设计

应通过详细的技术经济比较后再确定相关施工方案、施工总平面布置、进度控制网络图、交通运输方案等，标底必须适应目标工期的要求，必须适应招标方的质量要求，以利所选择的施工组织设计安全可靠、科学合理，这是编制出科学合理的标底的前提。

4. 注重总价承包项目的计算

工程量清单中常有一些项目没有给出工程量，要求填入一个承包总价，如临时工程等。这就要求造价人员根据招标文件和施工要求等具体情况，充分考虑各种风险因素，深入研究其项目组成和工作内容，避免漏项，确保项目取费合理。

第三节　水利工程投标的决策与技巧

一、水利水电工程施工投标活动

（一）水利水电工程施工投标的一般程序

从投标人的角度看，水利水电工程施工投标的一般程序主要经历以下几个环节：①参加资格预审；②购买招标文件；③组织投标班子；④研究招标文件；⑤参加踏勘现场和投标预备会；⑥编制、递送投标文件；⑦出席开标会议，填写投标文件澄清函；⑧接受中标通知书，签订合同，提供履约担保。

（二）投标活动的主要内容

当招标人通过新闻媒介发出招标公告后，承包商应首先认真研究招标工程的性质、规模、技术难度，结合自身主观影响因素，如技术实力、经济实力、管理实力、信誉实力等，认真分析业主、潜在竞争对手、风险问题等客观影响因素，决定是否参与投标。

投标人获取招标信息渠道是否通畅，往往决定该投标人是否在投标竞争中占得先机，这就需要投标人日常建立广泛的信息网络。投标人获取招标信息的主要途径有：①通过招标公告来发现投标目标；②通过政府部门或行业协会获取信息；③通过设计单位、咨询机构、监理单位等获取信息；④搞好公共关系，深入有关部门收集信息；⑤取得老客户的信任，从而承接后续工程或接受邀请，获取信息；⑥和业务相关单位经常联系，以获取信息或能够联合承包项目；⑦通过社会知名人士介绍获取信息等。

1. 参加资格预审

资格审查方式可分为资格预审和资格后审。如招标人发布资格预审公告，则投标人需要按照《水利水电工程标准施工招标资格预审文件》中规定的资格预审申请文件格式认真准备申请文件，参加资格预审。

2. 购买招标文件和有关资料，缴纳投标保证金

投标人经资格审查合格后，便可向招标人申购招标文件和有关资料，同时要按照招标文件规定的时间缴纳投标保证金。

投标保证金是为防止投标人对其投标活动不负责任而设定的一种担保形式。一般来说，投标保证金可以采用现金，也可以采用支票、银行汇票，还可以是银行出具的银行保函等形式。

3. 组织投标班子

实践证明，建立一个强有力的、内行的投标班子是投标获得成功的根本保证。施工企业必须精心挑选精明能干、富有经验的人员组成投标工作机构。

投标班子一般应包括下列三类人员：

(1) 经营管理类人员

这类人员一般是从事工程承包经营管理的行家里手,熟悉工程投标活动的筹划和安排,具有相当的决策水平。

(2) 专业技术类人员

这类人员是从事各类专业工程技术的人员,如建造师、造价工程师等。

(3) 商务金融类人员

这类人员是从事有关金融、贸易、财税、保险、会计、采购、合同、索赔等项工作的人员。

4. 研究招标文件

购买招标文件后,应认真研究文件中所列工程条件、范围、项目、工程量、工期和质量要求、施工特点、合同主要条款等,弄清承包责任和报价范围,避免遗漏,发现含义模糊的问题,应做书面记录,以备向招标人提出询问。同时列出材料和设备的清单,调查其供应来源状况、价格和运输问题,以便在报价时综合考虑。

5. 参加踏勘现场和投标预备会

投标人在去现场踏勘之前,应先仔细研究招标文件有关概念的含义和各项要求,特别是招标文件中的工作范围、专用条款以及设计图纸和说明等,然后有针对性地拟定出踏勘提纲,确定重点需要澄清和解答的问题,做到心中有数。投标人参加现场踏勘的费用由投标人自己承担。招标人一般在招标文件发出后,就着手考虑安排投标人进行现场踏勘等准备工作,并在现场踏勘中对投标人给予必要的协助。

投标人进行现场踏勘的内容主要包括以下几个方面:①工程的范围、性质以及与其他工程之间的关系;②投标人参与投标的工程与其他承包商或分包商之间的关系;③现场地貌、地质、水文、气候、交通、电力、水源等情况,有无障碍物等;④进出现场的方式,现场附近有无食宿条件,料场开采条件,其他加工条件,设备维修条件等;⑤现场附近治安情况。

投标预备会,又称答疑会、标前会议,一般在现场踏勘之后的 1 至 2

天内举行，也可能根据情况不举行。研究招标文件和勘查现场过程中发现的问题，应向招标人提出，并力求得到解答，而且自己尚未注意到的问题，可能会被其他投标人提出；设计单位、招标人等也将会就工程要求和条件、设计意图等问题作出交底说明。因此，参加投标预备会对于进一步吃透招标文件，了解招标人意图、工程概况和竞争对手情况等均有重要作用，投标人不应忽视。

6. 编制和递交投标文件

经过现场踏勘和投标预备会后，投标人可以着手编制投标文件。投标人编制和递交投标文件的具体步骤与要求主要是：

（1）结合现场踏勘和投标预备会的结果，进一步分析招标文件

招标文件是编制投标文件的主要依据，因此必须结合已获取的有关信息认真细致地加以分析研究，特别是要重点研究其中的投标人须知、专用条款、设计图纸、工程范围以及工程量清单等，要弄清楚到底有没有特殊要求或有哪些特殊要求。

（2）校核招标文件中的工程量清单

投标人是否校核招标文件中的工程量清单或校核的是否准确，直接影响到投标报价和中标机会。因此，投标人应认真对待。通过认真校核工程量，投标人大体确定了工程总报价之后，估计某些项目工程量可能增加或减少的程度，就可以相应地提高或降低单价。如发现工程量有重大出入的，特别是漏项的，可以在投标截止规定时间前以书面形式提出澄清申请，要求招标人对招标文件予以澄清。

（3）根据工程类型编制施工规划或施工组织设计

投标文件中施工规划或施工组织设计是一项重要内容，它是招标人对投标人能否按时、按质、按价完成工程项目的主要判断依据。由于水利工程招标一般分标，这里通常认为应该是单位工程施工组织设计。一般包括施工程序、方案，施工方法，施工进度计划，施工机械、材料、设备的选定和临时生产、生活设施的安排，劳动力计划，以及施工现场平面和空间

的布置。施工规划或施工组织设计的编制依据，主要是设计图纸、技术规范，工程量清单，招标文件要求的开工、竣工日期，以及对市场材料、机械设备、劳动力价格的调查。编制施工规划或施工组织设计，要在保证工期和工程质量的前提下，尽可能使成本最低、利润最大。具体要求是，根据工程类型编制出最合理的施工程序，选择和确定技术上先进、经济上合理的施工方法，选择最有效的施工设备、施工设施和劳动组织，周密、均衡地安排人力、物力和生产，正确编制施工进度计划，合理布置施工现场的平面和空间。

（4）根据工程价格构成进行工程估价，确定利润方针，计算和确定报价

投标报价是投标的一个核心环节，投标人要根据工程价格构成对工程进行合理估价，确定切实可行的利润方针，正确计算和确定投标报价。投标人不得以低于成本的报价竞标。

（5）形成、制作投标文件

投标文件应完全按照招标文件的各项要求编制。投标文件应当对招标文件提出的实质性要求和条件做出响应，一般不能带任何附加条件，否则将导致投标无效。

投标文件一般应包括以下内容：①投标函及投标函附录；②法定代表人身份证明或附有法定代表人身份证明的授权委托书；③投标保证金；④已标价工程量清单与报价表；⑤施工组织设计；⑥项目管理机构；⑦资格审查资料；⑧投标人须知前附表规定的其他材料。

（6）递送投标文件

递送投标文件，也称递标，是指投标人在招标文件要求提交投标文件的截止时间前，将所有准备好的投标文件密封送达投标地点。招标人收到投标文件后，应当签收保存，不得开启。投标人在投标截止时间之前，可以对所递交的投标文件进行补充、修改或撤回，并书面通知招标人，但所递交的补充、修改或撤回通知必须按招标文件的规定编制、密封和标志。补充、修改的内容为投标文件的组成部分。

7. 出席开标会议，填写投标文件澄清函

投标人在编制、递交了投标文件后，要积极准备出席开标会议。参加开标会议对投标人来说，既是权利也是义务。投标人参加开标会议，要注意其投标文件是否被正确启封、宣读，对于被错误地认定为无效的投标文件或唱标出现的错误，应当现场提出异议。

在评标期间，评标委员会要求澄清投标文件中不清楚问题的，投标人应积极予以说明、解释、澄清。澄清投标文件一般由评标委员会向投标人发出投标文件澄清通知，由投标人书面作出说明或澄清的方式进行。说明、澄清和确认的问题，作为投标文件的组成部分。在澄清过程中，投标人不得更改报价、工期等实质性内容，开标后和定标前提出的任何修改声明或附加优惠条件，一律不得作为评标的依据。但评标委员会按照评审办法，对确定为实质上响应招标文件要求的投标文件进行校核时发现的计算上或累计上的错误，应进行修改并取得投标人的认可。

8. 接受中标通知书，签订合同，提供履约担保

投标人被确定为中标人后，应接受招标人发出的中标通知书。未中标的投标人有权要求招标人退还其投标保证金。自中标通知书发出之日起30日内，招标人和中标人应当按照招标文件和中标人的投标文件订立书面合同，中标人提交履约保函。招标人和中标人不得另行订立背离招标文件实质性内容的其他协议。当确定的中标人拒绝签订合同时，招标人可与确定的候补中标人签订合同，并按项目管理权限向水行政主管部门备案。

二、标前施工组织设计

施工组织设计是优化工程设计、编制工程总概算、编制投标文件、编制施工成本及国家控制工程投资的重要依据，是组织工程建设、选择施工队伍、进行施工管理的指导性文件。

施工组织设计是一个总的概念，根据工程项目的编制阶段、编制对象

或范围的不同，在编制的深度和广度上也有所不同。按工程项目编制阶段分类有设计阶段施工组织设计、施工招标投标阶段施工组织设计和施工阶段施工组织设计；按工程项目编制的对象分类有施工组织总设计、单位工程施工组织设计、分部（分项）工程施工组织设计。

在水利工程建设项目招标投标阶段，一般要分标招标，这里重点介绍对招标投标工作具有指导性的标前单位工程施工组织设计。它的编制依据主要是招标文件（含图纸）、现场踏勘收集到的资料以及施工与验收规定、施工手册等，同时包括企业相关的经验资料、企业定额等。

《水利水电工程标准施工招标文件》中要求，投标人编制施工组织设计时应采用文字并结合图表形式说明工程的施工组织、施工方法、技术组织措施，同时应对关键工序、复杂环节重点提出相应技术措施，如冬雨季施工技术、减少噪声、降低环境污染、地下管线及其他地上地下设施的保护加固措施等。施工组织设计还应结合工程特点提出切实可行的工程质量、工程进度、安全生产、防汛度汛、文明施工、水土保持、环境保护管理方案。

下面就其中几个重要内容加以介绍。

（一）工程概况与施工条件分析

1. 工程概况

单位工程施工组织设计是根据招标文件提供的工程概况进行编制和分析的。一般情况下，招标文件提供的工程概况都不详细，还需通过相关的建设单位进行深入细致的调查，包括自然情况、社会经济情况以及工程情况等。

单位工程施工组织设计应对工程的基本情况做详细的说明，具体内容包括：①工程概况。主要说明工程的规模、位置、内容、功能等。②地质条件。包括水文地质、工程地质等。③水文条件和气象条件。④对外交通条件。⑤工程项目和工作内容。

2. 施工条件分析

（1）施工现场条件

单位工程施工组织设计应根据工程规模、现场条件确定。在标前施工组织设计中应简要介绍和分析施工现场的施工导流与水流控制，包括围堰的情况（标准、度汛等）、建筑物的基坑排水情况等，施工现场的"四通一平"情况，拟建工程的位置、地形地貌、拆迁、移民、障碍物清除及地下水位等情况，周边建筑物以及施工现场周边的人文环境等。

（2）水文和气象资料分析

对施工项目所在地的水文和气象资料做全面的收集与分析。如河道的水文特性、洪水过程、洪峰流量等，当地最低、最高气温及时间，冬、雨季施工的起止时间和主导风向等，特别是土方施工的项目应对雨天的频率进行分析计算，以满足施工要求。

（3）其他资料的调查分析

调查工程所在地的原材料、劳动力、机械设备的供应及价格情况，水、电、风等动力的供应情况，交通运输条件，施工临时设施可利用当地条件的情况，以及当地其他资源条件。以上这些资源情况直接影响到项目的施工管理、施工方案以及完成施工任务的进度等。

（二）施工方案的选择

施工方案的选择是编制单位工程施工组织设计的重点，是整个单位工程施工组织设计的核心。它直接影响工程的质量、工期、经济效益，以及劳动安全、文明施工、环境保护等。好的施工方案可以达到保证质量、节省资源、保证进度的目的。它关系到降低投资风险、提高投资效益、工程建设成败。因此，施工方案的选择是非常关键的工作。

施工方案的选择主要包括施工工序或流向、施工组织、施工机械和主要分部（分项）工程施工方法的选择等内容。

1. 施工流向的确定

施工流向是指单位工程在横向上或竖向上施工开始的部位和进展的方向。对单位工程施工流向的确定一般遵循"四先四后"的原则，即先准备后施工，先地下后地上，先土建后安装，先主体后附属的次序。同时，针对具体的单位工程，在确定施工流向时应考虑以下因素：生产使用的先后，施工区段的划分，材料、构件、土方的运输方向不发生矛盾，适应主导工程。

确定施工顺序具体应注意以下几点：①主导工程（工程量大、技术复杂、占用时间长的施工过程）的施工顺序是确定施工流向的关键因素。影响主导工程进度的应先施工。②对生产或使用有要求的部位应先施工。③技术复杂、工期长的区段或部位应先施工。④基础深浅不一的应先深后浅。⑤土方开挖运输时，施工起点一般由远而近进行，土方填筑应分层填筑、分层压实。

2. 施工组织的选择

（1）考虑的因素

施工顺序是指各项工程之间或施工过程之间的先后次序。施工顺序应根据实际的工程施工条件和采用的施工方法确定。没有一种固定不变的顺序，但这并不是说施工顺序

是可以随意改变的。水利水电工程施工顺序有其一般性，也有其特殊性，因此确定施工顺序应考虑以下几个方面的因素：

①遵循施工顺序

施工顺序应在不违背施工程序的前提下确定。

②符合施工工艺

施工顺序应与施工工艺顺序相一致。

③施工方法和施工机械的要求相一致

不同的施工方法和施工机械会使施工过程的先后顺序有所不同。如修筑堤防工程，可采用推土机推土上堤、铲运机运土上堤、挖掘机装土自卸汽车运土上堤，三种不同的施工机械有着不同的施工方法和不同的施工顺序。

④考虑工期和施工组织的要求

施工工期要求尽快完成施工项目时，应多考虑平行施工、流水施工。

⑤考虑施工质量和安全的要求

如基础回填土，必须在钢筋混凝土达到必需的强度后才能开始。

⑥不同地区的气候特点不同

安排施工过程应考虑不同地区的气候特点对工程的影响。如土方工程

施工应避开雨季、冬季，以免基础被雨水浸泡或遇到地表水而加大基坑开挖的难度，防止冻害对土料压实造成困难。

3. 施工方法确定

（1）施工方法确定原则

①具有针对性

在确定某个分部（分项）工程的施工方法时，应结合本分项工程的实际情况来制定，不能泛泛而谈。如模板工程应结合本分项工程的特点来确定其模板的组合、支撑及加固方案，画出相应的模板安装图，不能仅仅按施工规范谈安装要求。

②体现先进性、经济性和适用性

选择某个具体的施工方法（工艺）首先应考虑其先进性，保证施工质量。同时，还应考虑到在保证质量的前提下，该方法是否经济适用，并对不同的方法进行经济评价。

③保障性措施应落实

在拟定施工方法时不仅要拟定操作过程和方法，而且要提出质量要求，并要拟定相应的质量保障措施和施工安全措施及其他可能出现情况的预防措施。

（2）施工方法选择

在选择主要的分部（分项）工程施工时，应包括：

①土石方工程

a. 计算土石方工程量，确定开挖或爆破方法，选择相应的施工机械。当采用人工开挖时，应按工期要求确定劳动力数量，并确定如何分区分段施工；当采用机械开挖时，应选择机械挖土的方式，确定挖掘机型号、数量和行走线路，以充分利用机械能力，达到最高的挖土效率。

b. 当地形复杂的地区进行场地平整时，确定土石方调配方案。

c. 当基坑深度低于地下水位时，应选择降低地下水位的方法，确定降低地下水位所需设备。

d. 当基坑较深时，应根据土的类别确定边坡坡度、土壁支护方法，确保安全施工。

②混凝土及钢筋混凝土工程

a. 确定混凝土工程施工方案，如滑模法、爬高法或其他方法等。

b. 确定模板类型的支模方法。重点应考虑提高模板周转利用次数，节约人力和降低成本。对于复杂工程还需进行模板设计和绘制模板放样图或排版图。

c. 钢筋工程应选择恰当的加工、绑扎和焊接方法。当钢筋制作现场预应力张拉时，应详细制定预应力钢筋的加工、运输、安装和检测方法。

d. 选择混凝土的制备方案，如确定是采用商品混凝土，还是现场制备混凝土。确定搅拌、运输及浇筑顺序和方法，选择泵送混凝土还是普通垂直运输混凝土机械。

e. 选择混凝土搅拌、振捣设备的类型和规格，确定施工缝的留设位置。

f. 若采用预应力混凝土，应确定预应力混凝土的施工方法、控制应力和张拉设备。

（3）施工机械选择

①施工机械选择注意事项

在水利工程施工中，采用的机械种类杂、型号多，有土方机械、运输机械、吊装起重机械等。在选择施工机械时，应根据工程的规模、工期要求、现场条件等择优选定。选择施工机械时，应注意以下几点：首先，选择主导工程的施工机械。如地下工程的土方机械，主体结构工程和垂直、水平运输机械，结构吊装工程的起重机械等。其次，在选择辅助施工机械时，必须充分发挥主导施工机械的生产效率，要使两者的台班生产能力协调一致，并确定出辅助施工机械的类型、型号和台数。如土方工程中自卸汽车的载重量应为挖掘机斗容量的整数倍，汽车的数量应保证挖掘机连续工作，使挖掘机的效率充分发挥。再次，为便于施工机械化管理，同一施工现场的机械类型应尽可能少。当工程量大且集中时，应选用专业化施工机械；当工程量小而分散时，可选择多用途施工机械。最后，尽量选用施工单位的现有机械，以减少施工的投资额，提高现有机械的利用率，降低成本。当现有施工机械不能满足工程需要时，则购置或租赁所需新型机械。

②施工机械选择步骤

水利工程机械施工包括的内容很多，这里以土石方工程的挖填为例进行说明。

a.分析施工过程

水利工程机械化施工过程包括施工准备工作、基本工作和辅助工作。

施工准备工作：包括料场覆盖层清除、基坑开挖、岩基清理、修筑道路等。

基本工作：包括土石料挖掘、装载、运输、卸料、平整和压实等工序。

辅助工作：是配合基本工作进行的，包括翻松硬土、洒水、翻晒、废料清除和道路维修等。

b.施工机械选择

施工机械选择应该是根据施工方案进行的。在拟定施工方案时，首先研究基本工作所需要的主要机械，按照施工条件和工作参数选定主要机械；然后依据主要机械的生产能力和性能参数选用与其配套的机械。准备工作和辅助工作的机械，则根据施工条件和进度要求另行选用，或者采用基本工作所选用的机械。

c.施工机械需要量

施工机械需要量可根据进度计划安排的日施工强度、机械生产率、机械利用率等参数计算求得。

还要注意在水利工程的机械施工中，需要不同功能的设备相互配合，才能完成其施工任务。例如，挖掘机装土自卸汽车运土上坝，拖拉机压实工作就是挖掘机、自卸汽车、拖拉机等三种机械配合才能完成的施工任务。

(三) 单位工程施工进度计划

1. 施工进度计划的作用与编制依据

（1）施工进度计划的作用与形式

单位工程施工进度计划的编制方式基本与总进度计划相同，在满足总进度计划的前提下应将项目分得更细、更具体一些。

单位工程施工进度计划是施工方案在时间上的具体反映，是指导单位工程施工的依据。它的主要任务是以施工方案为依据，安排工程中各施工过程的施工顺序和施工时间，使单位工程在规定的时间内，有条不紊地完成施工任务。

施工进度计划的主要作用是为编制企业季度、月度生产计划提供依据，为平衡劳动力、调配和供应各种施工机械和各种物资资源提供依据，同时也为确定施工现场的临时设施数量和动力设备提供依据。施工进度计划必须满足施工规定的工期，在空间上必须满足工作面的实际要求，与施工方法相互协调。因此，编制施工进度计划应该细致地、周密地考虑这些因素。

单位工程施工进度计划的表达形式一般分为横道计划、网络计划和时标网络计划。

（2）施工进度计划编制依据

这里所指的单位工程施工组织设计主要指投标时的施工组织设计。为此，招标文件是主要的编制依据，同时必须满足以下要求：①施工总工期及开工、竣工日期。②经过审批的总平面图、地形图、单位工程施工图、设备及基础图、使用的标准图及技术资料。③施工组织总设计对本单位工程的有关规定。④施工条件、劳动力、材料、构件及机械供应条件，分包单位情况等。⑤主要分部（分项）工程的施工方案。⑥劳动定额、机械台班定额及本企业施工水平。⑦工程承包合同及业主的合理要求。⑧其他有关资料，如当地的气象资料等。

2. 编制程序与步骤

（1）划分施工过程

编制单位工程施工进度计划，首先按照招标文件的工程量清单、施工图纸和施工顺序列出拟建单位工程的各个施工过程，并结合施工方法、施工条件、劳动组织等因素加以适当调整，使其成为编制单位工程进度计划所需的施工程序。

在确定施工过程时，应注意以下几点问题：施工过程划分的粗细程度，主要根据招标文件的要求，按照工程量清单的项目划分，基本可以达到控制施工进度，特别是开工、竣工时间，必须满足招标文件的时间要求。施工过程的划分要结合所选择的施工方案。不同的施工方案，其施工顺序有所不同，项目的划分也不同。注意适当简化单位工程进度计划内容，避免工程项目划分过细、重点不突出。根据工程量清单中的项目，有些小的项目可以合并，划分施工过程要粗细得当。

（2）校核工程量清单中的工程量

招标文件提供的工程量清单是招标文件的一部分，投标者没有权利更改，但作为投标者，应该进行工程量清单的校核。通过对工程量清单的校核，可以更多地了解工程情况，对投标工作有利，同时也为中标后的工程施工、工程索赔奠定基础。

（3）确定劳动量工时数和机械台班数

劳动量工时数和机械台班数应当根据工程量、施工方法和现行的施工定额，并结合当时当地的具体情况确定。

（4）确定各施工过程的施工天数

根据工程量清单中的各项工程量以及施工顺序，确定其施工天数，这一过程非常重要，因为各分部（分项）工程的施工天数，组成了整个工程的施工天数。在投标阶段，一般采用倒排进度的方法进行。这是因为工程的开工、竣工时间都由招标文件规定，不能更改，施工期又不能任意增加或减少。根据招标文件要求的开工、竣工时间和施工经验，确定各分部（分项）

工程施工时间，然后再按分部（分项）工程所需的劳动量工时数或机械台班数，确定每一分部（分项）工程每个班组所需的工人数或机械台数。

（5）施工进度计划的调整

为了使初始方案满足规定的目标，一般进行以下检查调整：各施工过程的施工顺序、平行搭接和技术间歇是否合理。初始方案的总工期是否满足连续、均衡施工。主要工种工人是否满足连续、均衡施工。主要机械、设备、材料等的利用是否均衡，施工机械是否充分利用。

经过检查，对不符合要求的部分可采用增加或缩短某些分项工程的施工时间。在施工顺序允许的情况下，将某些分项工程的施工时间向前向后移动。必要时，改变施工方法或施工组织等进行调整。

应当指出，上述编制施工进度计划的步骤不是孤立的，而是相互依赖、相互联系的，有时可以同时进行。由于水利工程施工是一个复杂的生产过程，受周围客观因素的影响很大，在施工过程中，由于劳动力、机械、材料等物资的供应及自然条件等因素的影响经常不符合原计划的要求，因而在工程进展中，应随时掌握施工动态，经常检查，不断调整计划。

3.编制施工进度表

施工进度表是施工进度的最终成果。它是在控制性进度表（施工总进度表或标书要求的工期）的基础上进行编制的，其起始与终止时间必须符合施工总进度计划或标书要求工期的规定。其他中间的分项工程可以适当调整。

（四）单位工程施工平面图布置

单位工程施工平面图布置是施工总布置的一部分，其主要作用是根据已确定的施工方案布置施工现场，满足投标要求，完成投标任务。如果中标，还需进一步详细布置。

单位工程施工平面图是对拟建工程施工现场所作的平面设计和空间布置图。它是根据拟建工程的规模、施工方案、施工进度计划及施工现场的条件等，按照一定的设计原则，正确地解决施工期间所需的各种临时工程与永久性工程和拟建工程之间的合理位置关系。

1. 单位工程施工平面图的设计内容

①已建和拟建的地上、地下的一切建筑物的位置和框图。②各种加工厂，材料、构件、加工半成品、机具、仓库和堆场。③生产区、生活福利区的平面位置布置。④场外交通引入位置和场内道路的布置。⑤临时给排水管道、临时用电（电力、通信）线路等布置。⑥临时围堰、临时道路等临时设施。⑦图例、比例尺、指北针及必要的说明等。

2. 单位工程施工平面图的设计依据

单位工程施工平面图设计前，首先应认真研究投标确定的方案和进度计划，在勘察现场取得施工环境第一手资料的基础上，认真研究自然条件资料、技术经济材料和社会调查资料，方能使设计与施工现场实际情况相符。单位工程施工平面图设计所依据的主要有以下资料。

（1）原始资料

①自然条件资料

包括天气、地形地貌、水文地质、工程地质资料，周围环境和障碍物，主要用于布置排除地表水期间所需设备的地点。

②技术经济调查资料

包括交通运输、水源、电源、气源、物资资源等情况，主要用于布置水电管线和道路。

③社会调查资料

包括社会劳动力和生活设施，参与施工各单位的情况，建设单位可为施工提供的房屋和其他生活设施。它可以确定可利用的房屋和设施情况，对布置临时设施有重要作用。

（2）有关的设计资料、图纸等

总平面，包括图上一切地下、地上原有和拟建的建筑物及构筑物的位置和尺寸。它是正确确定临时房屋和其他设施位置所需的资料。施工总布置图（施工组织总设计）。一切原有和拟建的地下、地上管道位置资料。建筑区域的土方平衡图。它是安排土方的挖填、取土或弃土的依据。单位工程施工组织设计平面图应符合施工总平面图的要求。单位工程的施工方案、进度计划、资源需求量计划等施工资料。

3. 单位工程施工平面图的设计原则

单位工程施工平面图的设计原则与施工总布置图的设计原则基本相同，主要有以下几点：

（1）现场布置尽量紧凑，节约用地，不占或少占农田

在保证施工顺利进行的前提下，布置紧凑，节约用地，有利于管理，减少施工道路和管线，以降低成本。

（2）缩短运输距离，减少二次搬运

在合理地组织运输、保证现场运输道路通畅的前提下，最大限度地减少场内运输，特别是场内二次搬运，各种材料的进场时间，应按计划分批分期进行，充分利用场地。各种材料的堆放位置，应根据使用时间的要求尽量靠近使用地点，运距最短，既节约劳动力，又减少材料多次转运中的消耗，可降低成本。

（3）控制临时设施规模，降低临时设施费用

在满足施工的条件下尽可能利用施工现场附近的原有建筑物作为临时设施，多用装配式的临时设施，精心计算和设计，从而节省资金。

（4）临时设施的布置，以便利施工管理及生产和生活

生产工人居住区至施工区的距离最近，往返时间最少，办公用房应靠近施工现场，福利设施应在生活区范围之内。

（5）遵循水利建设法律法规对施工现场管理提出的要求

利于生产、生活、安全、消防、环保、卫生防疫、劳动保护等工作。

4. 单位工程施工平面布置图的编制

单位工程施工平面布置图是投标的重要技术文件之一，是该段施工组织设计的重要组成部分。因此，要精心设计，认真绘制。

（1）单位工程施工平面布置图的绘制要求

绘图的步骤、内容、图例、要求和方法基本与施工总平面图相同，应

做到标明主要位置尺寸，要按图例或编号注明布置的内容、名称，线条粗细分明，字迹工整清晰，图面美观。绘图比例常用1∶500—1∶2000，视工程规模大小而定。将拟建工程置于平面图的中心位置，各项设施围绕拟建工程设置。

（2）单位工程施工平面布置图的绘制

单位工程施工平面布置图的绘制可采用手工绘制或计算机 CAD 应用软件绘制。

三、投标报价

投标报价编制可以参考招标人编制标底的办法，二者既有联系又有区别。相同的是都必须充分考虑工程技术复杂程度、施工工艺方法、工程量大小、施工条件优劣、市场竞争激烈程度等情况。但投标报价是以投标人自身拥有的施工设备、技术优势和管理水平确定人工、材料、机械的消耗数量，以自己的采购优势确定材料预算价格，以自己的管理水平确定各项取费费率，即投标人报价是体现具体施工企业工效和管理水平的竞争价格；而招标标底是按社会平均先进工效和管理水平编制的价格。

（一）报价编制基本流程

报价编制流程为投标程序的一部分，具体流程如下。

1.勘察现场，参加标前会，了解当地材料价格信息

勘察现场常安排在购买招标文件之后，招标单位一般会在招标文件中载明勘察现场时间及集中出发地点，勘察现场一般由招标单位或招标代理机构主持，设计参与解说，邀请全体投标单位参加。因勘察现场、收集数据对报价编制很重要，报价人员最好能参与活动。在勘察现场中，如有疑问可直接询问业主或设计代表。

现场勘察完毕后，招标单位可能会组织返回召开标前会。主要解答投标单位在勘察现场中或在翻阅招标文件中发现的问题及不明事项，会后招

标单位将以书面形式将标前会解答的问题发给每个投标单位。

标前会完毕后，参与勘察现场的报价人员还有一个重要任务，就是了解当地材料价。材料价的来源有两种主要方式：一是从当地造价部门购买造价信息；二是直接询价。建议先购买造价信息，可以获得常规材料的价格，然后对一些随市场波动较大的材料再单独询价，如柴油、钢筋、水泥等。

2. 阅读、理解招标文件

在报价编制之前，首先要认真阅读、理解招标文件，包括商务条款、技术条款、图纸及补遗文件，并对招标文件中有疑问的地方以书面形式向招标单位去函要求澄清。

3. 确定报价编制原则

在对招标文件有了比较详细的了解后，就可开始进行报价的编制工作。首先要确定该工程项目的报价编制原则，即选用何种定额及取费费率等问题。如招标文件对定额及取费费率有要求，就按招标文件要求进行编制；一般情况下对定额的选取及取费费率不做明确要求，可根据企业经验及习惯来确定定额及取费费率的选取。有企业定额的投标人可以依据企业定额进行报价，以便增加报价竞争优势。

4. 基础价格的确定

在确定了报价的编制原则后，需要确定报价的基础价格。基础价格包括人工预算单价和风、水、电及材料预算单价。人工预算单价可由编制原则的具体规定及计算方法来确定，风、水、电预算价也可由编制原则规定的计算方法结合施工方案来计算而得。材料预算单价则需根据材料的来源确定原价（如果为业主供应材料，业主供应价作为原价），并计入运杂费、采购及保管费等费用。

5. 施工方案交底

当施工方案编制人员在基本方案已初步形成之后，应向报价编制人员进行技术交底，提供报价编制人员编制报价所需的施工工艺、施工手段及其他有关必需数据，以便报价编制人员根据该施工方案编制相应报价。

6. 报价的编制及调整

在上述工作全部完成之后，下一步就可对具体的单价进行编制，由于一般编标时间较短，加上单价的计算工作比较繁复，为提高效率及计算的准确度，现一般采用计算机程序进行报价的编制。只需将基础价格及材料价输入程序，选取相应的费率后，直接从程序中调用定额并自动计算，还可根据需要对报价进行调整。

7. 标书报价的形成

上述计算工作全部完成后，可对报价进行汇总，并完成招标文件要求的所有报价附录及表格，经检验校对无误后即可形成标书报价。

8. 投标前修改报价的编制

在递交标书的截止时间前，如投标单位认为有必要对投标报价进行调整，可以以修改报价书、降价函、调价函等方式来对总价进行调整，招标文件中明确注明不允许调价的除外。一般要求随调价函附上调价后的工程量清单（含单价分析表）。

（二）单价的编制及工程量清单汇总

建筑、安装工程单价，指完成建筑、安装工程单位工程量所耗用的直接工程费、间接费、企业利润和税金四部分的总和，是对应工程量清单的完全费用单价。工程单价是编制水利水电建筑安装工程投资及报价的基础，它直接影响工程总报价的准确程度。

1. 工程单价的编制步骤和方法

（1）编制步骤

了解工程概况，熟悉设计图纸，收集基础资料，弄清工程地质条件。根据工程特征和施工组织设计确定的施工条件、施工方法及设备情况，以及编制原则中已选定额版本正确选用定额子目。根据本工程的基础单价和有关费用标准，计算直接费、间接费、利润和税金，并加以汇总。

（2）编制方法

工程单价的编制通常采用列表法。投标人应按招标文件的要求，编制工程量清单中主要项目的单价分析表，每种单价一份，项目编号和名称应与工程量清单一致。

2. 工程量清单编制

当各分项工程单价计算完毕后，将计算而得的各分项工程单价填入工程量清单中相应各项目，得到工程量清单的分组报价。

3. 投标报价汇总

将分组报价汇总填入投标报价汇总表，从而得到投标总报价。

（三）总价承包项目分解表的编制

总价承包项目是指在投标报价中以总价包干形式结算的临时工程项目，通常称"临时工程""一般项目"或"措施项目"。这部分项目通常是业主不提供工程量，而由投标人自行编制方案、自行报价，业主在合同中总价包干结算的工程项目。因此，在编制总价承包项目的时候，相应的施工方案设计就非常重要，如果设计工程量偏小而实际工程量偏大，往往由于此部分项目是在开工建设初期进行，从而导致前期资金紧张，项目施工资金周转陷入不良循环；如果设计工程量过大，使这部分报价过高，从而导致施工总体报价偏高，不利于投标竞争。

一般来说，总价承包项目主要包括进退场，施工前期的临时建设，施工期间安全防护、环境保护等工程项目。此类项目均属于总价包干结算形式，业主在施工单位完成此类项目后分批结算或者在施工单位进场时一次或两次付清，无论施工单位实际施工发生的费用多少，均不再补偿。因此，对于投标单位来说，如何正确地列出总价承包项目中所包含的内容及相应内容的工程量是编制总价承包项目的重点。

（四）常规报价表格的编制

招标文件除要求投标人提供投标报价汇总表、工程量清单和单价分析表外，还需要编制一些投标辅助资料表格，主要有总价承包项目分解表，人工、材料、机械预算单价计算表，混凝土砂浆配合比计算表，计日工表，分组工程报价组成表，资金流估算表，主要材料和水、电需用量计划表等。

（五）投标报价策略

在目前激烈的水利水电工程市场竞争中，投标报价显得至关重要，其好坏直接关系到企业能否中标与能否盈利。为了做到两方面兼顾，投标报价专业人员应该掌握如下一些投标报价决策方法与技巧。

1. 报价决策

（1）高价盈利策略

这是在报价过程中以较大利润为投标目标的策略。这种策略的使用通常基于以下情况：①施工条件差；②专业要求高、技术密集型工程，而本公司在此方面有专有技术以及良好的声誉；③总价较低的小工程；④特殊工程，如港口海洋工程等，需要特别或专有设备；⑤业主要求苛刻且工期相当紧的工程；⑥竞争对手少；⑦支付条件不理想。

（2）微利保本策略

指在报价过程中降低甚至不考虑利润。这种策略的使用通常基于以下情况：①工作较为简单，工作量大，但一般公司都可以做，比如大体积的土石方工程；②本公司在此地区干了很多年，现在面临断档，有大量的设备在该地区待处置；③该项目本身前景看好，为本公司创造业绩；④该项目后续项目较多或公司保证能以上乘质量赢得信誉，续签其他项目；⑤竞争对手多；⑥有可能在中标后将工程的一部分以更低价格分包给某些专业承包商；⑦长时间未中标，希望拿下一个项目激励人气，维持日常费用，缓解公司压力。

（3）低价亏损策略

指对某项目的最终报价低于公司的成本价的一种报价策略。使用该投标策略时应注意：第一，报价低在评标时得分较高；第二，这种报价方法属于正当的商业竞争行为。这种报价策略通常只用于下列情况：①市场竞争激烈，承包商又急于打入该领域创造业绩；②后续项目多，对前期工程以低价中标，占领阵地，工程完成得好则能获得业主信任，希望后期工程继续承包，补偿前期低价损失；③有信心中标后通过变更索赔弥补损失甚至赢利。但此种报价方式有可能被评标委员会根据招标文件有关条款判为废标。

2. 注重投标报价中的细节

（1）认真研究招标文件，理解并"吃透"业主意图

①分清承包商的责任和报价范围，不要产生任何遗漏。②及时调查了解工程所在地工、料、机等的市场价格，以免因盲目估价而失误。③工程款支付条件，有无工程预付款、结算方式、拖延付款的责任和利息支付等。④弄清有无特殊材料、设备及施工方法要求，以便采取相应对策措施。⑤弄清工程量清单中各个工程项目组成的内在含义，防止漏项发生。⑥弄清总包与分包的规定，以便当自身施工能力不足时便于分包及协作。⑦弄清施工期限内的涨价补偿规定，以便报价决策时充分考虑利益风险等因素。⑧对含糊不清的问题，均应及时提请招标单位予以澄清。

（2）仔细考察现场

业主通常会在投标单位购买招标文件后组织所有投标单位人员踏勘现场，并召开标前会，现场解答投标单位疑问。仅仅通过一次现场调查很难完全达到这一目的，因此在工程现场考察之前应该做好充分的准备，进行一系列的调查，具体包括政治情况、经济情况、法律情况、生产要素市场情况、交通运输和通信情况、自然条件、施工条件及其他情况调查等。

（3）调查竞争对手

知己知彼才能百战不殆，在对自身情况和工程环境有了清楚的认识之后就要尽力弄清竞争对手的情况，全面地掌握其优势和缺点，明确本次投标的主要竞争对手，有针对性地制订投标方案，选择投标报价技巧，充分发挥自身优势，限制竞争对手，增加中标的把握性。

（4）对报价进行周密计算

在对招标文件熟读之后，应根据本工程特点选取合适的定额及报价编制原则，根据本公司为该工程编制的施工方案，编制出一个完善的满取费报价，一般把此报价作为投标报价决策的上限。

（5）对成本价进行准确预测

根据本公司目前施工水平及结合当前市场情况，对工程的施工成本予

以准确预测。成本总价是项目报价决策的一个重要依据，影响整个项目的投标决策，在测算时一定要准确、全面、务实。如果成本价测算时漏项或部分项目成本考虑得不够，导致成本总价偏低，公司在报价决策时有可能产生以亏损价中标的风险；如果成本价测算时一味保守，最终测算的成本总价高于实际成本，公司在项目决策时就有可能失去中标机会。

3. 报价技巧

（1）不平衡报价

不平衡报价法，是相对通常的平衡报价（正常报价）而言的，指在总价基本确定以后，通过调整内部清单项目的报价，以期既不提高总价影响中标，又能在结算时得到理想的经济效益。可以提高单价的项目包括：前期结算支付的项目、预计今后工程量会增加的项目、暂定项目中估计要做的项目等。但要注意：有些项目评标办法规定对主要单价进行评分，要评分的单价不能采取不平衡报价，以免弄巧成拙。

（2）计日工单价法

计日工单价报价时可稍高，因为计日工不属于承包总价的范围，发生时可根据现场签证的实际工日、材料或机械台班实报实销。但如果招标文件中已经给定了计日工的"名义工程量"，并计入总价，则需要具体分析是否提高总报价。

（3）突然袭击法

由于投标竞争激烈，为迷惑对方，可在整个报价过程中，仍然按照一般情况进行，甚至有意泄露一些虚假情况，如宣扬自己对该工程兴趣不大，不打算参加投标，或准备投标的价格，表现出无利可图等假象，到投标截止前几小时，突然前往投标，并改变投标价，从而使对手措手不及。

（4）联营法

联营法比较常用，即两三家公司，其主营业务类似或相近，单独投标会出现经验、业绩不足或互相竞争压低报价，经两家或更多家商议后，组成联营体共同投标，可以做到优势互补、规避劣势、利益共享、风险共担，又可避免互相竞争压低报价。

4. 注重投标报价人员的素质

公司的决策主要依据报价人员提供的基础数据及有关建议，故在目前激烈的竞争中，每一个水利水电施工单位均应拥有一支优秀的投标报价队伍，建议报价人员在工作实际中注意以下几个方面。

（1）认真学习研究，深刻理解招标文件所列各项条款

招标文件许多条款规定对报价起着极其重要的作用，报价时必须理解各条款的含义，以便在投标中严格按照招标文件要求，避免投标文件因未按照招标文件要求而废标，或因未深刻理解招标文件某些条款，中标后给投标方造成经济损失等。如有些一次性包死的工程项目，招标文件中就规定："投标人要认真研究招标文件，应在报价中充分考虑到正常施工情况下可能发生的所有费用（如设计变更、现场签证、固定总价时的工程量清单与实际发生的工程量有偏差以及政策性调价等）。对投标人没有填入的项目，招标人认为投标人的报价已经包括，在实施时招标人将不予另行支付。"对于这些内容，报价时就要逐项研究分析，并根据工程实际情况将可能发生的设计变更及现场签证费用计入报价中。如不认真研究条款，就有可能将应增加的费用未增加，一旦中标后发生上述情况，因为投标文件中标后将是合同的组成部分，将无法向业主追回相关费用，给企业带来不必要的经济损失。另外，招标文件所列的条款，中标后也将成为合同组成部分，同样具有法律效力。因此，准确理解招标文件中的每一条款，对于确定合理的有竞争力的报价是非常重要的。

（2）了解施工方案，做到报价与方案的和谐统一

投标环境就是招标工程施工的自然、经济和社会条件。这些条件是工程制约因素，必然会影响工程成本，投标报价及编制施工方案时必须了解清楚。施工方案是投标报价的一个前提条件，投标单位制订施工方案时必须采用有效的、先进的施工技术提高工效，同时还要针对招标项目施工的重点提出特殊施工方案，做到在技术上、工期上对招标单位有吸引力，同

时有助于降低施工成本。还要注意施工方案（技术标）和商务标是相互统一的，二者相关内容要表述一致。参与编制施工方案（技术标）的技术人员、商务报价人员要相互兼顾，技术人员在编制施工方案时要有经济意识，商务报价人员编制报价时要熟悉施工过程，以便将费用考虑周全，做到准确报价。所以，只有将商务标与施工方案（技术标）有机结合起来，才能增强投标报价的竞争力。

（3）提高投标报价基础计算的准确性

投标计算是投标单位对承建招标工程所要发生的各种费用的计算。投标报价基础性计算的准确与否直接关系到能否制定出正确的投标报价策略，能否作出合理恰当的投标报价决策。所以，计算标价之前，应充分熟悉招标文件和施工图纸，了解设计意图、工程全貌，同时还要了解掌握工程现场情况，对整个计算过程要反复进行审核，保证据以报价的基础和工程总造价的正确无误。

（4）建立公司成本资料库

从购买招标文件到投标，一般时间都较紧，报价人员既要准确计算报价，形成完善的投标文件，还要快速准确测算该项目的成本，强度很大，在时间上满足不了要求。因此，有必要建立公司成本资料库，需要时可从库中直接调用或参考、类比。

①常规项目单价或工序的成本价格。如土方挖运 1 km 多少费用，增运 1 km 多少费用。②目前的市场价格，包括项目或工序的分包价格。③已完工程结算资料，即根据已建成项目的经验，掌握公司在某些项目上的实际施工成本。成本库建立后，因市场是不断变化的，报价人员要定期或不定期对成本库进行增补和更新。④提高投标报价人员的自身素质。

报价人员应向综合型、复合型方向发展，这也是社会发展的需要。由于报价与技术方案是密切相关的，所以报价人员应懂施工技术，技术人员应懂经营，这样才能不断增强本单位参与投标报价的竞争实力。

四、水利水电工程施工投标文件编制

(一) 水利水电工程施工投标文件编制的基本内容

1. 投标文件的组成

投标文件是指承包人为完成合同规定的各项工作，在投标时按招标文件的要求向发包人提交的投标报价书、已标价的工程量清单、施工组织设计以及其他文件。投标文件主要包括下列内容：①投标函及投标函附录。投标函主要内容是投标报价、质量、工期目标、投标保证金数额等。投标函附录主要内容是投标人对开工工期、违约金以及招标文件规定其他要求的具体承诺。②法定代表人身份证明或附有法定代表人身份证明的授权委托书。③投标保证金。投标保证金的形式有现金、支票、汇票和银行保函等，但具体采用何种形式应根据招标文件规定。另外，投标保证金被视作投标文件的组成部分，未及时交纳投标保证金，该投标文件将被判为废标。④已标价工程量清单与报价表。本部分内容应严格按照招标文件的规定，填写所有表格。尤其注意不允许修改工程量清单中的所有内容。⑤施工组织设计。内容一般包括：施工部署，施工方案，总进度计划，资源计划，施工总平面图，季节性施工措施，质量、进度保证措施，安全施工、文明施工、环境保护措施等。⑥项目管理机构。⑦资格审查资料。⑧其他材料。

上述①至④项内容组成商务标，⑤项为技术标的主要内容，⑥—⑧项内容组成资信标或并入商务标。具体内容根据招标文件规定。

2. 投标文件编制的主要依据

①招标文件、设计图纸；②施工组织总设计；③施工规范；④国家、部门、地方或企业定额；⑤国家、部门或地方颁发的各种费用标准；⑥工程材料、设备的价格及运费；⑦劳务工资标准；⑧当地生活物资价格水平等。

(二) 水利水电工程施工投标文件编制步骤

在投标文件编制之前，必须明确对招标文件提出的实质性要求和条件作出响应（包括技术要求、投标报价要求、评价标准等）。

编制投标文件的一般步骤是：

1. 编制投标文件的准备工作

包括熟悉招标文件、图纸、资料，对图纸、资料有不清楚、不理解的地方，可以用书面形式向招标人询问、澄清；参加招标人组织的施工现场踏勘和答疑会；调查当地材料供应和价格情况，如所采用的规范、特殊施工和施工材料的技术要求等；了解交通运输条件和有关事项。

2. 实质性响应条款的编制

包括对合同主要条款的响应，对提供资质证明的响应，对采用的技术规范的响应等。如工期、拖期罚款、保函要求、保险、付款条件、货币、提前竣工奖励、争议、仲裁、诉讼法律等。

3. 复核、计算工程量

招标文件是投标的主要依据，应该进行仔细分析。分析应主要放在投标人须知、专用条款、设计图纸、工程范围以及工程量清单上，最好有专人或小组研究技术规范和设计图纸，明确特殊要求。

对于招标文件中的工程量清单，投标人一定要进行校核，因为这直接影响中标的机会和投标报价。在校核中如发现工程量相差较大，投标人不能随便改变工程量，而应致函业主进行澄清。投标人在核算工程量时，应结合招标文件中的技术规范明确工程量中每一具体内容，才不至于在计算工程单价时出现错误。

4. 编制施工组织设计，确定施工方案

施工组织设计是指导拟建工程施工全过程各项活动的技术、经济和组织的综合性文件。施工组织设计要根据国家的有关技术政策和规定、业主的要求、设计图纸和组织施工的基本原则，从拟建工程施工全局出发，结合工程的具体条件，合理地组织安排，采用科学的管理方法，不断地改进施工技术，有效地使用人力、物力，安排好时间和空间，以期达到耗工少、工期短、质量高和造价低的最优效果。

在投标过程中，必须编制施工组织设计，这项工作对于投标报价影响很大。但此时所编制的施工组织设计的深度和范围都比不上中标后由项目部编制的施工组织设计，因此是初步的施工组织设计。初步的施工组织设计一般包括进度计划和施工方案等内容。招标人将根据施工组织设计的内容评价投标人是否采取了充分和合理的措施，保证按期完成工程施工任务。另外，施工组织设计对投标人自己也是十分重要的，因为进度安排是否合理，施工方案选择是否恰当，对工程成本与报价有密切关系。

5. 计算投标报价，投标决策确定最终报价

投标人在研究了招标文件并对现场进行了考察之后，即进入投标报价计算阶段，其方法与编制施工图预算的方法基本相同，但应注意以下问题：

（1）工程量计算

目前，由于各省、市、自治区的预算定额都有自己的规定，从而引起单价、费用、工程项目定额内容不尽相同。参加一个地区的投标报价，必须首先熟悉当地使用的定额及规定，才能将计算工程量时的项目划分清楚。

（2）正确分析单价

正确分析单价的基础是要掌握定额单位所包含的工作内容，同时又要与其施工工艺和操作过程相一致。这就需要造价人员除掌握定额外，还要对施工组织设计或施工方案有较深的了解。同时，又要熟悉本企业主要项目施工工艺的一般做法。

（3）准确计算各种数据

工程量、单价、合价以及各种费用的计算，都属于数据的计算，这些数据的运算一般都比较简单。但是，许多数字是相互关联的，一处错误就会引起一系列的错误。应当指出的是，投标报价是竞争激烈的商务活动，它不同于一般的施工图预算编制，投标人由于计算上的失误而失标，或中标后引起企业亏损的事例很多。因此，精明的投标人，在完成计算后，一定要耐心细致地复核，以减少运算上的失误。

以上计算得出的价格只是特定的暂时报价，须经多方面分析后，才能

做出最终报价决策。报价时，投标人要客观而慎重地分析本行业的情况和竞争形势，在此基础上，对报价进行深入细致的分析，包括分析竞争对手、市场材料价格、企业盈亏、企业当前任务情况等，最后做出报价决策。确定报价上浮或下降的比例，决定最终报价。

报价是确定中标人的条件之一，而不是唯一的条件。一般来说，在工期、质量、社会信誉等相同的条件下，招标人选择低价中标。

（三）水利水电工程施工投标文件编制的注意事项

①投标人编制投标文件时必须使用招标文件提供的投标文件表格格式。但表格可以按同样格式扩展。投标保证金、履约保证金的方式，按招标文件有关条款的规定可以选择。投标人根据招标文件的要求和条件填写投标文件的空格时，凡要求填写的空格都必须填写，不得空着不填；否则，即被视为放弃意见。重要的项目或数字（如工期、质量等级、价格等）未填写的，将被作为无效或作废的投标文件处理。②当招标文件规定投标保证金为合同总价的某百分比时，开具投标保函不要太早，以防泄漏报价。但有的投标人提前开出并故意加大保函金额，以麻痹竞争对手的情况也是存在的。③投标文件应严格按照招标文件的要求进行密封，避免由于密封不合格造成废标。④认真对待招标文件中关于废标的条件，以免被判为废标而前功尽弃。

（四）水利水电工程施工投标文件格式

投标文件包括：①投标函及投标函附录；②授权委托书；③联合体协议书；④投标保证金；⑤已标价工程量清单；⑥施工组织设计；⑦项目管理机构表；⑧拟分包项目情况表；⑨资格审查资料；⑩原件的复印件；⑪其他材料。

第四节 水利工程开标、评标与定标

一、开标

开标是指招标人在投标文件截止接收后依法定程序启封所有投标人投标文件以揭晓其报价等内容的环节。

招标投标法规定：开标应当在招标文件确定的提交投标文件截止时间的同一时间公开进行；开标地点应当为招标文件中预先确定的地点。第三十五条规定：开标由招标人主持，邀请所有投标人参加。开标时，由投标人或者其推选的代表检查投标文件的密封情况，也可以由招标人委托的公证机构检查并公证；经确认无误后，由工作人员当众拆封，宣读投标人名称、投标价格和投标文件的其他主要内容。招标人在招标文件要求提交投标文件的截止时间前收到的所有投标文件，开标时都应当众予以拆封、宣读。开标过程应当记录，并存档备查。

招标投标法实施条例规定：招标人应当按照招标文件规定的时间、地点开标。投标人少于3个的，不得开标；招标人应当重新招标。投标人对开标有异议的，应当在开标现场提出，招标人应当当场作出答复，并制作记录。

《工程建设项目施工招标投标办法》规定：投标文件有下列情形之一的，招标人不予受理：①逾期送达的或者未送达指定地点的。②未按招标文件要求密封的。

该条文明确规定招标人（或其委托的代理机构）能够直接作出不予受理的投标文件只有以上两种情况。

《水利工程建设项目招标投标管理规定》规定：开标由招标人主持，邀请所有投标人参加。第三十八条规定：开标应当按招标文件中确定的时间和地点进行。开标人员至少由主持人、监标人、开标人、唱标人、记录人组成,上述人员对开标负责。第三十九条规定:开标一般按以下程序进行:①主持人在招标文件确定的时间停止接收投标文件,开始开标;②宣布开标人员名单;③确认投标人法定代表人或授权代表人是否在场;④宣布投标文件开启顺序;⑤依开标顺序,先检查投标文件密封是否完好,再启封投标文件;⑥宣布投标要素,并做记录,同时由投标人代表签字确认;⑦对上述工作进行记录,存档备查。

二、评标

评标是依据招标文件的规定和要求,对投标文件进行审查、评审和比较,是科学、公正、公平、择优选择中标候选人的必经程序。

(一)组建评标委员会

《评标专家和评标专家库管理暂行办法》规定:评标委员会由招标人负责组建。评标委员会成员名单一般应于开标前确定。评标委员会成员名单在中标结果确定前应当保密。评标委员会由招标人或其委托的招标代理机构熟悉相关业务的代表,以及有关技术、经济等方面的专家组成,成员人数为5人以上单数,其中技术、经济等方面的专家不得少于成员总数的2/3。

评标专家应符合下列条件:①从事相关专业领域工作满八年并具有高级职称或者同等专业水平;②熟悉有关招标投标的法律法规,并具有与招标项目相关的实践经验;③能够认真、公正、诚实、廉洁地履行职责。

有下列情形之一的,不得担任评标委员会成员:①投标人或者投标主要负责人的近亲属;②项目主管部门或者行政监督部门的人员;③与投标人有经济利益关系,可能影响对投标公正评审的;④曾因在招标、评标以及其他与招标投标有关活动中从事违法行为而受过行政处罚或刑事处罚的。

评标委员会成员有以上规定情形之一的,应当主动提出回避。

《水利工程建设项目招标投标管理规定》规定:评标工作由评标委员会负责。评标委员会由招标人的代表和有关技术、经济、合同管理等方面的专家组成,成员人数为 7 人以上单数,其中专家(不含招标人代表人数)不得少于成员总数的 2/3。

评标委员会成员不得与投标人有利害关系。所指利害关系包括:是投标人或其代理人的近亲属;在 5 年内与投标人曾有工作关系;或有其他社会关系或经济利益关系。评标委员会成员名单在招标结果确定前应当保密。

(二)评标程序

《标准施工招标文件》中将评标程序分为初步评审和详细评审。

《水利工程建设项目招标投标管理规定》规定:评标工作一般按以下程序进行:①招标人宣布评标委员会成员名单并确定主任委员;②招标人宣布有关评标纪律;③在主任委员主持下,根据需要,讨论通过成立有关专业组和工作组;④听取招标人介绍招标文件;⑤组织评标人员学习评标标准和方法;⑥经评标委员会讨论,并经 1/2 以上委员同意,提出需投标人澄清的问题,以书面形式送达投标人;⑦对需要文字澄清的问题,投标人应当以书面形式送达评标委员会;⑧评标委员会按招标文件确定的评标标准和方法,对投标文件进行评审,确定中标候选人推荐顺序;⑨在评标委员会 2/3 以上委员同意并签字的情况下,通过评标委员会工作报告,并报招标人。评标委员会工作报告附件包括有关评标的往来澄清函、有关评标资料及推荐意见等。

(三)评标的准备与初步评审

《评标专家和评标专家库管理暂行办法》规定:评标委员会成员应当编制供评标使用的相应表格,认真研究招标文件,至少应了解和熟悉以下内容:①招标的目标;②招标项目的范围和性质;③招标文件中规定的主要技术要求、标准和商务条款;④招标文件规定的评标标准、评标方法和在评标过程中考虑的相关因素。

评标委员会应当根据招标文件规定的评标标准和方法,对投标文件进行系统的评审和比较。招标文件中没有规定的标准和方法不得作为评标的依据。评标委员会可以书面方式要求投标人对投标文件中含义不明确、对同类问题表述不一致或者有明显文字和计算错误的内容做必要的澄清、说明或者补正。澄清、说明或者补正应以书面方式进行并不得超出投标文件的范围或者改变投标文件的实质性内容。

投标文件中的大写金额和小写金额不一致的,以大写金额为准;总价金额与单价金额不一致的,以单价金额为准,但单价金额小数点有明显错误的除外;对不同文字文本投标文件的解释发生异议的,以中文文本为准。

在评标过程中,评标委员会发现投标人的报价明显低于其他投标报价或者在设有标底时明显低于标底,使得其投标报价可能低于其个别成本的,应当要求该投标人作出书面说明并提供相关证明材料。投标人不能合理说明或者不能提供相关证明材料的,由评标委员会认定该投标人以低于成本报价竞标,其投标应作废标处理。

评标委员会应当审查每一投标文件是否对招标文件提出的所有实质性要求和条件作出响应。未能在实质上响应的投标,应作废标处理。

评标委员会否决不合格投标或者界定为废标后,因有效投标不足三个使得投标明显缺乏竞争的,评标委员会可以否决全部投标。投标人少于三个或者所有投标被否决的,招标人应当依法重新招标。

《水利水电工程标准施工招标文件》中确定的初步评审标准如下:

(1) 形式评审标准

①投标人名称应与营业执照、资质证书、安全生产许可证一致;②投标文件的签字盖章符合规定;③投标文件格式符合要求;④联合体投标人应提交联合体协议书,并明确联合体牵头人;⑤只能有一个报价;⑥投标文件的正本、副本数量符合规定;⑦投标文件的印刷与装订符合规定;⑧形式评审其他标准。

(2) 资格评审标准(适用于未进行资格预审的)

①具备有效的营业执照;②具备有效的安全生产许可证;③具备有效的资质证书且资质等级符合规定;④财务状况符合规定;⑤业绩符合规定;⑥信誉符合规定;⑦项目经理资格符合规定;⑧联合体投标人符合规定;

⑨企业主要负责人具备有效的安全生产考核合格证书；⑩技术负责人资格符合规定；⑪委托代理人、安全管理人员（专职安全生产管理人员）、质量管理人员、财务负责人应是投标人本单位人员，其中安全管理人员（专职安全生产管理人员）具备有效的安全生产考核合格证书；⑫资格评审其他标准。

（3）响应性评审标准

①投标范围符合规定；②计划工期符合规定；③工程质量符合规定；④投标有效期符合规定；⑤投标保证金符合规定；⑥权利义务符合合同条款及格式规定的权利义务；⑦已标价工程量清单符合有关要求；⑧技术标准和要求符合规定；⑨响应性评审其他标准。

招标投标法实施条例规定，有下列情形之一的，评标委员会应当否决其投标：①投标文件未经投标单位盖章和单位负责人签字；②投标联合体没有提交共同投标协议；③投标人不符合国家或者招标文件规定的资格条件；④同一投标人提交两个以上不同的投标文件或者投标报价，但招标文件要求提交备选投标的除外；⑤投标报价低于成本或者高于招标文件设定的最高投标限价；⑥投标文件没有对招标文件的实质性要求和条件做出响应；⑦投标人有串通投标、弄虚作假、行贿等违法行为。

（四）详细评审

《评标专家和评标专家库管理暂行办法》规定，经初步评审合格的投标文件，评标委员会应当根据招标文件确定的评标标准和方法，对其技术部分和商务部分做进一步评审、比较。

评标方法包括经评审的最低投标价法、综合评估法或者法律、行政法规允许的其他评标方法。

经评审的最低投标价法一般适用于具有通用技术、性能标准或者招标人对其技术、性能没有特殊要求的招标项目。根据经评审的最低投标价法，能够满足招标文件的实质性要求，并且经评审的最低投标价的投标，应当推荐为中标候选人。

不宜采用经评审的最低投标价法的招标项目，一般应当采取综合评估法进行评审。根据综合评估法,最大限度地满足招标文件中规定的各项综合评价标准的投标,应当推荐为中标候选人。衡量投标文件是否最大限度地满足招标文件中规定的各项评价标准,可以采取折算为货币的方法、打分的方法或者其他方法。需量化的因素及其权重应当在招标文件中明确规定。评标委员会对各个评审因素进行量化时,应当将量化指标建立在同一基础或者同一标准上,使各投标文件具有可比性。对技术部分和商务部分进行量化后,评标委员会应当对这两部分的量化结果进行加权,计算出每一投标的综合评估价或者综合评估益。

《标准施工招标文件》中对详细评审规定如下(综合评估法):

(1)评标委员会按规定的量化因素和分值进行打分,并计算出综合评估得分。

①按规定的量化因素和分值对施工组织设计计算出得分 A;
②按规定的量化因素和分值对项目管理机构计算出得分 B;
③按规定的量化因素和分值对投标报价计算出得分 C;
④按规定的量化因素和分值对其他部分计算出得分 D。

(2)评分分值计算保留小数点后两位,小数点后第三位"四舍五入"。

(3)投标人得分 =A+B+C+D。

(4)评标委员会发现投标人的报价明显低于其他投标报价,或者在设有标底时明显低于标底,使得其投标报价可能低于其个别成本的,应当要求该投标人做出书面说明并提供相应的证明材料。投标人不能合理说明或者不能提供相应证明材料的,由评标委员会认定该投标人以低于成本报价竞标,其投标做废标处理。

(五)评标报告的撰写和提交

根据招标投标法和《评标委员会和评标方法暂行规定》中相关要求,评标委员会完成评标后,应当向招标人提出书面评标报告,并推荐合格的中标候选人。评标委员会推荐的中标候选人应当限定在1至3人,并标明排列顺序。

招标人根据评标委员会提出的书面评标报告和推荐的中标候选人确定中标人。招标人也可以授权评标委员会直接确定中标人。

评标报告应当如实记载以下内容：①基本情况和数据表；②评标委员会成员名单；③开标记录；④符合要求的投标一览表；⑤废标情况说明；⑥评标标准、评标方法或者评标因素一览表；⑦经评审的价格或者评分比较一览表；⑧经评审的投标人排序；⑨推荐的中标候选人名单与签订合同前要处理的事宜；⑩澄清、说明、补正事项纪要。

评标报告由评标委员会全体成员签字。对评标结论持有异议的，评标委员会成员可以书面方式阐述其不同意见和理由。评标委员会成员拒绝在评标报告上签字且不陈述其不同意见和理由的，视为同意评标结论。评标委员会应当对此做出书面说明并记录在案。

三、定标

招标投标法中规定有关中标人的投标应当符合下列条件之一：①能够最大限度地满足招标文件中规定的各项综合评价标准；②能够满足招标文件的实质性要求，并且经评审的投标价格最低，但是投标价格低于成本的除外。

中标人确定后，招标人应当向中标人发出中标通知书，并同时将中标结果通知所有未中标的投标人。中标通知书对招标人和中标人具有法律效力。中标通知书发出后，招标人改变中标结果的，或者中标人放弃中标项目的，应当依法承担法律责任。

招标人和中标人应当自中标通知书发出之日起30日内，按照招标文件和中标人的投标文件订立书面合同。招标人和中标人不得再行订立背离合同实质性内容的其他协议。

《评标专家和评标专家库管理暂行办法》规定，使用国有资金投资或者国家融资的项目，招标人应当确定排名第一的中标候选人为中标人。排名第一的中标候选人放弃中标、因不可抗力提出不能履行合同，或者招标文件规定应当提交履约保证金而在规定的期限内未能提交的，招标人可以确定排名第二的中标候选人为中标人。排名第二的中标候选人因前款规定的同样原因不能签订合同的，招标人可以确定排名第三的中标候选人为中标人。

《水利工程建设项目招标投标管理规定》规定：招标人可授权评标委员会直接确定中标人，也可根据评标委员会提出的书面评标报告和推荐的中标候选人顺序确定中标人。当招标人确定的中标人与评标委员会推荐的中标候选人顺序不一致时，应当有充足的理由，并按项目管理权限报水行政主管部门备案。

招标投标法实施条例规定：依法必须进行招标的项目，招标人应当自收到评标报告之日起3日内公示中标候选人，公示期不得少于3日。投标人或者其他利害关系人对依法必须进行招标的项目的评标结果有异议的，应当在中标候选人公示期间提出。招标人应当自收到异议之日起3日内做出答复；做出答复前，应当暂停招标投标活动。

中标候选人的经营、财务状况发生较大变化或者存在违法行为，招标人认为可能影响其履约能力的，应当在发出中标通知书前由原评标委员会按照招标文件规定的标准和方法审查确认。

招标人和中标人应当依照招标投标法和本条例的规定签订书面合同，合同的标的、价款、质量、履行期限等主要条款应当与招标文件和中标人的投标文件的内容一致。招标人和中标人不得再行订立背离合同实质性内容的其他协议。

招标人最迟应当在书面合同签订后5日内向中标人和未中标的投标人退还投标保证金及银行同期存款利息。

第六章　水利工程投资控制

第一节　工程造价管理概况

一、国外工程造价管理情况

深入研究国际工程造价管理的模式，可以发现世界各国的管理模式并不相同。目前国外的工程造价管理体系主要分为三大体系：英联邦造价管理体系、美国造价管理体系和日本造价管理体系。国外大多数国家为保证经济的有序发展，对工程造价管理都实施执业资格制度。如英国称工料测量师、美国称造价工程师、日本称积算师。上述国家工程造价专业人员都经过学会组织的考试、继续教育等培训后取得资格执业。

（一）美国工程造价管理概况

（1）工程造价管理中的政府职能

在国外，按项目投资来源的不同，一般可划分为政府投资项目和私人投资项目。政府对建设工程造价管理主要采用间接手段，对政府项目和私人项目实施不同力度和深度的管理，重点控制政府投资项目。对于私人投资项目，国外一般都采取政府不干预工程造价管理的方式。政府对私人投资项目主要是进行政策引导和信息指导，由市场经济规律调节，体现了政府对工程造价的宏观管理和间接调控。

美国对政府的投资项目采用两种方式：

①由政府设专门机构对工程进行直接管理。美国各地方政府、州政府、联邦政府都设有相应的管理机构，专门负责管理政府的建设项目。

②通过公开招标委托承包商进行管理。美国法律规定所有的政府投资项目除特定情况下（涉及国防、军事机密等）都要采用公开招标。但对项目的审批权限、技术标准（规范）、价格、指数等都做出了特殊的规定，确保项目资金不突破审批的金额。美国政府对私人项目投资方向的控制有一套完整的项目或产品目录，明确规定私人投资者的投资领域，并采用经济杠杆如价格、税收、利率、信息指导、城市规划等来引导和约束私人投资方向和领域分布。政府通过定期发布信息资料，使私人投资者了解市场状况，尽可能使投资项目符合经济发展的需要。

（2）工程造价计价依据及方法

美国对于工程造价计价的标准是由政府部门组织制订的，也没有统一的工程造价计价依据和标准。其计价定额、指标、费用标准等，一般是由各大型工程咨询公司制订。各地的咨询机构根据本地区的特点，制订出单位建筑面积的消耗量和基价，由此作为所管辖项目的造价估算标准。此外，联邦政府、州政府和地方政府根据各自积累的资料，参考各咨询公司的相关资料，制订相应的计价标准，作为工程项目费用估算的依据。美国工程造价的估算主要由设计部门或专业公司来承担，造价工程师在具体编制工程造价时，除了考虑工程项目本身的特征因素外，一般还对项目进行较为详细的风险分析，以确定适度的预备费。

（3）工程造价人员的职业资格

美国非常重视工程造价管理人才的培养，对咨询工程师的资格审查也比较严格。一般咨询工程师的注册管理由各州承担，咨询工程师的注册资格考试一般有口试和书面考试两种形式。此外，美国还注重在高等院校设置工程造价管理专业，培养这方面的专业人才。

（4）工程造价的服务机构

工程造价咨询机构一直以自身的实力、专业知识、服务质量对控制工程造价、节约投资发挥着重要的作用。社会咨询机构也逐步成为政府职能部门管理建筑产品价格的重要手段。美国的工程造价咨询机构，有政府创办的机构，也有民办、民办官助，以及大型企业创办的机构，其中尤以民办咨询机构为多。他们起着不可低估的重要作用，正在充当着政府、业主和承包商的代理人和顾问，承担着大量的工程项目管理和工程造价的确定与控制等方面的服务。美国的咨询公司十分注意历史资料的积累和分析整理，建立起本公司一套造价资料积累制度，同时注意服务效果的反馈，形成了信息反馈、分析、判断、预测等一整套的科学管理体系。

（二）英联邦国家工程造价管理体制和方法

（1）工程造价管理中的政府职能

以英国为首的一些英联邦国家（像澳大利亚、加拿大、新西兰等）的工程造价管理基本体制造价管理体制基本上是相同的。他们采用政府间接管理的方法，政府对于工程造价的管理主要是通过皇家测量师协会或各国、各地区的工料测量师协会展开的。这些国家或地区没有统一的工程造价概预算定额，但是他们有较为统一的工程量计算规则。所以在对于"量"这一方面的管理是"有章可循"的，而在对于"价"这一方面的管理就由市场来调节了。

（2）工程造价计价依据及方法

英国的工程造价编制方法、定额和标准属各公司拥有，各公司造价编制与投资控制虽然有很多思路是一致的，特别是国家或有关主管部门统一规定的物价指数、税费标准等均须执行，但是编制工程造价所需的定额、指标、价格采集、编制程序等都是各公司本身经验的积累。其成果反映在他们编制的造价质量上，即造价控制的成功率方面。

工程项目在建设过程中往往由于国家政策和价格的变化而增加投资。这是一项难度很大的工作，存在许多需要解决的问题。西方国家目前已基本解决了这些问题。

他们有完善的工程价差结算制度，具体做法是：把工期分为长期和短期两种。工期短的工程（一般指1年以内的建设项目），按总价合同进行招标，由施工企业在投标时将价差风险考虑在内，工程建设中不再调整价格。工期长的工程（一般指1年以上的建设项目）均采用单价合同，价格按月结算时，由代表业主控制工程造价的造价工程师按合同规定审查承包商的结算清单，调整价差。

调整价差的3个决定因素，即各个时期的价格上涨指数、调价的计算公式以及公式中人工、材料等各项的权重，均有明确规定。这种调价方法是目前通行的行之有效的方法，既充分保护业主和承包商两者的利益，又反映了竞争机制，双方都承担一定风险。

（3）工程造价的职业资格

在英国，造价工程师称为工料测量师，特许工料测量师的称号是由英国测量师学会（RICS）经过严格程序而授予该会的专业会员（MRICS）和资深会员（FRICS）的。

（4）工程造价的服务机构

发达国家的工程造价咨询中介服务制度十分完善。政府可以通过对造价咨询机构的管理而规范全社会的造价咨询活动。英国的皇家特许测量师学会、特许测量师协会、土木工程测量师学会是国际知名的专业组织。其会员的工作领域和服务对象十分广泛，准入制度十分严格。获得其会员资格必须经过相关的学历教育、通过专业的考试和在实际工作中经过一定时期有指导的实习。这些学会（协会）不但能够促进取得测量师执业所需要的技艺、科学及实践方面的知识丰富，全方位提高测量人员水平，而且还规定了会员的行为规范，提高了执业素质。作为专业组织，学会（协会）出版了大量广受尊重的刊物，成为全社会工程计价的主要参考依据。政府通过对测量师行业的管理来规范工程造价管理的中介市场。这种管理主要通过对专业人士的专业资格管理和专业人士的责任与自律机制进行。

(三) 日本工程造价管理的主要经验

(1) 工程造价管理中的政府职能

日本的工程造价管理基本体制是一种政府相对直接管理的体制,他们有统一的概预算定额和统一的工程量计算规则。他们对于私营工程项目工程造价的管理是只控制"量"这一要素,而不控制"价"这个要素,"价"基本上是通过市场来调节的。对于政府性项目的工程造价管理,他们对"量"和"价"两个方面都进行控制,只是对于"量"的控制相对较严,而对"价"的控制相对较松而已。

日本的政府性项目造价管理体制与美国政府性造价管理体制都不同。日本的政府性项目是遵照建设省编制的建设标准、工程量计算规则和工程概预算定额,由政府性项目的业主负责对项目造价的全过程管理。政府性业主的管理职责包括:项目工程量的计算、项目造价的预算、公开或指名招投标的实施、项目造价的结算与决算等方面。日本的这种政府性项目造价管理体制有一些方面与我国的政府性项目造价管理体制是相似的。

(2) 工程造价计价依据及方法

日本的工程积算,是一套独特的量价分离的计价模式,其量和价是分开的。量是公开的,价是保密的。日本的工程量计算类似我国的定额取费方式,建设省制订一整套工程计价标准,即"建筑工程积算基准"。其内容包括"建筑积算要领"(预算的原则规定)和"建筑工事标准步挂"(人工、材料消耗定额),其中"建筑工事标准步挂"的主要内容包括分部分项工程的工、料消耗定额。"建筑数量积算基准解说"则明确了承发包工程计算工程量时需共同遵循的统一性规定。工程计价的前提是确定工程数量,工程量的计算,按照标准的工程量计量规则,该工程量的计算规则是由建筑积算研究会编制的《建筑数量积算基准》。该基准被政府公共工程和民间(私人)工程广泛使用,所有工程一般先由建筑积算人员按此规则计算出工程量。工程量计算以设计图和设计书为基础,对工程量进行调查、记录和合计,计量构成建筑物的各部分。其具体方法是将工程量按种目、利目、细目进行分类，即整个工程分为不同的种目（建筑工程、电气设备工程和机械设备工程），每一种目又分为不同的利目，每一利目又分再细分到各个细目，每一细目相当于单位工程。由公共建筑协会组织编制的《建设省建筑工程积算基准》中有一套"建筑工程标准定额（步挂）"，对于每一细目（单位工程）以列表的形式列明单位工程的劳务、材料、机械的消耗量及其他经费（如分包费），其计量单位为"一套（一揽子）"。通过对其结果进行分类、利总，编制详细清单，这样就可得出材料、劳务、机械等的工程量。

而建筑工程中材料、劳务、机械等的价格则通过市场价格获得，其中政府工程，各级政府都掌握有自己的劳务、机械、材料单价。建设省管理的土木工程的劳务单价是选定83个工种调查，再按社会平均劳务价格确定。私人工程对于材料、设备等价格的变化，由"建设物价调查会"和"经济调查会"财团法人每月出版的《建设物价》和《积算资料》提供各地区的劳务、材料设备、运输等价格和分部分项工程造价等数据，作为计价的参考依据。

日本实行的量价分离的计价模式与我国现在正在推行的工程量清单计价模式相近，只是目前这种计价方式在我国还没有完全发展完善起来。但日本经济发达，国家面积小，相比我国而言，能比较容易地进行造价管理，其定额随市场的改变速度也大于我国，所以工程造价的精确度相对较高。

（3）工程造价的职业资格

国外大多数国家，为保证经济的有序发展，都实行执业资格制度，实施对专业人员依法管理已是国际上的惯例。在日本专业的工程造价人员称为积算师，积算师都经过学会组织的考试、继续教育等培训后取得资格执业。经过长期的实践发现：执业资格制度对市场经济有序、规范地发展起重要的作用。

（4）工程造价的服务机构

日本在借鉴英国工料测量师协会的基础上努力发展社会咨询业，并充分发挥社团的作用，使估价业务作为一个专业在实践中得以发展和提高，逐步使估价的业务规模化、系统化。咨询企业是靠自己的技术知识和经验为客户提供无形服务的。

二、国内工程造价管理体制

(一) 工程造价管理中的政府职能

我国工程造价管理制度的建立始于 1950 年，当时我国政府引进了前苏联的概预算定额管理制度，改革开放以来，我国概预算定额管理模式发生了很大的变化。但是，随着我国经济发展水平的提高和经济结构的日益复杂，计划经济的内在弊端逐步暴露出来。传统的与计划经济相适应的概预算定额管理制度，实际上是对工程造价实行政府行政指令的直接管理，这种政府行使的工程造价管理职能强调定额作为政府的法定行为，强调政府主管部门对工程定额含量、工程取费及其费率的指令性，使得建筑产品的价格严重脱离了价值，遏制了竞争，抑制了生产者和经营者的积极性与创造性。

工程造价管理体制改革的最终目标是逐步建立以市场形成价格为主的价格机制。改革现行的工程定额管理方式，实行量价分离，逐步建立起由工程定额作为指导的通过市场竞争形成工程造价的机制。政府的管理职能应从原来的微观管理方式转变为以宏观调控为主，实现国家对消耗量标准的宏观管理，制订统一的工程项目划分、工程量计算规则，为逐步实行工程量清单报价创造条件。

另外对政府工程和非政府工程实行不同的定价方式。对于政府投资工程，应以统一的工程消耗量定额为依据，按生产要素市场价格编制标底，并以此为基础，实行在合理幅度内确定中标价的方式。对于非政府投资工程，应强化市场定价原则，既可参照政府投资工程的做法，采取以合理低价中标的方式，也可由承发包双方依照合同约定的其他方式定价。

(二) 工程造价计价依据及方法

目前，我国的计价依据还是以国家、行业或地区的统一定额为主要基础的。以概预算为核心的定额管理制度仍然是我国工程造价管理制度的主要内容。全国统一的工程量计算规则、基础定额、全国统一的安装工程预算定额、各省（自治区、直辖市）的费用定额和单位估价表以及当地的取费文件等，是目前我国确定建筑工程造价的主要依据。

定额形成企业管理中的一门科学，开始于19世纪末期，起源于美国工程师提出的"工时定额"。工程建设定额是指在工程建设中单位产品上人工、材料、机械、资金消耗的规定额度。这种规定的额度反映的是，在一定的社会生产力发展水平的条件下，完成工程建设中的某项产品与各种生产消费之间特定的数量关系。工程建设定额是根据国家一定时期的管理体制和管理制度，根据不同定额的用途和适用范围，由指定的机构按照一定的程序制订的，是工程定价的重要依据。

（三）工程造价的职业资格

1996年8月国家人事部、建设部联合发布了《造价工程师执业资格制度暂行规定》，建立了造价工程师执业资格考试与注册制度，同时对从业资格做出了明确规定。水利部2003年12月发布了《关于水利工程造价工程师持证上岗的通知》。造价工程师不仅要掌握相当程度的经济、金融、财务和法律、法规知识，更要学习国际惯例、规范，另外外语和计算机应用能力也是不可缺少的。

（四）工程造价的服务机构

我国的工程造价管理先后由投资单位、施工单位、建设单位多头负责，工作互不衔接，投资失控状况相当严重。目前，大多数造价咨询机构服务内容单一，有的侧重于项目可行性研究，进行工程估算；有的侧重于扩充设计评估，进行工程概预算审核；有的侧重于协助业主进行施工招投标；有的侧重于竣工结算的审查。一个项目前后有几家咨询机构介入，彼此不连贯，不利于工程造价咨询向纵深方向发展。因此，要把工程造价咨询机构发展成为一个独立的专业化服务机构，从估算、概算、预算、合同价、结算等方面进行一体化的全过程的系统管理。

我国工程造价咨询业还是一个刚刚形成、正待发展的行业。由于体制的影响，工程造价管理大到宏观政策的制订，小到每个项目的造价确定和控制，几乎都集中在政府各有关主管部门。市场经济的确立，不仅使工程造价管理要面对新的形势，适应新的形势，而且也要求政府管理职能的转换，要求大力发展面向社会的工程造价咨询业。尤其要发展跨部门、跨地区，能为大型项目服务的大型咨询公司，更要建立众多为中、小项目投资者服务的中、小型咨询公司。同时按现代企业制度完善这些公司的管理体制和管理制度，减少行政干预，逐渐摆脱单一计划经济对工程造价咨询的影响，以保证咨询活动的客观性和公正性。

三、国内外工程造价体制比较

发达国家的工程计价方式是一种发挥市场主体主动性的计价方式。企业按照行业、协会统一规定的工程分项方法和成本编码系统对工程进行分项划分，按照规定的工程量计算规则计算工程量，根据过去累积的工程造价资料和公开出版的刊物，政府、协会发布的造价资料确定工程造价。而我国的计价方式一直依赖于全国、行业、地区统一的定额，按其规定进行工程量的计算、成本套算和取费，不同投资方、不同项目，执行统一的计价标准。目前民间投资项目已居多数，如果仍然按照国家统一颁布的定额来计价，就会出现买卖双方交易，而第三方定价的行为。而且统一定额的存在，造成了承包商投标报价计算基础的同一性。

第二节　有效控制工程造价的措施

一、完善工程造价管理体制

（一）健全项目法人责任制

项目法人是将投资投入工程项目建设的投资者。从职责上来讲，项目法人应能独立自主地经营投资者投入项目的资产,并对经营的收益和风险承担责任,作为投资主体的项目法人在工程造价管理中的责任是承担动态投资风险,负责初步设计概算总投资。

2000年7月,国务院颁发了《关于加强公益性水利工程建设管理的若干意见》,明确了公益性水利工程建设要建立、健全项目法人责任制,从而把建立项目法人责任制范围拓宽到包括公益性项目的各类水利工程项目。但是水利工程项目法人制度的改革还是面临着很多困难,比如水利建设项目性质界定不清,导致投资主体不明确、建管责任难以落实。在实际水利工程建设中,多数项目是兼有社会效益和经济效益的项目,没有办法明确区分。此外,公益性项目法人并不是真正的投资者和受益者,也不承担投资和受益的风险,这样对这些项目法人的行为就很难规范。结合笔者这几年的工作实践,在这里对水利工程项目法人责任制的改革提出如下两点建议:

(1)实行项目分类管理,划清政府与项目的关系

按照项目建设资金来源渠道,可以将水利建设项目划分为政府投资项目和非政府投资项目。按照项目的任务和收益状况,又可以将水利建设项目划分为公益性、准公益性和经营性项目。

对于政府投资的公益性项目,组建事业性质的项目法人,要落实项目法人责任制、招标投标制、建设监理制、合同管理制,进行严格管理。政府及其水行政主管部门负责项目的筹划、筹资,落实项目建成后的运行管理、维护,并承担投资风险。项目法人对建设的全过程负责,接受政府及其水行政主管部门的监督与管理。公益性项目中外部环境比较复杂的大中型项目,政府及其水行政主管部门考虑组建协调机构,如领导小组等形式,加强对项目的监督与管理,并对项目建设中遇到的重大问题进行协调解决。

对政府投资的经营性项目,按照公司法规定,政府以出资人代表的形式和其他出资人共同组建企业性质的项目法人有限责任公司或股份有限公司,并按现代企业制度,依法健全法人治理结构,项目法人对项目的命名、

筹资、建设、生产经营、还本付息以及资产保值增值的全过程负责，由出资人承担投资风险。对于政府投资的准公益性项目，项目本身不具备自收自支条件的，组建事业性质的项目法人，参照公益性项目管理；项目本身具备自收自支条件的，组建企业性质的项目法人，参照经营性项目管理。

对非政府投资项目，政府及其水行政主管部门主要从公众利益、公共安全、环境影响等方面实施监督管理，包括施工图审查和质量、安全与环境监督等按照国家有关规定，投资方自主决定建设管理方式。

在公共财政体制框架下，政府投资的水利建设项目，必须有一种制度安排，即出资人代表制度。政府以出资人代表的形式，按照出资份额对项目享有相应的所有者权益，承担相应的投资风险。同时，政府依法对项目实施行政管理，主要是依照建设程序，按规定行使项目审批权；对项目建设实施稽查，包括监管建设市场、监督工程质量和安全生产；从政府的角度，为项目建设创造良好的社会环境，如征地拆迁、移民安置、社会治安等。

（2）积极探索"建设代理制"和项目，总承包的建设管理模式

针对水利建设中出现的工程项目立项批准后临时组建一次性工程建设管理机构、管理机构人员缺乏建设管理经验、管理机构运行需要很长的磨合期、工程建成后管理机构人员要解散或等待新项目、形成的工程建设管理资源人为地流失或积压等问题，可以积极探索"建设代理制"，逐步培育具有资质要求的建设代理市场。目前可考虑在一些已有的水利工程建设管理机构的基础上，组建一些专门的建设代理机构，即项目管理公司，以项目总承包的方式承接建设项目，代行项目法人职责。这样既优化了资源配置，又引入了市场竞争机制，符合社会主义市场经济体制要求。

（二）严格实行招标投标制

招标投标工作在水利工程建设中占有举足轻重的位置，招投标工作的正常进行与否直接影响工程建设项目的进行。自《中华人民共和国招投标法》2000年1月1日正式实施以来，各地行政主管部门采取了多种积极有

效的措施贯彻落实招投标的工作：在初步设计阶段，推行工程设计招标，促使设计单位集思广益，挖掘潜力，提出更优、更省的设计方案；在施工图设计阶段，推行限额设计，使设计单位在批准的初步设计概算静态投资总额之内，承担对初步设计方案、工程量、建设标准以及设计工作深度方面的相应责任。在工程施工阶段，实行施工招标，促进施工单位加强施工管理，缩短建设工期，提高工程质量，降低工程成本。从近几年的实践看，实行招标承包，引进竞争机制，建设单位与设计单位、施工单位结成契约伙伴，进行合同管理，可节省工程投资15%左右，是控制工程投资的重要途径。

但是招投标工作仍然出现很多问题，如人为、故意、找借口规避招标；采用邀请招标的多于公开招标；招投标程序不规范、随意操作；实行内部保护主义，地方保护主义严重等问题。要完善水利工程造价管理体系，必须要进一步规范工程项目的招投标工作，防止黑手、暗箱和腐败现象的发生，笔者认为应从以下几个方面着手：

（1）严格执行并依法确定招标范围

按现行招标投标法中明确规定，应该招标的建设工程项目，上级主管部门在审批时，应该无条件地按照招标投标法的规定审批，建设单位应无条件地实行招标。不仅工程施工要招标，勘察、设计、工程监理、检测、设备及材料采购、招标代理、造价咨询等也应纳入招标范围。对不按照批准的招标形式进行招标的，或者化整为零的，或者以其他任何方式招标的，应加大执法监察的力度，采取相应的措施，依据有关的法律、法规严厉查处。

（2）严格控制邀请招标项目的审批

上级有关主管部门在项目招投标审批中，应严格把关，控制邀请招标形式的审批，因为邀请招标招来的只能是招标人熟悉或有关系的企业，这个企业与招标人的关系较好或较密切，但在整个建筑市场上不一定是最优秀的企业。因此不是特殊工程，上级主管部门不应批准邀请招标。多批公开招标，因为公开招标可以避免对优秀投标人的排斥和腐败现象的发生。

(3) 在施工期短、技术难度不高项目上积极推行"合理最低投标价法"的总价承包

"合理最低投标价法"是指投标文件能够满足招标文件的各项要求，投标价不低于成本的投标人即作为中标候选人。其中标价格作为总价签订合同，这个总价视为实现和完成设计图纸的全部内容，达到合格标准的全部价格，不存在签订增加或减少的情况，这种方式的主要特点是对价格因素进行评审，对其他因素作为参考条件，投标价格是考虑中标的重要条件。中标价也是合同价，也是结算价。强有力地控制了工程成本和交易过程中的"亲密接触"以及不法行为等问题。

(4) 规范招标代理机构的行为

招标代理机构是招投标工作的中介机构，招投标工作是否规范，很大程度上取决于招标代理机构的职责、职能是否真正到位。然而，目前招标代理机构的代理权往往取决于业主，它必须按照业主的意愿去操作。建议有关部门应对此进行专题调研，制订一套切实可行的制度，以规范业主和招标代理机构的行为。

(5) 进一步加强专家库的建设

专家库的建设应认真履行每组抽取的专家包含技术、经济、管理、法律等行业的人员，抽取时专家库的主管部门应严格把关，只能让业主抽取一次，不能重抽。这样就解决了我们行政主管部门既当裁判又当运动员的问题，又使行政部门的领导解脱出来，从根本上促进招投标工作的"公开、公正、公平"，从源头上预防和治理腐败现象。

(6) 克服地方保护主义

市场封锁和地方保护主义不仅直接影响着建筑市场秩序的规范，而且也影响到重大建设工程项目的顺利实施，同时也是保护落后。因此，各级领导和有关部门应整顿和规范建筑市场秩序，保证重大建设工程项目顺利实施，充分认识市场封锁和地方保护主义的危害，积极主动地克服地方保护主义的倾向。

(7) 执法、监察部门进一步加大执法、监察的力度

招标结果如何，直接影响建设项目的顺利实施。因此各级行政主管部门，充分发挥职能作用，不断加大执法力度，完善各项规章制度，进一步规范招投标的运作机制，尽量减少招投标工作中的漏洞，不给腐败分子以可乘之机，做到发现一起，处理一起，决不手软，对犯罪分子真正起到震慑作用，让"禁令"这条高压线时时有电，常常有电，使我们的建筑市场真正成为公平、公开、公正、诚实信用的市场。

(三) 加强合同管理制

水利工程建设的合同管理是指以建设单位为一方当事人与工程承包方就工程合同依法进行订立、变更、解除、转让、履行、终止，以及审查、监督、控制等一系列行为的总称。工程的合同管理是工程项目管理的核心，也是控制工程投资的关键环节。合同管理贯穿于国际工程，从前期准备（勘测设计、编制招标文件）、招投标、合同谈判、合同签订、合同履行、工程索赔与反索赔以至工程质量缺陷处理等全过程。订立一个好的合同是保证项目顺利实施的前提，也是做好工程投资控制的保证。结合作者的工作实践认为做好以下几方面是十分必要的：

(1) 规范处理合同中施工条件、地质条件变化和施工方案的改变

首先在设计阶段，要认真审查项目的设计方案，工程数量、施工顺序和时间安排等内容编入图纸和规范中就不宜做大的变更。招标文件中提供的施工条件及地质资料，是投标人编制投标文件、确定投标方案、编制施工组织设计和确定投标报价的重要依据。由于设计阶段的不同、设计深度的不同及外部环境的变化等，工程实施阶段合同中提供的施工条件及地质资料变化是不可避免的。所以，工程实施阶段，正确区别和处理施工条件、地质条件变化和承包商施工方案的改变，按照合同规定公平、公正、科学、合理的方法去处理，是合同管理中不容忽视的一项工作，正确区分变化和改变的性质，是实施阶段投资控制的组成部分。

合同中规定应提供给承包商的施工条件，雇主没有按合同规定提供，

地质资料由于设计阶段和设计深度不同引起的变化或设计方案的重大变更，属于雇主责任，由此引起承包商施工方案改变和增加的费用，应由雇主承担。如：雇主没有按合同规定时间或规模提供施工用地、施工道路、施工供电等，地质资料中提供的土石类别、断层范围变化等。

由于承包商的原因引起的施工条件的改变、施工方法不当增加的工程投资、完善合同中施工方案不足或改变合同中的施工方案和方法、承包商原因延误的赶工方案等增加的费用，应由承包商承担。如：承包商施工场地布置超出了合同中规定的征地范围、水利工程招标工程量清单中总价承包的场内施工道路、施工水电方案的改变等。

在正确区分这些变化和改变的同时，各方应严格按照合同规定去履行，属于雇主的原因引起的，就应按照变更或索赔给予承包商补偿，属于承包商原因引起的就应由承包商承担。不能把承包商合同中规定的施工方案或工艺流程改变作为合同外项目，雇主也不能随意改变合同中提供的条件或要求承包商必须改变合同中的施工方案等，应按照合同规定的程序进行。

（2）规范工程变更和索赔

工程变更和索赔是水利工程实施阶段不可避免的，也是合同管理的核心工作。如何规范工程变更和索赔，不仅是维护合同各方的权益，同时也是保证工程按期、保质、保量建成的关键。所以，在工程实施阶段应规范工程变更和索赔。

工程变更产生的原因是多方面的，提出工程变更的单位可能是设计单位、雇主、工程师、承包商。所以应根据合同商务条款和技术条款的规定，正确区分是增加费用的变更还是不增加费用的变更。如：由于承包商施工方案、施工方法、工艺流程改变，合同中规定的由承包商自行设计的总价承包项目的结构尺寸改变，合同单价中已包括的内容的改变，合同中隐含的工作内容的改变等，属于不需要增加费用的变更。设计单位、雇主、工程师根据工程实际情况结合将来运行管理，对于永久工程数量、质量、其他特征、结构尺寸、工作内容的变更，属于增加费用的变更。承包商提出的变更应按合同规定正确区分，属于增加费用的变更应按合同规定去处理。承包商由于投标报价中永久工程项目的单价偏低或不当提出的变更，设计、雇主、工程师单位不应采纳这种变更。

工程索赔的原因也是多方面的，可能是不可预见的自然灾害、地质变化、雇主的违约等原因给承包商造成损失的承包商索赔，也可能是承包商的违约给雇主造成损失的雇主索赔。承包商索赔包括工期索赔、费用索赔等。所以，处理工程索赔应正确区分索赔的性质，根据合同索赔条款，结合索赔事件具体情况，实事求是、公平合理地去处理。

合同管理的各项工作需要按程序进行管理。价款支付、各类文件的报批、项目经理的变更需要按程序进行，处理工程变更和索赔更要严格按照合同规定去执行，不能有随意性。应规范工程变更的提出、变更的批准、变更的实施、变更价款的支付和索赔事件的发生、索赔提出、索赔报告的报送、索赔费用的批准及支付的程序。

工程变更和索赔费用处理的原则和方法，应按照合同规定进行。在正确区分工程变更和索赔性质的前提下，结合工程实际情况，公平、公正、科学、合理地处理。

（3）规范合同中各方关系

雇主、工程师、承包商在工程建设中是相互联系、相互约束的三方。如何公平、公正处理三方的关系，不仅关系到工程能否按期建成，工程质量能否保证，并将直接影响工程投资。所以，规范合同中各方关系是非常重要的。

各方的权利、责任、义务关系在合同的商务条款和技术条款中均有明确规定。在工程建设中规范处理各方的权利、责任、义务的前提是雇主、工程师、承包商三者之间是平等的。只有在这一前提下，才能够正确处理三方的权利、责任、义务之间的关系。如果在工程建设中不能按照合同规定的各方权利、责任、义务去执行，合同将无法执行，必将造成权责不明工程的工期、质量、投资无法控制。

按程序进行合同管理，是合同中规定的，也是工程建设需要的。按程序进行各方的工作，实质上就是各方在履行各自的权利、责任和义务。所以，在工程建设中规范各方的工作程序是保证合同履行的重要因素，按合同按程序报批各类文件，工程建设中重大问题的处理和重大变更承包商报送工程师审查后应由雇主批准后才能实施，施工图纸和设计变更通知单位由工程师审查后加盖工程师审查印章，才能发送承包商实施。

在处理三方利益关系时，应遵循的原则是公平、公正、合理，应遵循的依据是合同。三方应严格按照合同规定去履行各自的责任与义务，当一方当事人没有履行或没有完全履行而给对方造成损失时，当事人一方应当继续履行、采取补救措施、赔偿经济损失，保证合同顺利执行，只有这样才能处理好三方的利益关系。

（4）规范争端解决方式

在合同执行过程中，虽然对各方的权利、责任、义务、质量、计价、变更、索赔和风险等已做了明确规定，由于当事人对合同条款理解的不同，在处理涉及各方经济利益的问题时可能会产生争端。争端解决方式是协商、调解、仲裁和诉讼。如何规范争端解决方式？首先依据合同规定，正确理解合同条款的内容，查明争端产生的原因；其次由争端的双方确定争端解决方式，按照双方达成的解决方式进行处理。

争端解决首选方式应为协商。因为协商既节省费用和时间，又有利于双方合作关系的发展，保证合同顺利执行。其次是调解，在调解不成的情况下才能采用仲裁和诉讼的方式。不论采用哪种方式，都应根据合同的规定或双方达成的协议去解决争端，维护各方的权益，保证合同的执行。

（四）严格实行监理制

我国水利工程建设从1988年开始实施监理制，监理制度在目前的工程中已初见成效，对水利工程建设起到了不可替代的作用，现已被提到十分重要的地位，但由于起步较晚，受旧体制的影响，监理工作存在许多不规范的地方：监理管理的规章制度还不健全，缺乏有效的监管手段和方法，监理的深度、广度和市场开拓不够等。笔者认为对监理工作的加强可以从以下几个方面做起：

（1）建立一个强有力的项目监理机构

工程项目监理效果的好坏与监理机构的组建有着密切的关系，必须根据工程规模、工程特点和工程地点的周围环境给予综合考虑。一个强有力的、完善的项目监理机构，除应有一个好的总监外，组成人员也要精干，并且业务水平高，分工合理，职责明确。

监理部往往刚刚组建，就投入繁忙的日常监理工作。而如何在监理机构内部进行合理分工，明确各人的岗位职责，无论是从搞好工程管理的角度，还是增强各级监理人员的工作责任感和调动工作积极性角度来说，都是一件十分重要而又值得认真做的事。只有分工明确，监理人员各尽其能，才能充分发挥监理人员的主观能动性。也只有充分了解到各个专业监理工程师的特长与不足之处，在权力上予以适当控制，才能避免监理工作失误，规避监理工作风险。例如，同样是水工专业监理工程师，有的人出自施工单位，适合跑现场，在工程现场善于发现问题并及时解决问题，但却不习惯记监理日志或发监理通知单，使得监理工作无记录；有的人来自设计单位，善于理解设计意图，勤于书写而疏于实际操作，对于施工方法知之甚少。这就要求总监根据各人的不同专业特长，分配其不同的工作内容，明确其职责范围，并在其专业薄弱处予以弥补，完善其工作，使得监理部总体监理水平保持在较高的水准，以适应当前水利监理工作的需要。

（2）提高对实施项目监理的重要性的认识

目前业主、施工单位和质量监督机构对实行工程监理的意义及其重要性缺乏认识，对监理的地位及与各方的关系认识模糊。业主认为监理人员是自己的雇员，必须为自己的利益服务，按自己的要求办；施工单位认为监理人员是业主利益的代表，是为业主服务的，不把监理人员当作独立的第三方看待；质量监督机构又认为监理人员代替了自己的职能，因而忽视了对工程质量的监管。由于以上的模糊认识，使工程建设各方在关系的协调上不顺畅，监理人员的决定不能实施，监理人员的意见不能落实，监理效果不够理想，工程质量监督出现漏洞，当工程出现质量问题时，容易出现互相推诿的现象。因此建设项目各方及质量监督机构必须认识到在过去的工程建设管理体制下，由于责、权、利不明确，投资失控、进度失控、质量失控的现象不断出现，造成了许多"钓鱼工程"、高投入低效益工程和只有开工、没有竣工的"长尾巴工程"，浪费了大量的建设资金，使建设项目丧失了许多发挥效益的好时机，造成了很大损失。通过十多年的监理实践，证明实施工程建设监理是降低工程造价、加快工程进度、提高工程质量、减少投资浪费的有效措施。

（3）正确理解与明确业主与监理、承包商与监理的关系

业主与监理之间是通过工程建设监理合同建立起来的一种委托与被委托的关系，双方都要在合同约定的范围内行使各自的权利和义务。监理接受业主的委托对项目的实施进行监理，但监理不是业主在项目上的利益代表，监理必须依据工程建设监理合同、设计文件、有关规范、规定及相关法律对项目实施独立、科学、公正的监理。业主有权要求更换不称职的监理人员或解除监理合同，但不得干预和影响监理人员的正常工作，不得随意变更监理人员的指令。监理人员接受业主的委托，对项目的实施进行监督与管理，要对业主负责，监理的一切活动必须以监理合同和工程承包合同为依据，以实现三个控制为目的，以自己的名义独立进行，在业主与承包商之间要做到独立、客观、公正。

监理与承包商都受聘于业主，二者之间没有任何合同或协议关系，也不得签署任何形式的合同或协议，不得参与承包商与工程建设有关的任何活动，他们只是在双方各自与业主签署的合同、设计文件、相关法律法规和规范约束下的监督与被监督、管理与被管理的关系。监理人员必须独立公正地行使监理权，认真维护业主与承包商的合法权益，承包商对监理人员的决定不能接受时，可通过仲裁、申诉等方式解决。

（4）正确认识工程质量与工程建设各方的关系

一项工程项目的实施，要经过地质勘探、测量、设计、施工等多道程

序，每一道程序都与工程建设质量有着密不可分的关系。把工程建设质量简单归结到设计、施工或监理任何一方的说法或结论都是片面的、不完整的。当一项工程立项以后，要从工程的勘探、测量、设计阶段抓起，直到工程建成投入使用、正常运行为止。在整个过程中，任何一个环节的疏忽，都可能造成工程质量的缺陷，甚至工程质量事故。因此，当工程出现质量事故后，要根据工程建设资料，认真分析产生事故的原因，找出责任方，以便追究其责任。

（5）加强对监理人员的教育，维护监理人员的公正、客观、科学性

业主与监理人员是委托与被委托的合同关系，监理人员与承包商是监理与被监理的关系，监理要始终维持自己独立第三方的位置，监理人员在施工现场，要对业主和承包商做到客观、公正地评价工程质量，维护自己的声誉，赢得双方的尊重，赢得客户。

二、推进水利工程造价动态管理

实行静态控制和动态管理是适应市场经济发展的需要，是准确确定和控制工程造价的需要，是与国际接轨的需要。因此，结合目前国内的水利水电工程发展情况，对推进水利工程造价静态控制和动态管理提出以下建议：

（一）加强前期工作管理，控制静态投资

一是推行限额设计，并对设计单位切实实行节奖超罚，以调动设计人员的主动性和创造性。二是应严把审批关，未达到设计深度的项目，坚决不能审批。三是设计单位内部也应实行设计技术经济责任制。四是加大设计、审批人员的培养力度。五是加大执法监察力度，对严重超概算的项目，应着重分析原因。

（二）动态因素分析与动态投资结算方法相结合

1. 动态因素分析

动态因素是从项目立项到竣工验收，在建设全过程中影响工程造价的

可变因素。主要有：①设备、材料价格的变化。②人工工资的变化。③必要的设计变更。④地质、地层的变化。⑤与工程造价有关的政策性变化。⑥人力不可抗拒的自然灾害。

工程建设的全过程，是工程造价的动态因素影响造价增减的过程，也是工程造价逐步接近实际的过程。工程造价动态因素是客观存在的，其随着工程具体情况的不同，对工程造价影响程度也不同，我们应正确对待工程造价的动态因素。

2. 动态结算方法

水利水电工程建设的性质是比较明确的，但建安工作量并不能完全准确确定，国际上多采用单价合同实施工程方式承包，在工程建设项目合同价款的结算常采用"调价公式法"结算。1989年，能源部、水利部联合颁发的《水利水电工程执行概算编制办法》中，推荐了两种调价公式：①项目投资主管部门与建设单位之间的建筑安装工程投资的调价公式。②建设单位与施工企业之间的调价公式。

公式结合我国水利水电建设项目的特点，考虑了项目投资主管部门、建设单位和施工企业三级层次的管理体制，系统地制订了较符合我国国情的合同价款动态结算方法。调价公式的特点是，它可以直接计算出价格调整后，每月应支付给承包商合同价款的数值，且该数值的大小是随着每月市场价格的变化而变化的。

（三）动态地进行定额管理

一是尽快按照"量"与"价"分离的原则对现行定额进行修改和完善。二是应重视定额的时效性，对定额也应定期调整。建立健全物价信息网络。为达到有效合理地确定和控制各阶段的工程造价，应尽快建立权威的水利工程造价信息网络，健全的物价信息网络是工程造价动态管理的基础。

有关单位应尽快研究制订企业定额，推行实物计价法，与国际逐步接轨。建立企业定额、推广实物计价法是国际竞争的需要，由于我国缺乏必要的基础资料，很快实施还不太现实。但应下决心做这方面的工作，可以先在利用外资和国际招标的过程中使用，再逐步推广。

三、切实做好设计阶段的造价管理

工程造价控制贯穿于项目的可行性研究至项目的竣工投产全过程。很多人认为水利水电工程施工阶段需投入大量的人力、物力，所以控制施工的费用支出，也就控制了工程造价。因而普遍忽视了设计阶段的工程造价管理，而把工程造价管理主要精力放在工程施工阶段，即审核施工图预算、工程造价款的结算上。这样虽有一定效果，但往往是"亡羊补牢"，事倍功半。因此必须将建设工程的造价管理转移到建设前期和设计阶段来。另外在当前市场发育不完善、设计市场行为不规范、市场竞争不完全公平的情况下，很多设计单位的处境较为艰难，为了能承揽到设计任务，迁就业主不合理的要求，其后果往往是工程造价失控。工程设计质量不仅决定着项目的工程质量，更影响着工程造价。

（一）运用优化设计控制工程造价

优化设计可以有效地控制建设工程造价。一个优秀的设计方案，必须在使用上具有安全性和适用性，在技术上具有科学性和先进性，在经济上具有合理性，在外观上具有"美观性"。为了达到这些目的，在工程设计中应优化设计工作，科学地选择最优设计方案，确保最优设计方案付诸实施，节约人力、物力和财力，达到利国利民的目的。

优化设计控制工程造价已在水利水电建筑工程中取得了良好的效果。如黄壁庄水库除险加固工程的设计从技术和经济角度选用了3个方案，即：新增非常溢洪道；加高大坝，提高校核水位到128.50米；增加调节库容方案。通过对上述3个方案经济比较表明：加高大坝方案和提高校核水位、增加调节库容方案费用较高，分别为2.2856亿元和1.1079亿元，新增非常溢洪道方案为1.07亿元，费用相对较低。从技术上讲，加高大坝方案在大坝加高的同时，原电站重力坝、正常溢洪道等工程也需要加高加固，施工难度大；提高校核水位方案工程项目多，施工难度大，交通桥不易解决。而新增非常溢洪道方案，则避免了上述不利因素，仅从经济角度相比较节省投资，经济效益相当可观。由此可见，在设计阶段运用优化设计控制工程造价，是十分有效的措施。

（二）实行限额设计控制工程造价

所谓限额设计，就是按照已批准的可行性研究报告及投资估算控制初步设计，按照已批准的初步设计总概算控制施工图设计，同时各专业在保证达到使用功能的前提下，按分配的投资限额设计，严格控制技术设计和施工图设计的不合理变更，保证总投资限额不被突破。

①工程项目的投资估算是在可行性研究阶段编制的，批准后便作为初步设计的投资最高额度。工程概算是以初步设计为基础编制的，批准后便作为施工图设计的投资限额目标。这就是限额设计的"目标管理"的原则。按照这一目标，设计单位首先要加大可行性研究报告的深度，对多种设计方案和投资进行反复论证，选择其中一个方案，但它必须在技术上是先进的、经济上是合理的，这是实行限额设计的首要前提。初步设计须按批准的项目可行性研究报告进行设计，并将投资限额"目标管理"原则分解给各专业，这样才有可能保证总投资限额的实现。但由于可行性研究报告的深度和广度受多方面因素的限制，所以初步设计时出现一些修改是正常的，它将使设计更完善。由此引起的投资限额变化，在一定范围内是允许的，但必须认真对待，进行校核和调整，使初步设计概算成为施工图设计合理的投资控制目标。施工图设计必须按批准的初步设计确定的范围、内容、设计原则和概算限额进行设计。若专业设计有重大方案改变，必须先算账，后设计，这样才能实现工程造价限额设计的目标。

②推行限额设计，使投资估算真正起到控制作用，有利于维护投资估算的严肃性，有利于增强建设单位和设计单位责任感和经济意识，从而有效地为国家节约建设资金。

③推行限额设计可以促使设计单位强化对建设单位以及设计单位内部

的经济责任制。而经济责任制的核心则是正确处理责、权、利三者之间的有机关系。建设单位与设计单位签订设计承包合同，明确双方共同遵守的条款和各自权利、义务，相互约束。双方都要在已定的工作规范和建设标准下进行工作。设计单位在限定造价内进行设计，建设单位在确认投资限额后要协助设计单位工作，尊重设计单位的意见，不干预设计；建设单位可按限额造价与设计造价差值的百分比对设计单位进行奖罚，把建设投资效益与设计单位的经济效益联系起来。同时设计单位也要实行内部承包，把建设项目的投资效益直接与设计人员的切身利益挂起钩来，使每个设计人员始终保持经济头脑，时时考虑着如何降低工程造价。

④限额设计并不是一味考虑节约投资，盲目地降低造价，而是在尊重科学、尊重实际、实事求是的前提下，采用优化设计，使技术和经济紧密地结合，通过技术比较、经济分析和效果评价等方式，力求在技术先进条件下经济合理，在经济合理条件下技术先进，以最少的投入创造最大的效益，为国家节省建设资金。如岩滩水电站围堰工程设计时，设计人员根据初设概算4000万元的指标，通过多方案经济和技术比较，进行优化设计，采用碾压混凝土围堰，加快了施工进度，技术先进，比常态混凝土节约近2/3，共节省投资1223万元。

（三）在设计阶段运用价值工程方法进行工程投资控制

价值工程又称价值分析，是运用集体智慧和通过有组织的活动，着重对产品进行功能分析，使之以较低的成本，可靠地实现产品必要的功能，从而提高产品价值的一套科学技术经济分析方法。这里的"价值"，是功能和实现这个功能所消耗费用（成本）的比值。

要使建筑产品的价值得以大幅度地提高，以获得较高的经济效益，必须首先在工程设计阶段应用价值工程方法，使建筑产品的功能与造价合理分配。也就是说，在工程设计中应用价值工程的原理和方法，在保证建筑产品功能不变或提高的情况下，力求节约成本，设计出更符合用户需要的产品。国外一些实际工程表明，在设计阶段采用价值工程方法可降低成本

25%—40%，这是在工程建设其他阶段难以达到的效果。因此，在设计中要作 5 种比较：①功能提高，造价降低，这是最理想途径。②功能不变，造价降低。③功能略有下降，但带来造价大幅度下降。④造价不变，功能提高。⑤造价略有上升，但带来功能大幅度提高。

每个设计人员应熟练地应用价值工程方法和系统工程方法，对多种设计方案进行经济比较，优选最佳方案，在满足需要、消耗材料和价格指标的前提下，进行经济评价和效益评比。

（四）实行设计招投标，控制工程投资

改革开放以来，建筑行业引进了竞争机制，实行招投标制。但由于种种原因，招投标主要在施工阶段，设计阶段招投标工作开展不够广泛。推行设计招标，能够使设计技术和成果作为有价值的技术商品进入市场，打破地区、部门的界限，开展设计竞争，防止垄断，更好地完成日益繁重的工程设计任务。在设计中采用设计招标，不但对设计方案的技术、安全、功能等进行考核，更重要的是加大对工程结构方案、工程造价的管理力度，迫使设计单位以"价"控制"量"，精打细算，精心设计，将投资控制首先落实到设计阶段。随着社会主义市场经济的发展，设计招投标制度必将建立、普及、完善和发展起来。因此严格控制工程投资，是社会主义市场经济的必然要求，是设计招标的缘由和目标，同时设计招标是控制工程投资的一种有效手段。

四、完善造价编制体系

定额是确定工程造价的主要依据。长期以来，水利水电行业的概预算定额使用期比较长，基本上实行传统的单一的概预算定额管理。在使用定额的过程中，定额中存在的问题逐步显露出来。因此，定期对概预算定额、费用定额、编制办法等进行配套的动态改革，才能满足现时的需要，工程造价才能得到真正的控制。结合存在的问题对造价编制体系提出以下改革

建议：

（一）建立以定额为指导的工程造价机制

为适应社会主义市场经济体制改革的需要，更好地与国际通用的工程计价办法接轨，合理确定水力发电工程投资，国家在水利水电工程造价管理中全面提倡应用"实物法"来编制项目各阶段的工程造价。实物法是指按具体项目消耗的工、料、机以及当时的市场价格来确定项目总费用。为了更好地适应这种预方法，应当对现行工程定额的管理实行量价分离，由国务院建设行政主管部门统一制定符合国家有关标准、规范，并反映一定时期施工水平的人工、材料、机械等消耗量标准，实现国家对消耗量标准的宏观管理；制订统一的工程项目划分、工程量计算规则，为逐步实行工程量清单报价创造条件。

（二）实现工程定额信息化动态管理

造价信息即建筑单位产品中工、料、机的消耗量以及相应市场价格。及时、准确地捕捉建筑市场价格信息以及工、料、机的消耗量，对建筑产品正确估价起着重要的作用。由于当前施工科技水平发展较快，新设备、新工艺、新材料随之不断出现，施工企业的管理水平和职工素质也在不断提高，人员的工资水平以及实物劳动生产率不断提高，国家对机械的折旧也制订了相关的加速折旧制度，因此，这对工程定额修编速度提出更高要求。

现行的水利水电建筑工程概算定额是 2002 年发布并开始执行的，虽然发布时间不长，但很多方面不能适应目前施工水平的发展。许多新工艺、新材料、新设备定额空缺；许多定额中已有的子目施工技术水平较低，工、料、机的消耗量与目前相比较高，基础单价较低，而相互又不能得以平衡。所以工程造价管理机构应做好工程造价资料积累工作，建立相应的信息网络系统，适当缩短定额的修编周期；由工程造价管理机构依据市场价格的变化及时发布人工、材料、机械单价等工程造价相关信息和指数，实现工程定额的动态管理。

（三）强化工程定额的可操作性

工程的价格管理应不仅仅注重总价合理，也应力求单价和每项单价中的构成合理，执行中具有较强的可操作性。就现行水利水电建筑工程概算定额来讲，施工机械定额效率过高，施工单位普遍反映实际施工水平较定额水平有很大差距。究其原因在于与现行水利水电建筑工程概算定额相配套的施工机械台时费定额，在缩短使用年限的基础上，台时费提高幅度较大。

为使工程价格基本维持在原来的水平上，对定额水平做了大幅度提高。如：自卸汽车台班费定额（1997年版）使用年限为9年，寿命台班为2475台班；台时费定额（2002年版）使用年限为6年，寿命令时为8100台时，台班时间利用率4191小时。因此台时费提高幅度也较大，为使运输价格不过分上扬，定额运输效率就要大幅度提高，这种矛盾造成实际工作中极大的不可操作性。

在计划经济体制下，水利水电工程使用施工机械的购置费是在概算中单独立项的，自20世纪80年代中期以来，水利水电工程建设走向市场，在概算中取消施工机械的购置费，在计划利润中增列技术装备费，施工机械的购置变为施工企业自己的行为。但是，由于大型水利水电工程建设的技术装备率高，所列技术装备费比率较低，据20世纪80年代初统计，大型水利水电工程建设的施工机械购置费用消耗占总投资的9%，占建筑安装工程投资的12%。随着施工技术的进步，技术装备率不断提高，这种比率还在加大，必然拉动工程成本提高，建设单位因此获得了较高利益，施工企业却为此付出代价，甚至背上了沉重的债务，这对我国施工企业的发展和参与国际竞争造成很大的压力。

（四）逐步推行"实物法"估价

"实物法"估价为国际惯例和通用，其最大优势是贴近工程实际，真实和准确地反映工程成本、利润、风险以及业主的筹资及费用，同时也直接反映和体现了建设各方的实力优劣，有利于促进水电建设改革，有利于建立以效益为中心的管理体系。"实物法"估价是技术、经济与管理的有机结合，它体现了工程成本、质量和工期的最佳结合，具有市场竞争意识和潜力，有利于发展和解放生产力。所以，"实物法"是造价改革的方向和必然趋势。

当前"实物法"估价在国内尚处于起步阶段。从"实物法"估价所需基础资料的积累，以及复合型人才的培养，到逐步被人们熟悉和接受，还需要一个相当长的过程。因此，加快对"实物法"估价的研究，应从"量""价"分离和水利水电工程建设跨地区、跨行业差别利润率入手，加大市场调节作用，改人工、材料、机械计划价为市场指导价，并在此基础上实行工程造价的费用、项目的划分、工程量计算规则、计算单位的统一等，逐渐向国际通用规则靠拢，逐步推行"实物法"。

五、加强项目投资监管

基本建设是一项涉及面很广的社会活动，从建设项目的立项、建设资金的筹措、设计文件的编制和审批、移民安置、工程招标承包、工程建设监理、竣工验收和竣工决算编报，直到交付使用和以后的还贷等，都要涉及很多部门。过去，国家也曾制订了一些规章制度，如基本建设程序等，但这些法规制订的时间都比较早，而且也不系统。当前，正处于建立社会主义市场经济体制时期，需要建立一套适合于基本建设的完整的法律体系，用法律来规范有关部门在基本建设活动中的权力、义务和责任，约束基本建设活动，依法治理。

此外，加强经济管理工作，制订持证上岗制度，对从业人员定期培训和考核，提高从业人员素质；加强市场调查研究，加强经济预测工作，也是控制工程投资的有效措施。

为了有效地控制工程造价，我们应从项目一开始就要加强审查、审计力度，对资金的使用实行全过程动态跟踪，做好项目前期、中期和后期三环节控制。加强建设项目的审查与审计是解决"三超"(概算超估算、预算超概算、决算超预算)顽疾的有效方法。建设项目"三超"的原因是多方面的,如在项目初期阶段,设计未到规定深度,工作粗糙,造成项目实施过程中工程量大量增加或扩大投资规模,预算人员在编制估算时,机械地套用指标或调整不当,在编制概预算时定额、费用选择不合理,设备、材料价格定位不准,还受"长官意志、业主思想"的影响等,所有这些,都是造成投资失真的重要因素,因此,在项目的初期阶段,应审查设计方案、设备选型、投资估算、设计概算、投资效益等。在项目的中期,即项目实施阶段,应跟踪审查设备和材料订货、工程预算、工程进度款拨付。在项目的后期,重点是审查工程的结算与决算。总之,投资商应审查估算和概算的准确性、工程预算和结算的真实性、业主开支的合理性。

六、引入专业的投资分析方法

水利工程项目投资是指水利工程达到设计效益所需的全部资金(包括规划、设计、科研等必要的前期费用),是反映工程规模的综合性指标,其构成除主体工程外,应根据工程的具体情况,包括必要的附属工程、配套工程、设备购置以及移民占地与淹没赔偿等费用。当修建工程使原有效益或生态环境受到较大影响时,还应计算替代补救农作物措施所附加的投资。

水利的投入要素表现为工程、技术、管理、人员等诸多方面。这些要素在水利管理系统中,具有一定的功能,因而在研究水利投资结构时要着重考虑:一是水利系统整体功能的发挥;二是系统各要素功能的发挥以及要素间的相互协调;三是水利投资优化数学模型。水利建设的工程体系包含防洪工程,水资源工程、水土保持及环境保护工程、各种工程具有不同的作用,且各类工程的经济效益和社会效益也各不相同。同时,在每一类工程中又有具体的项目,各个项目的风险和收益各不相同。在总投入资金一定的情况下,要努力使总产出效益最大,这就要求对各类工程项目进行可行性分析，对多种投资组合方案进行选择，从而确定最科学的投资组合。

常用的投资组合分析方法主要有两种：Bosten 矩阵和通用矩阵分析法。Bosten 矩阵是以水利经营的全部产品和业务的组合为研究对象，分析水利相关经营业务之间的现金流量的平衡问题，以寻求企业资源的最佳组合。其横坐标表示水利产业相对市场占有率，是指水利产业的某种产品或服务市场份额与最大的竞争对手的市场份额的比率，以 1.0 为界线划分为高低两个区域；纵坐标表示水利行业的成长率，表示该行业过去两年和今后两年的平均市场销售增长速度，通常以 10% 的增长速度为限划分为两个区域。根据项目决定是否追加投资或重新进行资金组合。对水利投资建设项目的效益评价现在常用的有三种方法：定量定性分析法，有无对比分析法和多目标综合分析评价方法。对大型水利项目风险的分析有很多现有的模型可以借助，如活动网络（PERT，GERT，VERT 等）、Monte Carl、模拟、模糊数学、影响图、CIM 模型等。

七、建立一支稳定的、高素质的工程造价管理队伍

一支高素质的工程造价专业人才队伍是实施水利工程造价管理的保证。当前，除了应全面实行专业人员上岗培训和考核持证上岗制度、加强培训学习和对外交流、促进造价专业人员理论水平和业务素质的提高外，作为水利工程造价专业人员，自身应深入学习研究市场经济和投资管理理论，认真分析、探讨水利工程价格构成和影响因素，多方面接触工程实际，了解施工过程和施工技术，掌握投资实际使用情况，与控制目标值进行对比分析，不断总结经验，提高造价管理水平。

现行的水利水电工程造价管理模式主要是政府（或业主）直接参与或委托建设单位（或项目部）管理。这种管理模式经过多年的摸索和完善，在决策阶段及设计阶段的造价管理过程中，规定在不同设计阶段必须编制概算或预算；制订概预算编制原则、内容、方法和审批办法，规定编制、

审批、管理权限等一系列的程序，建设前期的造价管理已逐渐规范。但对实施阶段的造价管理，由于政府（或业主）主管部门人力资源的不足及客观存在的一些因素，基本是依赖建设单位或项目部，对实施期间的造价管理最多是流于形式的检查或听取汇报。

此外，水利水电工程由于规模大，建设周期长，技术复杂，人财物消耗大，建设单位或项目部工程技术人员的经济观念和造价控制意识、知识水平参差不齐，缺乏专业造价人员，工程造价的控制目标很难实现。一旦决策失误，将造成无可挽回的巨大经济损失。特别是水利工程，往往到了竣工决算审计阶段，投资执行的偏差及种种问题才一并暴露出来，但为时已晚，造成的经济损失将无法弥补。

在这种情况下，鼓励、培养一批德才兼备的造价咨询队伍参与项目施工期的造价控制，借鉴国际上代理式项目管理模式，对项目施工期的造价控制选定适当的咨询服务单位，作为政府主管部门（或业主）的一个方便工具，帮助建设单位搞好施工期的造价管理并向业主提供合同管理、信息管理和组织协调等服务是一种趋势，并且作为第三方认定机构对承发包双方的造价进行过程认定和竣工结算，对工程投资进行事前预控、事中控制，回避或缓解了不同管理层次间的利益关系和矛盾，有利于公平、合理地确定工程造价。

总之，水利水电工程项目实施阶段工程造价管理是一项综合管理，从招标开始至工程竣工，每一环节各有特点，在造价管理过程中应抓住重点，深入工程实际，科学合理地确定工程造价。

第七章 经济效果评价指标和评价方法

第一节 净现值(年值)法和效益费用比法

一、净现值(年值)法

净现值(年值)法(NPV)是一种资本预算技术,用于评估投资项目的经济可行性和盈利能力。它基于现金流量的时间价值概念,将项目的未来现金流量折现到当前时点,以确定项目的净现值。

在净现值法中,项目的净现值是指项目未来现金流量的现值总和减去项目的初始投资。如果净现值为正,表示项目的现值总和大于初始投资,即项目有盈利能力;如果净现值为负,则表示项目的现值总和小于初始投资,即项目不具备盈利能力。

计算净现值的步骤如下:

(1)确定项目的现金流量:估计项目在每个时间段(通常是年度)的现金流入和现金流出。这包括初始投资和未来每年的预期现金流量。

(2)确定折现率:折现率反映了投资的风险和时间价值。它通常是根据项目的风险水平和市场利率确定的。

(3)计算每个时间段的现值:将每个时间段的现金流量除以对应时间

段的折现率,得到现金流量的现值。

(4)计算净现值:将所有现值相加,再减去初始投资。如果净现值为正,项目具有经济可行性和盈利能力;如果净现值为负,则项目不具备经济可行性。

根据净现值法的原理,投资者通常会选择净现值为正的项目,因为这表示项目的回报大于投资,并且可以增加投资者的财富。然而,净现值法也有一些局限性,例如它假设现金流量可以准确预测,并且没有考虑项目的规模和时间长度对决策的影响。因此,在实际应用中,净现值法常常与其他资本预算技术一起使用,以综合评估投资项目的可行性。

二、效益费用比法

效益费用比法(BCR)是一种资本预算技术,用于评估投资项目的经济可行性和盈利能力。BCR通过比较项目的预期效益与成本,确定项目的效益与成本之间的关系。

在效益费用比法中,项目的效益是指项目在一定时间范围内产生的经济收益,如净现金流量、利润等。项目的成本是指项目实施和运营所需的资金投入,包括初始投资和运营成本等。

计算效益费用比的步骤如下:

(1)确定项目的效益:估计项目在一定时间范围内的经济效益,通常以现金流量或利润为指标。这包括项目带来的收入增加、成本节约、减少风险等方面的效益。

(2)确定项目的成本:计算项目的初始投资和运营成本,包括项目建设、设备采购、人力资源、维护等费用。

(3)计算效益与成本之间的比率:将项目的预期效益除以项目的成本,得到效益费用比。

(4)判断项目可行性:根据效益费用比的数值判断项目的经济可行性。

通常情况下，如果效益费用比大于1，表示项目的效益超过成本，即项目有盈利能力；如果效益费用比小于1，表示项目的效益不足以覆盖成本，即项目不具备经济可行性。

效益费用比法的优点在于它提供了一种直观的比较效益与成本之间关系的方法，能够帮助决策者进行快速评估和比较不同项目的可行性。然而，它也有一些限制，例如没有考虑现金流量的时间价值和风险因素的影响。因此，在实际应用中，效益费用比法通常与其他资本预算技术一起使用，以综合评估投资项目的可行性。

第二节 内部收益率法和投资回收年限法

一、内部收益率法

内部收益率法（IRR）是一种资本预算技术，用于评估投资项目的经济可行性和盈利能力。IRR是指使项目的净现值等于零的折现率，也可以理解为项目的内部回报率。

在内部收益率法中，假设项目的现金流量在不同时间段内发生，并且项目的净现值可以通过将现金流量折现到当前时点来计算。IRR是使净现值为零的折现率，即项目的内部回报率。

计算内部收益率的步骤如下：

（1）确定项目的现金流量：估计项目在每个时间段（通常是年度）的现金流入和现金流出。这包括初始投资和未来每年的预期现金流量。

（2）假设一个折现率：首先，假设一个折现率，通常从0%到100%之间。这个折现率将用于将未来现金流量折现到当前时点。

（3）计算净现值：使用假设的折现率将项目的现金流量折现到当前时点，计算项目的净现值。

（4）调整折现率：根据计算出的净现值与零的关系，逐步调整折现率。通过迭代计算，找到使净现值最接近零的折现率。

（5）确定内部收益率：找到使净现值最接近零的折现率，即为项目的内部收益率。

根据内部收益率法的原理，投资者通常会选择内部收益率高于市场利率或投资的最低要求的项目，因为这表示项目的回报率高于投资成本，并且可以增加投资者的财富。然而，内部收益率法也有一些局限性，例如存在多个内部收益率的情况，或者可能无法计算出内部收益率。因此，在实际应用中，内部收益率法通常与其他资本预算技术一起使用，以综合评估投资项目的可行性。

二、投资回收年限法

投资回收年限法（Payback Period）是一种资本预算技术，用于评估投资项目的回收期限和风险。它基于项目的现金流量，计算从项目开始到回收投资的时间。

在投资回收年限法中，回收期限是指从项目开始投资到通过现金流量回收全部投资的时间。投资回收年限法的核心思想是希望能够尽快回收投资，以降低风险和增加项目的流动性。

计算投资回收年限的步骤如下：

（1）确定项目的现金流量：估计项目在每个时间段（通常是年度）的现金流入和现金流出。这包括初始投资和未来每年的预期现金流量。

（2）累计现金流量：计算从项目开始的每个时间段的现金流量累计总和。

（3）确定回收期限：确定投资回收年限，即累计现金流量达到或超过初始投资的时间点。

投资回收年限法的计算结果是一个时间段，通常以年为单位。较短的回收期限表示投资回报更快,而较长的回收期限则表示投资回报较慢。

投资回收年限法的优点是简单易懂,可以快速评估项目的回收期限。然而,它也有一些限制,例如没有考虑现金流量的时间价值,忽略了项目的长期盈利能力和投资的持续性。因此,在实际应用中,投资回收年限法通常与其他资本预算技术一起使用,以综合评估投资项目的可行性和风险。

第三节 经济效果评价方法

经济效果评价方法是用于评估投资项目或政策的经济效果和影响的一系列方法。这些方法旨在量化和分析项目对经济体系的影响,以便决策者能够做出理性的决策。

以下是几种常见的经济效果评价方法:

(1)净现值:通过将项目的未来现金流量折现到当前时点,计算项目的净现值。如果净现值为正,表示项目具有经济效益;如果净现值为负,则表示项目不具备经济效益。

(2)内部收益率:计算项目的内部回报率,即使项目的净现值等于零的折现率。较高的内部收益率表示项目具有更高的盈利能力。

(3)效益费用比:将项目的预期效益与成本进行比较,计算效益与成本之间的比率。如果效益费用比大于1,表示项目的效益超过成本,具备经济可行性。

(4)投资回收年限:计算从项目开始到回收全部投资的时间。较短的投资回收年限表示投资回报更快。

(5)敏感性分析:通过改变关键参数或假设,评估项目对不确定因素的敏感性。这可以帮助识别项目的风险和不确定性,并确定最具影响力的因素。

(6)成本效益分析:综合考虑项目的成本和效益,通过货币化的方式进行比较。成本效益分析可以综合评估项目的经济效益，并帮助决策者权衡利益。

（7）外部性评估：评估项目对社会和环境的外部影响，如环境影响评估、社会影响评估等。这些评估可以考虑非经济因素，并对项目的可持续性和整体影响进行评估。

这些经济效果评价方法可以单独或结合使用，根据具体情况选择最适合的方法。综合运用这些方法可以提供全面的经济效果评估，为决策者提供科学依据。

第四节　不同决策结构的评价方法

不同决策结构的评价方法指的是根据决策的特点和决策者的目标选择适用的评价方法。以下是几种常见的评价方法，适用于不同的决策结构：

（1）单目标评价方法：适用于单一目标的决策问题。常见的方法包括净现值法、内部收益率法、效益费用比法等。这些方法将决策问题转化为经济效益的评估，并通过比较不同方案的经济指标来做出决策。

（2）多目标评价方法：适用于多个相互关联的目标存在的决策问题。常见的方法包括成本效益分析、层次分析法、模糊综合评价法等。这些方法通过对不同目标进行权衡和综合评估，帮助决策者做出综合考虑的决策。

（3）风险评价方法：适用于决策中存在不确定性和风险的问题。常见的方法包括敏感性分析、蒙特卡罗模拟、实证分析等。这些方法通过对不确定因素进行分析和模拟，帮助决策者评估不同决策方案的风险和不确定性。

（4）时间序列评价方法：适用于时间序列数据存在的决策问题。常见的方法包括趋势分析、时间序列预测等。这些方法通过对历史数据和趋势进行分析和预测，帮助决策者了解未来的发展趋势，做出相应决策。

（5）比较评价方法：适用于需要进行多个方案的比较和选择的问题。常见的方法包括决策矩阵、成对比较法等。这些方法通过对不同方案进行定性或定量的比较和评估，帮助决策者选择最优方案。

在实际应用中，根据具体的决策问题和决策者的需求，可以综合运用多种评价方法，以得出全面、合理的决策结论。同时，还需要考虑决策的时间限制、信息可获得性、决策者的风险承受能力等因素，选择适合的评价方法。

第八章 工程项目国民经济评价

经济评价是对建设项目的费用、效益、经济合理性及财务可行性等所做的分析评估。经济评价包括财务评价和国民经济评价,是项目可行性研究的重要组成部分。本章结合水利工程实际,在简要说明国民经济评价和财务评价的内容、程序及评价指标的基础上,系统阐述国民经济评价和财务评价中费用和效益的识别,并介绍财务评价中资金的来源与融资方案分析、财务报表的编制及财务效果分析以及不确定性分析与风险分析等内容。

投资经济活动是十分复杂的,某些经济数据、参数发生变化是不可避免的,为了分析评价这些因素的变化对投资项目的影响程度,必须进行不确定性分析和风险分析,以保证投资决策的科学性和准确性。

第一节 国民经济评价与财务评价概述

一、国民经济评价与财务评价的关系

国民经济评价与财务评价是同一个项目,且两者有紧密的联系。但两者代表的利益主体不同,从而存在着以下主要区别:

(1)评价角度不同。国民经济评价是在合理配置社会资源的前提下,

从国家（社会）经济整体利益的角度出发，考察项目对国民经济的贡献，分析项目的经济效率、效果和对社会的影响，评价项目在宏观经济上的合理性。财务评价是在国家现行财税制度和价格体系的前提下，从项目的角度出发，计算项目范围内的财务费用和效益，分析项目的财务生存能力、偿债能力和盈利能力，评价项目在财务上的可行性。

（2）费用与效益的计算范围不同。国民经济评价着眼于考察社会为项目付出的费用和社会从项目获得的效益，故属于国民经济内部转移的各种补贴等不作为项目的效益，各种税金等不作为项目的费用。财务评价是从项目财务的角度，确定项目实际的财务支出和收入，交纳的各种税金等作为项目的财务支出，而各种补贴等作为项目的收入。国民经济评价要分析、计算项目的间接费用与间接效益，即外部效果。财务评价只计算项目直接的支出与收入。

（3）采用的投入物和产出物的价格不同。国民经济评价采用影子价格，财务评价采用财务价格。

国民经济评价采用的影子价格，是指依据一定原则确定的，比财务价格更为合理的价格。它能更好地反映产品的真实价值，市场供求情况及资源稀缺程度，并能使资源配置更趋于优化合理。财务评价采用的财务价格，是指以现行价格体系为基础的预测价格。国内现行价格包括现行商品价格和收费标准，有国家定价、国家指导价和市场价三种价格形式。在各种价格并存的情况下，项目财务价格应是预计最有可能发生的价格。

（4）主要参数不同。国民经济评价采用国家统一测定的影子汇率和社会折现率，财务评价采用国家外汇牌价和行业财务基准收益率。

社会折现率是项目国民经济的重要通用参数，表征社会对资金时间价值的估算，从整个国民经济角度所要求的资金投资收益率标准来看，代表占用社会资金所应获得的最低收益率。采用适当的社会折现率进行项目国民经济评价，有助于合理使用建设资金，引导投资方向，调控投资规模，促进资金的合理配置。目前，国家规定全国各行业、各地区都统一采用8%

的社会折现率。考虑到水利建设项目的特殊性,特别是防洪等属于社会公益性质的建设项目,有些效益,如政治效益、社会效益、环境效益、地区经济发展的效益等很难用货币表示,使得这些项目中用货币表示的效益比它实际发挥的效益要小。因此,规定对属于或兼有社会公益性质的项目,可同时采用一个略低的社会折现率进行国民经济评价,供项目决策参考。一般可先按8%的社会折现率进行计算和比较,必要时,再按6%的社会折现率进行计算和比较。

(5) 主要评价指标不同。国民经济评价是从全社会或国民经济综合平衡角度进行经济评价,其评价内容包括盈利能力分析和外汇效果分析,对难以量化的外部效果还需进行定性分析。评价指标有经济净现值、经济内部收益率、经济效益费用比、经济换汇成本等指标。财务评价则是从项目财务核算单位的角度考察项目在财务上的可行性,对盈利项目,其评价指标有财务内部收益率、投资回收期、贷款偿还期等,对于公益性项目,则以产品成本、价格、补偿办法、优惠措施等作为评价指标。

国民经济评价旨在把国家各种有限的资源用于国家最需要的投资项目上,使资源得到合理的配置,因此,原则上应以国民经济评价为主,但企业是投资后果的直接承受者,财务评价是企业投资决策的基础。当财务评价与国民经济评价的结论相矛盾时,项目及方案的取舍一般应取决于国民经济评价的结果,但财务评价结论仍然是项目决策的重要依据。当国民经济评价认为可行,而财务评价认为不可行时,说明该项目是国计民生急需的项目,应研究提出由国家和地方的财政补贴政策或减免税等经济优惠政策,使建设项目在财务评价上也可接受。

二、项目经济评价的原则

项目经济评价是一项政策性、综合性、技术性很强的工作,为了提高经济评价的准确性和可靠性,真实地反映项目建成后的实际效果,项目经济评价应在国家宏观经济政策指导下进行，使各投资主体的内在利益符合国家宏观经济计划的发展目标。具体应遵循以下原则和要求：

（1）必须符合国家经济发展的产业政策，投资的方针、政策以及有关的法规。

（2）项目经济评价应在国民经济与社会发展的中长期计划、行业规划、地区规划、流域规划指导下进行。

（3）项目经济评价必须具备应有的基础条件，所使用的各种基础资料和数据，如建设投资、年运行费用、产品产量、销售价格等，务求翔实、准确，避免重复计算，严禁有意扩大或缩小。

（4）项目经济评价中所采用的效益和费用计算应遵循口径对应一致的原则，即效益计算到哪一个层次，费用也算到哪一个层次，例如水电工程，若费用只计算了水电站本身的费用，则在计算发电效益时，采用的电价就只能是上网电价。

（5）项目经济评价应考虑资金的时间价值，以动态分析为主，认真计算国家和有关部门所规定的动态指标，作为对项目经济评价的主要依据。

（6）在项目国民经济评价和财务评价的基础上，做好不确定性因素的分析，以保证建设项目能适应在建设和运行中可能发生的各种变化，达到预期（设计）的效益。

（7）考虑到水利建设项目特别是大型综合利用水利工程项目情况复杂，有许多效益和影响不能用货币表示，甚至不能定量，因此，在进行经济评价时，除做好以货币表示的经济效果指标的计算和比较外，还应补充定性分析和实物指标分析，以便全面地阐述和评价水利建设项目的综合经济效益。

（8）项目经济评价一般都应按国家和有关部门的规定，认真做好国民经济评价和财务评价，并以国民经济评价的结论为主考虑项目或方案的取舍。由于水利建设项目特别是大型水利工程项目规模巨大，投入和产出都很大，对国民经济和社会发展影响深远，经济评价内容除按一般程序进行国民经济评价和财务评价指标计算分析外，还应根据本项目的特殊问题和人们所关心的问题增加若干专题经济研究，以便从不同侧面把兴建水利工程的利弊分析清楚，正确评价其整体效益和影响。

（9）必须坚持实事求是的原则，保证项目经济评价的客观性、科学性和公正性。

对大、中型水利建设项目，在国民经济评价和财务评价的基础上，还应根据具体情况，分析以下经济评价补充指标，并与可比的同类项目或项目群进行比较，分析项目的经济合理性。经济评价补充指标有：①总投资和单位功能投资指标，包括单位库容投资、单位防洪面积投资、单位堤防长度投资、单位灌溉面积投资、单位供水量投资、单位装机容量投资、单位电量投资等；②主要工程量、单位功能的工程量指标，包括单位库容或单位河道、堤防长度的土石方量、钢材、木材、水泥用量等；③水库淹没实物量和工程占地面积、单位功能的淹没占地指标，包括单位库容淹没人口、耕地指标，单位灌溉面积或单位河道、堤防长度挖压占地指标等。

对特别重要的水利建设项目，应站在国民经济总体的高度，从以下几方面分析、评价建设项目在国民经济中的作用和影响：①在国家、流域、地区国民经济中的地位和作用；②对国家产业政策、生产力布局的适应程度；③投资规模与国家、地区的承受能力；④水库淹没、工程占地对地区社会经济的影响。

对工程规模大，初始运行期长的水利建设项目，应分析以下经济评价补充指标，分析评价项目的经济合理性：①开始发挥效益时所需投资占项目总投资的比例；②初期效益分别占项目总费用和项目总效益的比例。

三、国民经济评价

国民经济评价，是在一定的社会经济制度下，按照资源合理配置的原则，从国家整体角度考察项目的费用和效益，用货物影子价格、影子汇率、影子工资和社会折现率等经济参数，分析计算项目对国民经济的净贡献，评价项目的经济合理性。

（一）国民经济评价的目的和作用

国民经济评价是一种宏观评价，只有多数项目的建设符合整个国民经济发展的需要，才能在充分合理利用有限资源的前提下，使国家获得最大的净效益。我们可以把国民经济作为一个大系统，项目的建设作为这个大系统中的一个子系统，项目的建设与生产，要从国民经济这个大系统中汲取资金、劳力、资源、土地等投入物，同时也向国民经济这个大系统提供一定数量的产出物（产品、服务等）。国民经济评价就是评价项目从国民经济中所汲取的投入与向国民经济提供的产出对国民经济这个大系统的经济目标的影响，从而选择对大系统目标优化最有利的项目或方案，达到合理利用有限资源，使国家获得最大净效益的目的。

我国不少商品的价格不能反映价值，也不能反映供求关系。在这种商品价格严重"失真"的条件下，按现行价格计算项目的投入或产出，不能确切地反映项目建设给国民经济带来的效益与费用支出。国民经济评价采用能反映资源真实价值的影子价格计算建设项目的费用和效益，可以真实反映项目对国民经济的净贡献，得出该项目的建设是否对国民经济总目标有利的结论。

国民经济评价可以起到鼓励或抑制某些行业或项目发展的作用，促进国家资源的合理分配。国家可以通过调整社会折现率这个重要的国家参数来控制投资总规模，当投资规模膨胀时，可适当提高社会折现率，控制一些项目的通过。同时，有了足够数量的、经过充分论证和科学评价的备选项目，便于各级计划部门从宏观经济角度对项目进行排队和取舍，有利于提高计划质量，达到投资决策科学化的目的。

（二）国民经济评价的费用与效益

1. 费用与效益的识别

确定建设项目经济合理性的基本途径是将建设项目的费用与效益进行比较，进而计算其对国民经济的净贡献。因此，正确地识别费用与效益，是保证国民经济评价正确性的重要条件和必要前提。

由于国民经济评价是从整个国民经济增长的目标出发，以项目对国民经济的净贡献大小来考察项目的。所以，国民经济评价中所指建设项目的费用应是国民经济为项目建设投入的全部代价，所指建设项目的效益应是项目为国民经济做出的全部贡献。为此，对项目实际效果的衡量，不仅应计算直接费用和直接效益，还应计算项目的间接费用和间接效益。属于国民经济内部转移支付的部分不计为项目的费用或效益。

在辨识和分析计算项目的费用和效益时应按"有无分析法"（即"有项目"和"无项目"情况的费用和效益）计算其增量，按效益与费用计算口径对应的原则确定费用与效益的计算范围，避免重复和遗漏。

2. 直接费用与直接效益

直接费用与直接效益是项目费用与效益计算的主体部分。项目的直接费用主要指国家为满足项目投入（包括固定资产投资、流动资金及经常性投入）的需要而付出的代价。水利建设项目中的枢纽工程（或河渠工程）投资、水库淹没处理（或河渠占地）补偿投资、年运行费用、流动资金等均为水利水电建设项目的直接费用。

项目的直接效益主要指项目的产出物（物质产品或服务）的经济价值。不增加产出的项目，其效益表现为投入的节约，即释放到社会上的资源的经济价值。如水利建设项目建成后水电站（增加）的发电收益，减免的洪灾淹没损失，增加的农作物、树木、牧草等主、副产品的价值，均为水利建设项目的直接效益。

3. 间接费用与间接效益

间接费用又称外部费用，是指国民经济为项目付出了代价，而项目本身并不实际支付的费用。例如项目建设造成的环境污染和生态的破坏。

间接效益又称外部效益，是指项目对社会做了贡献，而项目本身并未得益的那部分效益。例如在河流上游建设水利水电工程后，增加的河流下游水电站出力和电量。

计算间接费用和间接效益时应注意：

（1）"间接"和"直接"是相对的。外部费用和外部效益通常较难计量，为了减少计量上的困难，首先应力求明确项目的"边界"。一般情况下可扩大项目的范围，特别是一些相互关联的项目可以合在一起视为同一项目（联合体）捆起来进行评价，这样可使外部费用和效益转化为直接费用和直接效益。

（2）影子价格中已体现了项目的某些外部费用和效益，则计算间接费用和间接效益时，不得重复计算该费用和效益。

（3）只计算与项目一次相关比较明显、能用货币计量的间接费用和间接效益，不宜扩展过宽。

（4）费用与效益的计算口径要对应一致，即效益计算到哪一个层次（范围），费用也相应要计算到那一个层次（范围）。

4. 转移支付

项目财务评价用的费用或效益中的税金、国内贷款利息和补贴等，是国民经济内部各部门之间的转移支付，不造成资源的实际耗费或增加。因此，在国民经济评价中不能计为项目的费用或效益，但国外借款利息的支付产生了国内资源向国外的转移，则必须计为项目的费用。

第二节 财务评价

一、财务评价的含义和作用

（一）财务评价的含义

财务评价是以财务报告资料及其他相关资料为依据，采用一系列专门的分析技术和方法，对一定期间的财务活动的过程和结果进行研究和评价，促进企业提高经济效益的财务管理活动，财务评价是项目可行性研究的核心内容，其分析结论是决定项目取舍的重要决策依据各种大中型和限额以上的建设项目，均需进行财务评价。

进行财务评价时，要明确分析范围，根据项目的特点和性质，选取适宜的分析方法，然后在研究和预测的基础上选取必要的基础数据进行成本费用分析、收入税费估算，并编制财务辅助报表。在此基础上编制主要财务报表和计算财务评价指标进行财务评价。

(二) 财务评价的作用

（1）财务评价是项目投资决策与评价的重要组成部分，项目评价应从多角度、多方面进行，无论是项目的前评价、中间评价和后评价，财务评价都是必不可少的重要内容。在项目的前评价投资决策与评价的各个阶段中，无论是机会研究报告、项目建议书、初步可行性研究报告，还是可行性研究报告，财务评价都是其重要组成部分。

（2）财务评价是重要的决策依据：在经营性项目决策过程中，财务评价结论是重要的决策依据：项目发起人决策是否发起或进一步推进该项目，权益投资人决策是否投资该项目，债权人决策是否贷款给该项目，审批人决策是否批准该项目，这些都要以财务评价为依据对于那些需要政府核准的项目，各级核准部门在做出'是否核准该项目的决策时，许多相关财务数据可作为项目社会和经济影响大小的估算基础。

（3）财务评价在项目或方案比选中起着重要作用：项目投资决策与评价的精髓是方案比选在规模、技术、工程等方面都必须通过方案比选予以优化，财务评价结果可以反馈到建设方案构造和研究中，用于方案比选，优化方案设计，使项目整体更趋于合理。

（4）财务评价中的财务生存能力分析对项目，特别是对非经营性项目的财务可持续性的考察有着重要作用。

二、财务评价的内容与步骤

(一) 财务评价的基本内容

（1）确定财务评价的范围、依据和方法。

（2）确定财务评价的基础数据和参数，包括计算期、财务基准收益率、成本估算、收入估算及其他相关税费。

（3）编制财务报表，主要包括：项目全投资现金流量表、项目资本金现金流量表、利润及利润分配表、资产负债表、借款还本付息表、资金来源与运用表等。

（4）选取适宜的分析方法和评价指标，进行盈利能力、偿债能力、营运能力分析。

（5）进行不确定性分析，如盈亏平衡分析、敏感性分析等。

（6）得出财务评价的结论，并提出建议。

（二）财务评价的基本步骤

（1）融资前分析是不考虑债务融资条件下进行的财务评价，一般只进行盈利能力分析，并以项目全投资现金流量分析为主，计算项目投资内部收益率和净现值指标，也可计算投资回收期指标（静态）。

（2）融资后分析是以设定的融资方案为基础进行的财务评价，主要针对项目资本金现金流和投资各方现金流进行分析，既包括盈利能力分析，又包括偿债能力分析和财务生存能力分析等内容。

第三节 不确定性分析与风险分析

一、不确定性分析

经济评价中所采用的数据绝大多数来自于测算和估算，因此具有一定的不确定性。分析这些不确定因素对经济评价指标的影响，考察经济评价结果的可靠程度，称为不确定性分析。对项目经济评价进行不确定性分析的主要目的有两个：一是预测经济评价指标发生变化的范围，分析工程获得预期效果的风险程度，为工程项目决策提供依据；二是找出对工程经济效果指标具有较大影响的因素，以便在工程的规划、设计、施工中采取适当的措施，把它们的影响限制到最低程度。

不确定性分析一般包括敏感性分析、盈亏平衡分析。盈亏平衡分析只用于财务评价，敏感性分析可同时用于财务评价和国民经济评价。对于有财务效益的重要水电项目进行财务的盈亏平衡分析。对于特别重要的水利建设项目，应进行风险分析。

（一）敏感性分析

敏感性分析旨在研究和预测项目主要因素发生浮动时对经济评价指标的影响，分析最敏感的因素和对评价指标的影响程度。它是不确定性分析中最常用、最基本的一项分析。

敏感性分析是根据项目特点，分析、测算固定资产投资、效益、主要投入物的价格、产出物的产量和价格、建设期年限及汇率等主要因素，一项指标浮动或多项指标同时浮动对主要经济评价指标的影响。并据此找出最为敏感的因素，再进行必要的补充研究，以便验证计算结果的可靠性和合理性。

必要时可计算敏感度系数和临界点，找出敏感因素。

水利建设项目敏感性分析一般计算步骤如下：

1. 选择不确定因素

影响投资方案经济效果的不确定因素很多，严格地说，凡影响方案经济效果的因素在某种程度上都带有不确定性。在实际应用中一般视项目具体情况，按可能发生且对经济评价产生较大不利影响的方式来进行选择。

水利建设项目计算期内可能发生浮动的风险因素很多，项目国民经济评价与财务评价的风险因素可归纳为六类。

（1）项目收益风险：产出品的数量与预测价格；

（2）投资风险：土建工程量、设备选型与数量、土地征用和拆迁安置费、人工、材料价格、机械使用费及取费标准等；

（3）融资风险：资金来源、供应量与供应时间等；

（4）建设期风险：工期延长；

（5）运行成本风险：投入的各种原料、材料、燃料、动力的需求量与预测价格、劳动力工资、各种管理取费标准等；

（6）政策风险：税率、利率、汇率及通货膨胀率等。

由于水利工程效益的随机性大，因而工程效益的变化除考虑一般变化幅度外，还要考虑大洪水年或连续枯水年出现时对防洪、发电、供水等效益的影响程度。

2. 确定各因素的变化幅度及其增量

进行敏感性分析时，可就计算期内主要因素中一项指标单独发生浮动或多项指标同时发生浮动对经济评价指标的影响和其敏感程度进行分析。选取哪些浮动因素，可根据项目的具体情况，按最可能发生、对经济评价较为不利的原则分析确定。主要因素浮动的幅度，可根据项目的具体情况确定，也可参照下列变化幅度选用：

（1）固定资产投资：+10%至+20%。

（2）效益：-10%至-20%。

（3）建设期年限：增加或减少1至2年。

（4）利率：提高或降低1至2个百分点。

3. 选定进行敏感性分析的评价指标新斯会贝姿秘的日健

由于敏感性分析是在确定性分析的基础上进行的，一般可只在确定性分析所使用的指标内选用。经济评价指标较多，没有必要全部进行敏感性分析，一般可只对主要经济评价指标，如国民经济评价中的经济净现值和经济内部收益率，财务评价中的财务净现值、财务内部收益率、投资回收期等进行分析，应根据项目需要研究确定。

4. 计算某种因素浮动对项目经济评价指标的影响和其敏感程度

在算出基本情况时的经济评价指标的基础上，按选定的因素和浮动幅度计算其相应的评价指标，同时将所得到的结果绘成图表，以利分析研究和决策。

依据每次变动因素的数目多寡，敏感性分析可分为单因素敏感性分析和多因素敏感性分析。变动一个因素，其他因素不变条件下的敏感性分析，叫作单因素敏感性分析；变动两个以上因素的敏感性分析，叫作多因素敏感性分析。

敏感因素的变化可以用相对值或绝对值表示。相对值是使每个因素都从其原始取值变动一个幅度，例如 ±10%，±20%，……，计算每次变动对经济评价指标的影响，根据不同因素相对变化对经济评价指标影响的大小，可以得到各个因素的敏感性程度排序。用绝对值表示的因素变化可以得到同样的结果，这种敏感性程度排序可用列表或作图的方式来表述。

（二）盈亏平衡分析

各种不确定因素的变化会影响投资方案的经济效果，当这些因素的变化达到其一临界值时，就会影响方案的取舍。盈亏平衡分析的目的就是要找出这种临界值，判断投资方案对不确定因素变化的承受能力。具体来说就是研究在一定市场条件下，通过计算项目正常运行年份的盈亏平衡点，分析项目收入与成本的平衡关系。

二、风险分析（Risk Analysis）

经济风险分析可通过识别风险因素，采用定性与定量结合的方法，估计风险因素发生的可能性及对项目影响程度，评价风险程度并揭示影响项目的关键风险因素，提出相应对策。对于特别重要的水利建设项目，应进行经济风险分析。

（一）风险识别

风险识别应根据项目的特点选用适当的方法，辨识影响项目的主要风险因素，建立项目风险因素的层次结构图，判断各因素间的相关性与独立性。

不确定分析找出的敏感性因素可以作为风险因素识别和风险估计的依据。

(二) 风险估计

风险估计是在风险识别之后，估算风险事件发生的概率及其后果的严重程度，通过定量分析的方法测定风险发生的可能性及对项目的影响程度。

风险估计应采用主观概率和客观概率的统计方法，确定风险因素的变化区间及概率分布，计算项目评价指标的概率分布、期望值及标准差。客观统计数值（如水位、流量等）出现的概率称为客观概率，人为预测和估计数值的概率称为主观概率。水利建设项目风险分析前期的风险估计主要是主观估计。

(三) 风险评价

风险评价应根据风险识别和风险估计的结果，依据项目风险判别标准，找出影响项目成败的关键风险因素。应根据风险评价的结果，研究规避、控制与防范风险的应对措施，为项目全过程风险管理提供依据。

风险评价的判别标准可以采用以经济指标的累计概率或标准差为判别标准。

根据项目特点及评价要求，水利建设项目经济风险分析可区别以下3种情况进行：

（1）经济风险和财务风险分析可直接在敏感性分析的基础上，确定各变量的变化区间及概率分布，计算项目净现值的概率分布、期望值及标准差，并根据计算结果进行风险评估。

（2）对于特别重大的水利建设项目，需要进行专题风险分析时，风险分析应按风险识别→风险估计→风险评价→风险应对的步骤进行。

（3）在定量经济风险分析有困难时，可对风险采用定性分析。

考虑到对不确定性因素出现的概率进行预测和估算难度较大，各地又缺乏这方面的经验。为此，对一般大、中型水利建设项目，只要求采用简单的风险分析方法，就净现值的期望值和净现值大于或等于零时的累计概率进行研究，并允许根据经验设定不确定因素的概率分布，这样可使计算大为简化。对特别重要的大型水利建设项目，则应根据决策需要进行较完

善的风险分析。在定量经济风险分析有困难时,可对风险采用定性的分析,简单的经济风险分析方法的计算步骤如下:

(1)选定影响项目经济评价指标的主要风险因素。

(2)拟定各风险因素可能出现的各种情况。

(3)分析确定或根据经验设定各风险因素出现各种情况的概率。

(4)计算各种可能情况的净现值及其概率,并计算项目净现值的期望值。

(5)计算项目净现值大于或等于零的累计概率,并绘制累计概率曲线图。

(四)风险分析方法

风险分析方法很多,有定性分析,也有定量分析,其中定性分析方法有专家调查法、层次分析法等,定量分析方法主要包括概率分析和蒙特卡罗模拟法。本书主要介绍概率分析。

概率分析是指运用概率与数理统计理论研究计算各种风险因素的变动情况,确定它们的概率分布、期望值以及标准差,进而估计对项目经济效益影响程度的一种定量分析方法。概率分析一般计算项目的净现值的期望值以及净现值大于或等于零的累计概率,累计概率越大,说明项目承担的风险越小。概率分析中运用的主要参数是期望值和标准差。

第四节 改、扩建项目经济评价与区域宏观经济影响分析

一、改、扩建项目经济评价

改、扩建项目是指改建、扩建、技术改造、迁建、停车复建和更新改造的水利建设项目,不包括更换旧设施(设备)或重建的项目。由于改、

扩建项目与现有工程设施存在着既相对独立又互相依存的特殊关系，为此，评价时需认真搜索现有技术经济资料和数据，并在此基础上分析计算期内费用和效益的变化趋势，预测无该项目时的有关资料和数据。现有技术经济资料和数据主要包括：现有工程设施的固定资产原值、固定资产净值、年运行费、流动资金和效益等。现有工程设施的年运行费、流动资金和效益，一般可采用改、扩建前一年的数值，如该年无代表性，可另选其他年份或采用近几年的平均值。

（一）改、扩建项目的特点

改、扩建项目一般是在老的建设项目基础上的增容扩建和改建，不可避免地与老企业发生种种联系，以水利工程改、扩建项目为例，与新建项目相比，改、扩建项目具有以下主要特点。

1. 与老企业的密切相关性

水利工程改、扩建项目一般在不同程度上利用了已建工程的部分设施，如拦水坝等，以增加装机容量和电量。同时，新增投资、新增资产与原有投资和资产相结合而发挥新的作用。由于改、扩建项目与老企业各方面密切相关，因此，项目与老企业的若干部门之间不易划清界限。

2. 效益和费用的显著增量性

改、扩建项目是在已有的大坝电站、厂房设备、人员、技术基础上，进行追加投资（增量投资），从而获得增量效益。一般来说，追加投资的经济效果应比新建项目更为经济，因此，改、扩建项目的着眼点应该是增量投资经济效果。

3. 改、扩建项目目标和规模的多样性

改、扩建项目的目标不同，实施方法各异，其效益和费用的表现形式则千差万别。其效益可能表现为以下一个方面或者几个方面的综合：

（1）增加产量，如水利工程改、扩建项目表现为增加发电量、增加装机容量、增加水库库容、增加供水量等。

（2）扩大用途，如因库容扩大而增加养殖、防洪、灌溉、供水等效益。

（3）提高质量，如提高水库的调节性能，增发保证电量和调峰电量，提高供电、供水的可靠性。

（4）降低能耗，如提高机组效率，降低水头损失，降低输电线路损失、变电损失等。

（5）合理利用资源，如充分利用水力资源、扩大季节性电能的利用等。

（6）提高技术装备水平、改善劳动条件或减轻劳动强度，如增加自动化装置，采用遥控遥测、遥调设备和设施，减少值班人员，减轻劳动强度，节省劳动力和改善工作环境等。

（7）保护环境，如保护水环境、保持生态平衡、增加旅游景点和旅游效益等。改、扩建项目的费用不仅包括新增固定资产投资和流动资金、新增运行费用，还包括由于改、扩建项目带来的停产或减产损失和原有设施的拆除费用。

4. 经济计算的复杂性

改、扩建项目的经济计算原则上采用有无对比法。无项目是指不建该项目时的方案，它考虑在没有该项目情况下整个计算期项目可能发生的情况。采用有无对比法计算项目的效益和费用，实际就是计算项目的增量效益和费用。由于改、扩建项目目标的多样性和项目实施的复杂性，这使得经济计算和评价变得较为复杂，特别是增量效益的计算更加复杂。

（二）增量效益和费用的识别与计算

1. 增量效益的识别与计算

改、扩建项目的增量效益可能来自增加产量、扩大用途、提高质量，也可能来自降低能耗、合理利用资源、提高技术装备水平等一个或者几个方面的综合，这给增量效益的识别与计算带来较大困难，通常是将有项目的总效益减去无项目的总效益即为增量效益，以避免漏算或重复计算。

2. 增量费用的识别与计算

增量费用包括新增投资、新增经营费用，还包括由于改、扩建该项目可能带来的停产或减产损失，以及原有设施拆除费用等。

（1）沉没费用。沉没费用在改、扩建项目经济评价中经常遇到。改、扩建项目主要是分析增量效益和增量费用，而增量效益并不完全来源于新增投资，其中一部分来自原有固定资产潜力的发挥。从有、无项目对比的观点来看，没有本项目，原有的潜力并不能产生增量效益，改、扩建项目的优点也正是利用了原有设施的潜力。因此，沉没费用来源于过去的决策行为，与现行的可行方案无关。

有些项目在过去建设时，已经考虑到了今天的扩建，因而预留了一部分发展的设施。比如引水管道预留了过流能力，厂房预留了安装新设备的位置，变压器考虑了将来的增容等，如果不进行改、扩建，这笔投资无法收回，在此情况下进行改、扩建，这笔投资作为沉没费用。还有些项目是停建后的复建，已花的部分投资也是沉没费用，只计算原有设施现时还可卖得的净价值。

改、扩建项目大都是在旧有设施基础上进行的，或多或少都会利用旧设施，不论潜力有多大，已花掉投资都属于沉没费用。

改、扩建项目经济评价，原则上应在增量效益和增量费用对应一致的基础上进行。因此，沉没费用不应计入新增投资中。在实际工作中，还会经常遇到分期建设问题，凡在第一期工程建设中为二期工程花掉的投资，都只应在第一期工程中计算二期，工程经济评价中不再计入这部分投资。

（2）增量固定资产投资的计算。对于项目而言，固定资产投资应包括新增投资和可利用的原有固定资产价值并扣除拆除资产回收的净价值。由于改、扩建过程中带来的停产或减产损失，应作为项目的现金流出列入现金流量表中。对于无项目而言，原有投资应采用固定资产的重估值。

增量投资是有项目对无项目的投资额。对于停建后又续建的项目，其原有投资为沉没费用，不应计为投资，但应计算其卖得的净价值。

（3）增量经营成本的计算。改、扩建项目如果有几种目标同时存在，要计算有无此项目的差额，以避免重复计算或漏算。

(三) 改、扩建项目经济评价

改、扩建项目具有一般建设项目的共同特征。因此，一般建设项目的经济评价原则和基本方法也适用于改、扩建项目。但因它是在现有企业基础上进行的，在具体评价方法上又有其特殊性。总的原则是考察项目建与不建两种情况下效益和费用的差别，这种差别是项目引起的，一般采用增量效果评价法，其计算步骤是：首先计算改、扩建产生的增量现金流，然后根据增量现金流进行增量效果指标计算（如增量投资内部收益率、增量投资财务净现值等），最后根据指标计算结果判别改、扩建项目的可行性。

增量现金流的计算是增量法的关键步骤。计算增量现金流的正确方法是"有无"法，即用进行改、扩建和技改（有项目）未来的现金流减去不进行改、扩建和技改（无项目）对应的未来的现金流。有无法不做无项目时现金流保持项目前水平不变的假设，而要求分别对有、无项目未来可能发生的情况进行预测。

二、区域经济和宏观经济影响分析

水利建设项目区域经济影响分析系指从区域经济的角度出发，分析项目对所在区域乃至更大范围的经济发展的影响；宏观经济影响分析系从国民经济整体角度出发，分析项目对国家宏观经济各方面的影响。

对特大型或有重大影响的水利建设项目，除进行国民经济评价、财务评价外，还要进行区域经济和宏观经济影响分析，对直接影响范围为局部区域的项目进行区域经济影响分析，对直接影响范围为国家经济全局的项目进行宏观经济影响分析。

具备下列全部或部分特征的水利建设项目，需进行宏观经济影响分析：

（1）工程规模巨大，或跨区域供水、供电的突出水利建设项目。

（2）由于该水利建设项目的实施，使其所在的区域或国家的经济结构、社会结构，以及群体利益等有较大改变。

（3）项目导致技术进步和技术转变，引发关联产业或新产业群体的发展变化。

（4）对生态和环境影响大，范围广。

（5）对国家经济安全影响较大。

（6）对国家长期财政收支影响较大，或对国家进出口影响较大。

（7）其他对区域经济或宏观经济有重大影响的项目。

区域经济和宏观经济影响分析应立足于项目的实施对促进和保障经济有序高效运行和可持续发展的作用，分析的重点是项目与区域发展战略和国家长远规划的关系，应分析项目的直接贡献和间接贡献，以及项目的有利影响和不利影响。

区域或宏观经济影响分析应遵循系统性、综合性、定性分析与定量分析结合的原则，可将项目的总产出、总投入、资源、劳动进出口总额等作为区域或宏观经济的变量，通过构造经济数学模型，分别计算"有项目"与"无项目"时的相关指标。常用的经济数学模型包括经济计量模型、经济递推优化模型、全国或地区投入产出模型、系统动力学模型和动态系统计量模型等。

特大型水利建设项目的区域经济影响分析包括对区域现有发展条件、经济结构、城镇建设、劳动就业、土地利用、生态环境等方面实际和长远影响的分析；特大型水利建设项目的宏观经济影响分析包括对国民经济总量增长、产业结构调整、生产力布局、自然资源开发、劳动就业结构变化、物价变化、收入分配等方面影响的分析，以及国家承担项目建设的能力即国力的分析、项目时机选择对国民经济影响的分析等。

特大型水利建设项目对区域经济和宏观经济的影响是多方面的，既有有利的影响（正效益），也有不利的影响（负效益）。项目的总效益应为正效益和负效益相抵扣并扣除实际投资后的余额。

项目可能的贡献或不利影响主要包括下列内容：

（1）水利建设项目对区域或宏观经济的直接贡献表现在：用于满足水

电供应，对经济增长的贡献；优化经济结构的贡献；居民收入增长的贡献；增长劳动就业与扶贫的贡献；改善生态环境的贡献：按有无该水利项目，说明对减少大气排放的 CO、粉尘等的贡献，改善小环境气候的贡献等；对地方或国家财政收入的贡献，如增值税、所得税、资源税、营业税等税费。

（2）水利建设项目对区域或宏观经济的间接贡献表现在：对人口合理分布流动和城市化的影响，由于水利建设项目的建设，农村人口集中，促进城市的形成、繁荣和扩大及建设社会主义新农村等方面；相关产业的带动，如可带动建材、加工、机电等产业发展；基础设施建设，生产生活条件的改善，提高居民生活质量；其他资源合理开发、有效利用的贡献，土地增值的贡献；技术进步，提高产业国际竞争力的贡献；克服经济瓶颈和均衡发展的贡献等。

（3）项目产生的不利影响主要包括占用土地资源，包括耕地、林地、草地等；生态环境影响主要包括水库淹没历史文化遗产、矿产资源、产生建设征地和移民安置、出现供求关系失衡、冲击地方传统经济等。

第九章 水利建设项目经济评价

第一节 防洪和治涝工程经济评价

防洪和治涝工程的经济评价是评估这些工程项目的经济可行性和效益的过程。由于防洪和治涝工程的目标是减少洪涝灾害的损失，因此经济评价方法应该考虑到项目的效益和成本，并对洪涝灾害的潜在损失进行估算。

以下是一些常用的经济评价方法，可用于防洪和治涝工程：

（1）净现值：该方法将项目的未来现金流量折现到当前时点，以计算项目的净现值。将项目的效益与成本进行比较，如果净现值为正，则意味着项目的效益超过成本，具备经济可行性。

（2）效益费用比：该方法比较项目的效益与成本之间的比率。将项目的效益与成本进行比较，如果效益费用比大于1，则表示项目的效益超过成本，具备经济可行性。

（3）投资回收年限：该方法计算从项目开始到回收全部投资的时间。短的投资回收年限表示投资回报更快，但该方法忽略了项目的长期效益。

（4）外部性评估：防洪和治涝工程对社会和环境产生的外部影响需要进行评估。这包括考虑工程对附近生态环境、水资源管理、土地利用等方面的影响，以全面评估项目的经济效果。

此外，经济评价方法还应考虑不确定性和风险。对于洪涝灾害工程，风险评估和敏感性分析可以帮助评估项目在不同洪涝情景下的效益和成本，并对不确定性因素进行量化和分析。

综合考虑这些经济评价方法，结合洪涝灾害的具体情况、地理环境、社会经济条件等因素，可以对防洪和治涝工程进行全面的经济评价，以支持决策者做出科学合理的决策。

第二节　灌溉和城镇供水工程经济评价

水利工程投资效益是经济效益、社会效益和生态环境效益的综合体现，其综合评价应能体现整个工程所带来的各种效益总和，不仅包括正效益，而且涵盖负效益，也能体现各个要素之间的相互关系，从不同角度反映某一地区特定时间内水利工程的建设水平、产出效果、投资收益及其变化趋势。综合评价把分散的结论联系起来，进行综合分析，评价利弊得失，纠正单项效益评价中的偏颇之处，明确工程的地区适宜性或不适性以及影响效益发挥的限制因素，从而得出符合实际情况的正确结论，提出尽可能满意的建议，为工程后续管理提供决策依据。

随着水利工程投资渠道的多元化发展，不同部门各自追求自身利益，出现了许多重复投资建设现象，导致投入资金浪费严重。因此，需要对水利投资效益进行综合评价，全面分析目前工程效用的利弊及其原因，据此对投入资金进行有效整合，协调各投资主体的利益关系，完善投资决策机制，使水利充分发挥其效用。因此，如何科学、准确地描述水利工程投资的合理性，构建合理有效的综合评价指标体系，将投资综合效益定量化，是引导水利事业健康发展的重要内容。

目前，国内外关于水利工程效益的研究中，多数学者从定性分析角度来研究，探讨水利投资存在的问题，或是水利投资的农民意愿，或是水利工程的粮食安全贡献分析或环境影响分析，或是水利工程的发展趋势等。定量研究较少，主要是进行单项效益的计算，如粮食增产效益、经济效益、防洪效益、抗旱效益等；也有针对某一类型的水利建设项目，如土地整治工程、生态产业园等，进行综合效益评价。这些研究不能满足整个水利系统的管理需要，也不能满足各投资主体的要求。

一、水利投资效益综合评价目的

虽然近年来政府加大了水利投资，出台了一系列加强农村水利基础设施建设的政策和举措，但与城市水利投资相差甚远，农村水利基础设施供给能力仍远不能满足农村人民生活和生产需求。出现这种情形的一个重要原因是对水利投资综合效益认识有偏差。由于水利工程具有公益性、基础性和外部效益性等特点，其综合效益往往被低估，通常以经济效益来衡量。

国内外学者对水利投资的研究由来已久，综述其研究成果，主要集中在四个方面：水利投资和经济增长关系研究，水利投资与国民经济的关联分析研究，水利投资效率研究，水利投资经济效益分析。但国内外学者在运用定量的方法研究水利投资效益时，侧重于分析其对经济增长的贡献，很少从社会效益、经济效益、环境效益和生态效益角度对水利投资效益进行全面评价，而且主要是研究水利建设与管理及基础设施投入问题，单独定量研究水利投资效益的较少。

水利投资效益因其涉及范围广，具有间接性、潜在性和滞后性，长期以来存在效益难以辨别及指标定量困难等特点，而且由于地区差异、经济发展水平各异、物价不同等因素，采用相同评价方法得出的结果也不具有可比性，不同评价方法的结果更不具有可比性。另外，国家和科研界还没有统一水利投资效益综合评价指标体系，需后续研究者在充分了解地区工程实际状况及效益发挥情况基础上，征询专家意见，完善评价指标体系。

为解决上述问题，在充分调研、全面分析水利工程的地区特点，详细剖析水利投资现状及存在的问题，分项解析水利投资的经济、社会、生态环境效益，充分掌握水利运行、管理机制的基础上，针对地区地形、地貌条件与地区工程特色，构建符合水利实况的水利投资效益综合评价指标体系。然后基于统计学、经济学、系统工程学理论、热力学定律最大功率原则及构建的指标体系，运用能值分析方法及层次分析法组合去进行定量计算，全面、客观地评价水利投资的综合效益，以期丰富我国新型水利建设理论，为相关管理部门决策者制定和实施科学的水利管理机制提供重要依据，同时提高人们对水利建设重要性的认识，积极参与到水利投资中，为水利多元化投融资的发展注入新动力。

水利投资效益综合评价具体任务包括：以典型小型水利为评价对象，统筹分析水利投资的经济、社会、生态环境效益；深刻理解水利投入与产出的关系，全面、及时、准确地反映水利建设运行、投资构成、管护情况；客观体现水利投资在各行各业发挥的效益；把水利投资效益综合评价系统中所涉及的所有复杂关系简单化，用比较简化的指标获取尽量全面、可靠的信息，为评价水利投资效益提供科学的判断依据。

二、水利投资效益综合评价原则

水利投资效益研究是一项复杂的系统分析问题，在评价指标体系的构建中，进行综合评价时不能单纯从某一准则、某一层次、某一指标出发，必须从以定性分析到定量计算综合集成为指导思想，采用多准则、多层次、多指标的研究与专家决策相结合的方法。多准则、多层次、多指标的研究有助于从研究系统总体出发，对系统的评价更加全面；专家群体决策有利于综合各位专家的经验知识，使做出的评价更客观地反映系统的特征。

水利工程投资效益是经济效益、社会效益和生态环境效益的综合体现，其综合评价指标体系不仅要符合经济学、社会学、生态学、环境工程学和系统工程学等理论，而且应能体现工程的经济、社会、生态环境效益的基本特征和各个要素之间的相互关系，还要能体现水利工程的实际情况。因此，指标的构建要考虑以下原则：

1. 指标完整性原则

水利工程影响范围广，其产生的效益也较为复杂，仅仅用单一指标或某一方面的指标来衡量其效益得出的结论往往不能反映工程的实际情况，因此需要从系统的角度出发，体现整体性，反映出被评价系统的主要特征和状况，以达到经济、社会和生态环境效益的统一。作为一个复杂系统，所建指标体系必须将系统性和层次性结合起来，形成一个有机整体。

2. 选择科学性原则

评价指标的选择应该建立在充分认识和认真研究水利工程与经济、社会、生态环境之间关系的基础上，客观真实地反映各个方面的效益及相互关系，并且能够反映指标的物理内涵和效益实现程度。指标选择在科学全面的基础上需要尽量简化，选择有代表性的指标，简化评价和计算过程。

3. 分析可行性原则

选择的指标应考虑指标的现实可能性和数据取得的难易程度，以及数据统计的权威性和可靠性，尽量选择那些在评估期间内可获取的有代表性的指标。另外，指标选择需注意是否有代表性或是有意义，以使评价结果能够应用于实践中。

4. 系统性和层次性相结合原则

水利工程投资效益包括经济效益、社会效益、生态环境效益，各因素相互影响，是一个复杂的系统，由不同层次、不同要素组成。因此，必须运用系统论的观点，根据各层次、各因素之间的特点和关系，将地区水利工程投资效益评估系统分为几个既相互联系又相互独立的子系统，充分体现指标的系统性和层次性。

5. 稳定性和动态性相结合原则

水利工程投资效益综合评价指标体系需要考虑系统的动态性。水利工程的建设会随着时间和建设理念的变化而变化，其效益也会相应的发生变化，评价指标需不断补充和完善。同时，为了便于对水利工程的效益发展趋势进行分析预测，需要在一定时期内保持指标的相对稳定性，且保证不同地区、不同年份的同一指标能够进行对比分析。因此，选取的指标体系要体现静态稳定性与动态发展性的统一，从而指导政策和措施的制定、实施与调整。

6.结合实际性原则

由于地区经济发展存在差异，地区地形、地貌、水文、气候条件不一样，不同地区农业格局不相同，农业发展规划不同等，均会导致水利工程的建设模式不同、投入有差异，工程的作用不完全一样，发挥的效益自然也不相同。因此，指标的选取必须从地区的实际情况、工程的现状以及地区的发展规划出发，选取合理的评价指标，以保证评价结果的可靠性。

第三节 水力发电工程经济评价

水利工程投资项目常用经济学方法对其进行国民经济评价，运用影子价格、影子汇率、影子工资和社会折现率等经济参数，分析计算项目投入的费用所带来的经济效益，据此判断建设项目的经济合理性，这种分析结果不能反映自然的巨大作用和贡献，不能表示生态效益。运用能值分析法，在投入方面不仅考虑社会经济的投入（如人力、财力、物力），而且考虑自然环境的投入；在产出方面不仅考虑国民经济产出，而且包括社会和生态环境产出，从而反映经济效益和社会效益的同时体现出生态环境效益，充分考虑项目对整个社会经济和生态环境复合系统的影响，更加全面地体现出水利工程的投入产出关系。

第九章 水利建设项目经济评价

一、水利工程能值投入产出分析

水利复合系统的能值图包括系统的主要能量输入和输出，以及亚系统之间的反馈作用。这里主要研究水利工程的投入与产出关系，在复合系统的能量投入中只考虑直接用于水利工程的那部分投入，分为经济投入、社会投入、环境投入3大类。其中环境投入包括水资源、耕地补偿，经济投入包括土石方、砌石、混凝土投入，社会投入包括人力投入。系统输出包括经济效益、社会效益和生态环境效益，其中，经济效益包括各种农作物产出、生态养殖、农业灌溉节水量和乡村旅游效益；社会效益包括防灾减灾、改善农民生活、增加就业、节省工时和解决粮食安全人数；生态环境效益包括湿地生态景观价值、土壤肥力保持、土壤水分调节和土壤微生物量。

二、水利投资效益能值分析

（一）指标能值计算

投入指标能值计算

（1）水资源消耗的能值 M_{WU} 计算公式如下：

$$M_{WU} = \tau_W V_t \rho_W G_W$$

式中：V_t 为灌溉水量；ρ_W 为水的密度；G_W 为水的吉布斯自由能；τ_W 为水的能值转换率。

（2）耕地补偿的能值 M_{CL} 计算公式如下：

$$M_{CL} = \tau_{CL} A_{CL} \gamma_{CL}$$

式中：A_{CL} 为占用的耕地面积；γ_{CL} 为耕地能量折算系数；τ_{CL} 为耕地的能值转换率。

（3）劳务的能值 M_L 计算公式如下：

$$M_L = \tau_L T_L$$

式中：τ_L 为劳务能值转换率；T_L 为劳动工日。

(二) 产出指标能值计算

1. 农作物产出

水利工程对农作物产出的作用主要在于提供灌溉水，促进增产，故选择农产品的产量为计算指标。农作物产出的能值量根据能量折算系数和太阳能值转换率计算得到，公式如下：

$$M = \sum_{i=1}^{n} M_i = \eta \sum_{i=1}^{n} (\tau_i \gamma_i B_i)$$

式中：M 为农作物产出的总能值；M_i 为第 i 种农作物产出能值；τ_i 为第 i 种农作物的太阳能值转换率；γ_i 为第 i 种农作物的能量折算系数；B_i 为第 i 种农作物的实物量，物质单位；η 为水利工程的农作物产出效益分摊系数。

2. 生态养殖

生态养殖产出的能值由生态养殖收入货币价值 I_{EB} 与地区能值/货币比率 EDR 和水利的生态养殖效益分摊系数 η_{EB} 得到，即：

$$M_{EB} = EDR \cdot I_{EB} \cdot \eta_{EB}$$

3. 节水效益

灌溉节水效益的计算方法如下：

$$M_{IWS} = \tau_W V_{IWS} \rho_W G_W$$

式中：M_{IWS} 为灌溉节水能值；τ_W 为水的能值转换率；V_{IWS} 为农业灌溉节水量；ρ_W 为水的密度；G_W 为水的吉布斯自由能。

4. 乡村旅游效益

水利带来的乡村旅游效益的能值由乡村旅游收入货币价值 I_{RT} 乘以地区能值／货币比率 EDR 乘以效益分摊系数 η_{RT}（为 6.15%）得到，即：

$$M_{RT} = EDR \cdot I_{RT} \cdot \eta_{RT}$$

5. 防灾减灾效益

水利工程对地区的水情调节有重要的作用，在洪水发生时可以通过小水库或塘堰等蓄滞洪水，减轻洪水损失；在易涝地区，通过排水沟渠的作用，减轻涝滞灾害；在干旱年份，可以通过库塘水灌溉，缓解旱情等。水利具有很大的防灾减灾作用，其能值可以通过防灾减灾货币价值乘以能值货币比率得到，公式如下：

$$M_{PD} = ERD \cdot V_{PD}$$

式中：M_{PD} 为防灾减灾效益的能值；V_{PD} 为防灾减灾效益的货币价值；ERD 为地区能值／货币比率。

6. 改善农民生活

水利工程的建设对居民生活水平的影响更为直接地体现在增加农民收入，因此选择农民纯收入作为改善农民生活的定量指标，据此计算其能值，计算公式如下：

$$M_C = ERD \cdot V_C$$

式中：M_C 为水利工程对农村经济的贡献值能值；ERD 为地区能值／货币比率；V_C 为水利工程对农民收入的贡献值。

第十章 我国水利工程管理发展战略与保障措施

第一节 我国水利工程管理发展战略

尽管我国在水利工程管理领域取得了突出成绩,但是受我国水资源,特别是人均水资源禀赋特征的限制,相关工作仍需进一步强化推进。人多水少,水资源时空分布不均、与生产力布局不相匹配,水旱灾害频发,仍是我国的基本国情和水情,也是制约我国国民经济发展的主要因素。而随着经济社会不断发展,特别是基于近年来全球经济危机后持续发酵及我国社会经济发展进入新常态的历史阶段,我国水安全呈现出新老问题相互交织的严峻形势,特别是水资源短缺、水生态损害、水环境污染等问题愈加突出,水利工程管理作为我国水利事业的基础,亟待进一步提升战略规划水平,从顶层设计、系统控制的视角出发,水利工程建设中和建成后的总体进程进行有效的科学管理,确保所有工作有条不紊地按计划推进、实施、竣工和维持长期运作,确保所有工程的规划、建设和运营有效达成战略规划目标,确保水利工程管理为国民经济发展提供可靠的基础支撑。同时,从管理科学学科发展及管理技术水平进步的动态视角看,水利工程管理所涉及的概念与类别、内涵与外延、手段和工具等是在人们长期实践的过程中逐渐形成的，随着时代的变化，管理的具体内容与方法也在不断充实和改进，在全球管理科学现代化的大背景下，在我国全面推进国家治理体系和治理能力现代化的改革目标要求下，也有必要针对我国水利工程管理的未来发展战略构建系统化和科学化的顶层设计。

一、我国水利工程管理的指导思想

我国水利工程管理必须以马克思列宁主义、毛泽东思想、邓小平理论、"三个代表"重要思想、科学发展观为指导，全面贯彻党的十八大，十八届三中、四中全会，五中全会、六中全会以及习近平总书记系列重要讲话精神，围绕"四个全面"战略布局，坚持社会主义市场经济改革方向，聚焦改革"总目标"，紧扣"六个紧紧围绕"改革主线，突出水利总体发展的战略导向、需求导向和问题导向，基于习近平总书记在2014年3月14日中央财经领导小组第五次会议上提出的"节水优先、空间均衡、系统治理、两手发力"的水利治水思路，按照中央关于加快水利改革发展的总体部署以保障国家水安全和大力发展民生水利为出发点，进一步解放思想勇于创新，加快政府职能转变，发挥市场配置资源的决定性作用，着力推进水利重要领域和关键环节的改革攻坚，使水利发展更加充满活力、富有效率，让水利改革发展成果更多更公平惠及全体人民。

二、我国水利工程管理的基本原则

2011年"中央一号文件"指出，我国水利工程管理的基本原则为：

（1）坚持民生优先。着力解决群众最关心最直接最现实的水利问题，推动民生水利新发展。

（2）坚持统筹兼顾。注重兴利除害结合、防灾减灾并重、治标治本兼顾，促进流域与区域、城市与农村、东中西部地区水利协调发展。

（3）坚持人水和谐。顺应自然规律和社会发展规律，合理开发优化配置、全面节约、有效保护水资源。

（4）坚持政府主导。发挥公共财政对水利发展的保障作用，形成政府社会协同治水兴水合力。

（5）坚持改革创新。加快水利重点领域和关键环节改革攻坚，破解制约水利发展的体制机制障碍。

根据2014年水利部关于深化水利改革的指导意见，指出改革基本原则如下：

（1）深化水利改革，要处理好政府与市场的关系，坚持政府主导办水利，合理划分中央与地方事权，更大程度更广范围发挥市场机制作用。

（2）处理好顶层设计与实践探索的关系，科学制定水利改革方案，突出水利重要领域和关键环节的改革，充分发挥基层和群众的创造性。

（3）处理好整体推进与分类指导的关系，统筹推进各项水利改革，强化改革的综合配套和保障措施，区别不同地区不同情况，增强改革措施的针对性和有效性。

（4）处理好改革发展稳定的关系，把握好水利改革任务的轻重缓急和社会承受程度，广泛凝聚改革共识，提高改革决策的科学性。

由前后表述的细微变化看出，水利工程管理的指导原则更注重发挥市场机制的作用，更注重顶层设计理论指导与基层实践探索相互结合，更强调处理整体推进与分类指导的关系，更注重发挥群众的创造性，这既是前面指导精神的进一步延伸，也是结合不同的发展形势下的进一步深入细化。基于此，我们认为，新时期我国水利工程管理的基本原则应遵循：

（1）坚持把人民群众利益放在首位。把保障和改善民生作为工作的根本出发点和落脚点，使水利发展成果惠及广大人民群众。

（2）坚持科学统筹和高效利用。通过科学决策的制定规划和系统推行的工作进程，把高效节约的用水理念和行动贯穿于经济社会发展和群众生活生产全过程，系统提升用水效率和综合效益。

（3）坚持目标约束和绩效管控。按照"以水四定"的社会经济发展理念，把水资源承载能力作为刚性约束目标，全面落实最严格水资源管理制度，并运用绩效管理办法将目标具体化到工作进程的各个环节，实现社会发展与水资源的协调均衡。

（4）坚持政府主导和市场协同。坚持政府在水利工程管理中的主导地位，充分发挥市场在资源配置中的决定性作用，合理规划和有序引导民间资本与政府合作的经营管理模式，充分调动市场的积极性和创造力。

（5）坚持深化改革和创新发展。全面深化水利改革，创新发展体制机制，加快完善水法规体系，注重科技创新的关键作用，着力加强水利信息化建设，力争在重大科学问题和关键技术方面取得新突破。

三、我国水利工程管理总体思路和战略框架

水利现代化是一个国家现代化的重要环节、保障和支撑，是一个需要进步发展的进程。它的建设标志着从传统的水利向现代的水利进行的一场变革。水利工程管理现代化适应了经济现代化、社会现代化、水利现代化的客观要求，它要求我们建立科学的水利工程管理体系。

首先，作为水利现代化的重要构成，水利工程管理的总体发展思路可归纳为以下几个核心基点：

（1）针对我国水利事业发展需要，建设高标准、高质量的水利工程设施。

（2）根据我国水利工程设施，研究制定科学的、先进的，适应市场经济体制的水利工程管理体系。

（3）针对工程设施及各级工程管理单位，建立一套高精尖的监控调度手段。

（4）打造出一支高素质、高水平、具有现代思想意识的管理团队。依据上述发展思路的核心基点，各级水利部门应紧紧把握水利改革发展战略

机遇，推动党中央决策部署落到实处，为经济社会长期平稳较快发展奠定更加坚实的水利基础。基于此，依据水利部现有战略框架和工作思路，水利工程管理应继续紧密围绕以下十个重点领域下足功夫着力开展工作，这就形成了水利工程管理的战略框架：

①立足推进科学发展，在搞好水利顶层设计上下功夫；
②不断完善治水思路，在转变水利发展方式上下功夫；
③践行以人为本理念，在保障和改善民生上下功夫；
④落实治水兴水政策，在健全水利投入机制上下功夫；
⑤围绕保障粮食安全，在强化农田水利建设上下功夫；
⑥着眼提升保障能力，在加快薄弱环节建设上下功夫；
⑦优化水资源配置，在推进河湖水系连通上下功夫；
⑧严格水资源管理，在全面建设节水型社会上下功夫；
⑨加强工程建设和运行管理，在构建良性机制上下功夫；
⑩强化行业能力建设，在夯实水利发展基础上下功夫。

四、我国水利工程管理发展战略设计

依据上述提出的我国水利工程管理的指导思路、基本原则、发展思路和战略框架，特别是党的十八大等会议重要精神以及习近平总书记提出的"节水优先、空间均衡、系统治理、两手发力"水利发展总体战略思想，我们提出新一时期中国水利工程管理发展战略的二十四字现代化方针："顶层规划、系统治理、安全为基、生态先行、绩效约束、智慧模式。"

（一）顶层规划，建立协调一致的现代化统筹战略

为适应新常态下我国社会经济发展的全新特征和未来趋势，水利工程管理必须首先建立统一的战略部署机制和平台系统，明确整个产业系统的制定规划体系和行为准则，确保全行业具有明确化和一致性的战略发展目标，协调稳步地推进可持续发展路径。

第十章 我国水利工程管理发展战略与保障措施

在战略构架上要突出强调思想上统一认识,突出制定性规划的重要性,高度重视系统性的规划工作,着眼于当前社会经济发展的新常态,放眼于"十四五"时期乃至更长远的发展阶段,立足于保障国民经济可持续发展和基础性民生需求,依托于整体与区位、资源与环境、平台与实体的多元化优势,建立具有长效性、前瞻性和可操作性的发展战略规划,通过科学制定的发展目标、规划路径和实施准则推进水利工程管理的各项社会事业快速、健康、全面地发展。

在战略构架上要突出强调目标的明确性和一致性,建立统筹有序、协调一致的行业发展规划,配合国家宏观发展的战略决策以及水利系统发展的战略部署,明确水利工程管理的近期目标、中期目标、长期目标,突出不同阶段、不同区域的工作重点,确保未来的工作实施能够有的放矢、协同一致,高效管控和保障建设资金募集和使用的协调性和可持续性,最大限度发挥政策效应的合力,避免因目标不明确和行为不一致导致实际工作进程的曲折反复和输出效果的大起大落。

在战略布局上要突出强调多元化发展路径,为应对全球经济危机后续影响的持续发酵以及我国未来发展路径中可能的突发性问题,水利工程管理战略也应注重多元化发展目标和多业化发展模式,着力解决行业发展进程与国家宏观经济政策以及市场机制的双重协调性问题,顺应国家发展趋势,把握市场机遇,通过强化主营业务模式与拓展产业领域延伸的并举战略,提高行业防范和化解风险的能力。

在战略实施上要突出强调对重点问题的实施和管控方案,强调创新管理机制和人才发展战略,通过全行业的技术进步和效率提升,缓解和消除行业发展的"瓶颈",彻底改变传统"重建轻管"的水利建设发展模式,同时,发展、引进和运用科学的管理模式和管理技术,协调企业内部管控机构,灵活应对市场变化。通过管理创新和规范化的管理,使企业的市场开拓和经营活动由被动变为更加主动。

（二）系统治理，侧重供给侧发力的现代化结构性战略

积极响应十八届三中全会《决定》关于"推进国家治理体系和治理能力现代化"的要求，加大水利工程管理重点领域和关键环节的改革攻坚力度，着力构建系统完备、科学规范、运行有效的管理体制和机制。坚持推广"以水定城、以水定地、以水定人、以水定产"的原则，树立"量水发展""安全发展"理念，科学合理规划水资源总量性约束指标，充分保障生态用水。

把进一步深化改革放在首要位置，积极推进相关制度建设，全面落实各项改革举措，明晰管理权责，完善许可制度，推动平台建设，加强运行监管，创新投融资机制，完善建设基金管理制度，通过市场机制多渠道筹集资金，鼓励和引导社会资本参与水利工程建设运营。

按照"确有需要、生态安全、可以持续"的原则，在科学论证的前提下，加快推进重大水利工程的高质量管理进程，将先进的管理理念渗入水利基础设施、饮水安全工作、农田水利建设、河塘整治等各个工程建设环节，进一步强化薄弱环节管控，构建适应时代发展和人民群众需求的水安全保障体系，努力保障基本公共服务产品的持续性供给，保障国家粮食安全、经济安全和居民饮水安全、社会安全，突出抓好民生水利工程管理。

充分发挥市场在资源配置中的决定性作用，合理规划和有序引导民间资本与政府合作的经营管理模式，充分调动市场的积极性和创造力。同时注重创新的引领和影响作用，推进相关政策的创新、试点和推广，稳步保障水利工程管理能力不断强化，积极促进水利工程管理体系再上新台阶。

（三）安全为基，支撑国民经济的现代化保障性战略

水是生命之源、生产之要、生态之基。水利是现代化建设不可或缺的首要条件，是经济社会发展不可替代的基础支撑，是生态环境保护不可分割的保障系统。水利工程管理战略应高度重视我国水安全形势，将"水安全"问题作为工程管理战略规划的基石，下大力气保障水资源需求的可持续供给，坚定不移地为国民经济的现代化提供切实保障。

水利工程应以资源利用为核心实行最严格水管理制度，全面推进节水型建设模式，着力促进经济社会发展与水资源承载能力相协调，以水资源开发利用控制、用水效率控制、水功能区限制纳污"三条红线"为基准建立定量化管理标准。

将水安全的考量范围扩展到防洪安全、供水安全、粮食安全、经济安全、生态安全、国家安全等系统性安全层次，确保在我国全面建成小康社会和全面深化改革的攻坚时期，全面落实中央水利工作方针、有效破解水资源紧缺问题、提升国家水安全保障能力、加快推进水利现代化，保障国家经济可持续发展。

（四）生态先行，倡导节能环保的现代化可持续战略

认真审视并高度重视水利工程对生态环境的重要甚至决定性影响，确保未来水利工程管理理念必须以生态环境作为优先考量的视角，加强水生态文明建设，坚持保护优先、停止破坏与治理修复相结合，积极推进水生态文明建设步伐。

尽快建立、健全和完善相关的法律体系和行业管理制度，理顺监管体系、厘清职责权限，将水生态建设的一切事务纳入法治化轨道，组成"可持续发展"综合决策领导机构，行使讨论、研究和制订相应范围内的发展规划、战略决策，组织研制和实施中国水利生态现代化发展路径图。规划务必在深入调查的基础上，切实结合地域资源综合情况，量力而行，杜绝贪大求快，力求正确决策、系统规划、稳步和谐地健康发展。

努力协调完善机构职能，保证工程高质量运行。完善发展战略及重大建设项目立项、听证和审批程序。注重做好各方面、各领域环境动态调查监测、分析、预测，善于将科学、建设性的实施方案变为正确的和高效的管理决策，在实际工作中不仅仅以单纯的自然生态保护作为考量标准，而是努力建立和完善社会生态体系的和谐共进，不失时机地提高综合社会生态体系决策体系的机构和功能。

从源头入手解决发展与环境的冲突，努力完成现代化模式的生态转型，实现水环境管理从"应急反应型"向"预防创新型"的战略转变。控制和降低新增的环境污染。继续实施污染治理和传统工业改造工程，清除历史遗留的环境污染。积极促进生态城市、生态城区、生态园区和生态农村建设。努力打造水利生态产业、水利环保产业和水利循环经济产业。着力实现水利生态发展与城市生态体系、工业生态体系以及农业生态体系的融合。

（五）绩效约束，实现效益最大化的现代化管理战略

根据《中华人民共和国预算法》及财政部《中央级行政经费项目支出绩效考评管理办法（试行）》《中央部门预算支出绩效考评管理办法（试行）》以及国家有关财务规章制度，积极推进建立绩效约束机制，通过科学化、定量化的绩效目标和考核机制完善企业的现代化管理模式，以绩效目标为约束，以绩效指标为计量，确保行业和企业持续健康地沿效益最大化路径发展。

基于调查研究和科学论证，建立水利工程管理的绩效目标和相关指标，绩效目标突出对预算资金的预期产出和效果的综合反映，绩效指标强调对绩效目标的具体化和定量化，绩效目标和指标均能够符合客观实际，指向明确，具有合理性和可行性，且与实际任务和经费额度相匹配。绩效目标和绩效指标要综合考量财务、计划信息、人力资源部等多元绩效表现，并注重经济性、效率性和效益型的有机结合，组织编制预算，进行会计核算，按照预算目标进行支付；组织制定战略目标，对战略目标进行分解和过程控制，对经营结果进行分析和评判；设计绩效考核方案，组织绩效辅导，按照考核指标进行考核。

确保在"十四五"乃至未来更长的发展阶段实现绩效约束的管理战略的有序推进、深化拓展和不断完善，实现由从事后静态评估向事前的动态管理转换，由资金分配向企业发展转换，由主观判断向定量衡量转换，由单纯评价向价值创造转换，由个体评价向协同管理转换。倒逼责任到岗、权力归位，目标清晰、行动一致，以绩效约束的方式实现现代化治理体系和管理能力，推进企业经济效益、社会效益的最大化。

（六）智慧模式，促进跨越式发展的现代化创新战略

顺应世界发展大趋势，加速推进水利工程管理的智能化程度，打造水利工程的智慧发展模式，推动经济社会的重要变革。以"统筹规划、资源共享、面向应用、依托市场、深入创新、保障安全"为综合目标，以深化改革为核心动力，在水利工程领域努力实现信息、网络、应用、技术和产业的良性互动，通过高效能的信息采集处理、大数据挖掘、互联网模式以及物网融合技术，实现资源的优化配置和产业的智慧发展模式，最终实现水利工程高效地服务于国民经济，高效地惠及全体民众。

首先，加快建成水利工程管理的"信息高速公路"，以移动互联为主体，实现水利工程管理的全产业信息化途径，加快信息基础设施演进升级，实现宽带连接的大幅提速，探索下一代互联网技术革新和实际应用，建立水利工程管理的物联网体系，着力提升信息安全保障能力，促进"信息高速公路"搭载水利工程产业安全、高效地发展。

其次，创建水利工程的大数据经济新业态，加快开发、建设和实现大数据相关软件、数据库和规则体系，结合云计算技术与服务，加快水利工程管理数据采集、汇总与分析，基于现实应用提供具有水利行业特色的系统集成解决方案和数据分析服务，面向市场经济，利用产业发展引导社会资金和技术流向，加速推进大数据示范应用。

再次，打造水利工程管理的全新"互联网+"发展模式。促进网络经济模式与实体产业发展的协调融合，基于互联网新型思维模式，推进业务模式创新和管理模式创新，积极新型管理运营业态和模式。促进产业技术升级，增加产业的供给效率和供给能力，利用互联网的精准营销技术，开创惠民服务机制，构建优质高效的公共服务信息平台。

最终，实现智能水利工程发展模式。基于信息技术革命、产业技术升级和管理理念创新，大力发展数据监测、处理、共享与分析，努力实现产业决策及行业解决方案的科学化和智能化。加快构建水利工程管理的智慧化体系，完善智能水利工程的发展环境，面向水利工程管理对象以及社会

经济服务对象，实现全产业链的智能检测、规划、建设、管理和服务。

五、我国水利工程管理发展的目标任务

水利工程及附属设施是水利行业赖以生存和发展的重要物质基础，水利工程管理现代化是水利现代化的重要组成部分，是国家推进人类文明、经济发展和社会进步过程中不可缺少的组成内容。经过不断实践与深入研究，水利工程管理现代化发展的目标可定义为：具有高标准的水利工程设施，拥有先进的调度控制手段，建立适应市场经济良性运行的管理模式和具备现代思想意识、现代技术水平的干部职工队伍。

进入21世纪以来，围绕水利现代化发展目标，水利行业积极推进水利工程管理现代化进程，并主要采取了以下措施：加大投入，采用新技术、新设备、新材料、新工艺，特别是采用了自动监控技术和信息化技术，进行水利工程除险加固或更新改造，提高防洪标准，改善了工程面貌；深化改革，进行水利工程管理单位分类定性、定员定岗，推进管养分离，落实管理与维修经费渠道，理顺水利管理体制，建立分配激励机制，提高单位管理效能；大力推进水利工程管理考核工作，以点带面促进整个行业的水利工程管理水平提高。然而，水利工程管理现代化建设是一个动态的发展过程，是一个深层次、多方位的变化过程，需要随着时代大环境和发展深入的程度而不断深入调整。

水利工程管理现代化评价标准尚未颁布。虽然一些水利工程自动化和信息化程度较高，获得了各种荣誉，但是不能认定其水利工程管理实现了现代化。水利工程管理现代化没有统一的评价标准，至少有两个原因：首先，水利工程管理现代化是与国民经济和社会发展、技术进步以及全民素质提高的历史阶段相适应的，用一个固定的标准来衡量不合适；其次，水利工程管理现代化建设需要建设资金、维修经费的高投入，这可以从国家级水利工程管理单位的达标经验看出。资金实力是最主要的因素，这导致

有些地方的水行政主管部门和水利工程管理单位对于水利工程管理现代化"望而却步"。

而采取目标管理的方法，建立水利工程管理现代化发展目标；实现了发展目标，达到了管理效果，就可以认定水利工程管理单位实现了现代化。这可以从思想理念上解决水利工程管理现代化评价标准建立困难问题。

（一）我国水利工程管理发展的目标

根据我国水利工程管理发展目标的现状，以及形成较完善的工程管理目标体系，并且能够有效地完成水利工程发展战略的近期及中长期的目标，使得水利工程管理发展战略目标与经济社会发展基本相适应，水利工程管理得到比较科学、合理、高效的发展，使得工程管理实现良性循环。现把水利工程管理发展目标归纳如下：

（1）推行水利工程管理现代化目标管理的出发点

①目标管理，力求发挥水利工程的最大效益。从水利工程管理在国家和社会进步、行业发展过程中的作用角度来说，水利工程管理现代化发展目标是国家和社会对于水利工程管理者的基本要求，而现代化只是达到这个目标的技术手段，发展目标是不变的，而实现目标的现代化手段，是随着时代的发展可能不断变化。因此，有必要建立发展目标，根据管理效果进行目标管理。

②以人为本，合理分配人力资源，充分尊重人的全面发展。为适应时代发展，建立以人为本的水利工程现代化管理目标，合理分配人力资源，充分尊重人的全面发展，需要采取顺畅的"管养分离"的管理体制和有效的激励机制，采用最少的、适应水利工程管理技术素质要求的、具有良好职业道德的管理人员，进行检测观测、运行管理、安全管理等工作，达到管理的目标。

③经济节约，力求社会资源得到科学合理地利用。建设现代化的水利工程设施，需要高额投资、高额维护。各地建设情况及需求不同，需要因地制宜，根据不同的情况设立不同的管理目标要求，不能一刀切。如果以

统一标准来要求，则可能带来盲目的达标升级，造成国家资源的浪费。当然，对于频繁运用的、安全责任重大的大中型流域性水利工程，建立自动控制、视频监视、信息管理系统，甚至采取在线诊断技术，是非常必要的。对于很少运用的、安全责任相对较小的中小型区域性水利工程，则可以采取相对简单的控制技术，甚至无人值守。这可从国外发达国家的一些水利工程得到例证，他们采取的是相对简单的实用可靠的电子控制技术，甚至是原始的机械控制技术，同样达到管理的目标。因此不能说，简单实用的技术不属于水利工程管理现代化的内容。

（2）水利工程管理现代化发展目标的内涵

现代化的基础是规范化、制度化、科学化。水利工程管理单位必须按照相关的法律法规、行业规章以及技术标准，最主要的是水利部颁发的水利工程管理考核办法及各类水利工程考核标准，理顺管理体制，建立完善的内部运行机制，规范开展各项基础性的技术管理工作。在此基础上，水利工程管理应实现如下管理目标，也就是现代化发展目标。

①水利工程达到设计标准，安全、可靠、耐久、经济，有文化品位。这主要是由工程建设决定的，不管流域性、区域性，还是部管省管、市县管工程，都要达到设计标准，具备一定的经济寿命，并保持良好的环境面貌，有一定的文化品位，是最基本的要求。至于采用何种最先进的控制技术和设备进行建设，与环境、投资等多种因素有关，与管理目标没有必然的因果关系。有的新工程、新设备的安全、耐久性能未必比19世纪五六十年代的好。这与转型时期人们一切为了经济效益的"浮躁"思想有关：一方面追求"现代化"，技术确实先进了；一方面追求经济效益，但制造质量降低了。这需要慎重对待，尤其对于新技术、新设备、新材料、新工艺的应用，切不可贪图技术先进，而给后期水利工程管理带来持续的"麻烦"。外表再漂亮，内部不安全、不耐久，这肯定不是管理现代化的发展目标。

②各类工程设备具备良好的安全性能，运用时安全高效，发挥应有的设计效益。各类工程设备必须具备良好的安全性能，以便运用时安全高效，

第十章　我国水利工程管理发展战略与保障措施

同时发挥出应有的设计效益，这与管理水平密切相关，进行规范的检查观测、维修养护，可以掌握并保持设备良好的安全性能，能够灵活自如地运用，再加上规范的运行管理、安全管理，可以保证工程发挥防洪、灌溉、供水、发电等各项功能。这是水利工程管理现代化最重要的目标。

③坚持公平和效率原则，管理队伍思想稳定，人尽其职，个人能力得到充分发挥。管理人员是水利工程管理现代化实现的基本保证，强调人的全面发展是人类社会可持续发展的必然要求。传统的水利管理单位管理模式往往存在机构臃肿、人员冗余等问题。管养分离后的水利管理单位多为事业单位，内部人员相对精干，管理效能相对较高，是符合历史进步的先进管理体制。

（3）推行水利工程管理现代化目标管理的途径

①各级水行政主管部门围绕发展目标落实管理任务。明确水利工程管理现代化发展目标后，各级水行政主管部门可以将其落实到所管的水利工程管理单位的发展任务中。通过统筹规划、组织领导、考核奖惩等措施，可整体推进地区水利工程管理现代化建设，提高地方水利工程管理现代化水平。从经济、实用角度，可对新建的水利工程的现代化控制手段提出指导性意见，尽量使用性价比高的可靠实用的标准化技术。使水利工程管理所需的维修、管理经费足额到位，为水利工程管理现代化建设创造基础条件。

②水利工程管理单位围绕发展目标推进现代化建设。水利工程管理单位应采取科学的管理手段，建立务实高效的内部运行机制，调动管理人员的积极性，努力发挥其创造性。将水利工程管理现代化建设各项具体任务的目标要求落实到人，并进行目标管理考核与奖惩。要建立以应急预案为核心的安全组织管理体系，确保水利工程安全运用，充分发挥效益，提高管理水平，保持单位和谐稳定。

（4）推行水利工程管理现代化目标管理的重要意义

①符合现代水利治水思路的要求。现代水利的内涵包括四个方面，安

全水利、资源水利、生态水利、民生水利。这同样是从国家和社会对于水利行业的要求角度提出的,也就是水利现代化的发展目标。对于水利工程管理单位来讲,达到管理现代化发展目标,就能满足保障防洪安全、保护水资源、改善生态、服务民生的目的。因此,推行水利工程管理现代化目标管理,是贯彻落实新时期治水思路的基本要求。

②符合水利工程管理考核的要求。水利行业正在推行的水利工程管理考核工作,是对水利工程管理单位管理水平的重要评价方法。该考核涉及水闸、水库、河道、泵站等水利工程,采用千分制,包括组织管理、安全管理、运行管理、组织管理四个方面,进行定量的评价,其中管理现代化部分占5%。应该说,得分920分以上、各类别得分率不低于85%的通过水利部考核的国家级水利工程管理单位,代表全国水利工程管理最高水平,可以将其定性为实现了水利工程管理现代化,或者至少可以认定其水利工程管理现代化水平较高。而建立水利工程管理现代化发展目标,与水利工程管理考核的目标管理思路保持一致,也是来源于对水利工程管理考核标准的深入理解和实践检验。由此,水利工程管理考核标准可认为是水利工程管理现代化的评价标准之一。推行水利工程管理现代化目标管理,符合水利行业对于水利工程管理考核的要求。

③符合水利行业实际发展的要求。我国水利工程管理单位众多,如果以较为超前的自动监控、信息管理等技术要求,作为水利工程管理现代化评价指标,则可能形成大家过分追求水利工程设施、监控手段、人员素质的现代化的现象。国家不可能投入"达标"所需要的巨额资金,全国水利工程管理单位必然会拖国家及地方现代化的后腿,这不利于行业的发展与进步。而建立水利工程管理现代化发展目标,回避技术手段现代化问题,并实行实事求是的目标管理,则水利工程管理单位将会把工作重点放在内部规范化、制度化、科学化管理上既有利于保障水利工程效益的最大限度发挥,也有利于上级主管部门对其实行的水利工程管理现代化考核。

从主管部门考核角度上讲,本文提出的水利工程管理现代化发展目标也属于现代化的评价指标，只是与传统的过程评价思路不同，而采用管理效果考核。这在一定程度上丰富了水利工程管理现代化的内涵，便于水利行业实际操作。

我国预计要在21世纪中叶基本实现现代化，水利工程管理也需要跟上时代的步伐。除了要搞好水利工程的建设之外，还需要以健全的管理体制机制为保证，以"兼管并重，重在管理"方针为指导，做好水利工程全面建设的工作，保证管理体制运行正常，实现水利工程管理的科学化、规范化、法治化、社会化。因此，我们要做到水利工程管理现代化建设与国家现代化相呼应，抓好重点，突出难点，循序渐进。结合地方差异，要因地制宜，城乡统筹，加快进程，分步实施。同时要坚持深化改革，注入活力，开创新蓝图的原则，去借鉴国外发达国家的成功经验，结合我国具体国情来施行具有现代化意义的科学管理模式。

（二）我国水利工程管理发展的主要任务

在现阶段，结合我国水利发展现状及发展目标，可以明确我国水利工程管理的主要任务如下：

（1）全力保障加快重大水利工程建设

深入理解和把握我国水安全形势，基于"节水优先、空间均衡，系统治理、两手发力"的战略思想，按照"确有需要、生态安全、可以持续"的原则，当前水利工程管理应重点围绕影响国民经济的重大水利工程建设项目，集中力量进行科学论证和系统优化，着力保障我国水安全，促进国民经济协调稳步地发展。

（2）切实保障水利工程和项目运行的质量安全

要进一步明确参建各方的质量责任，建立责任追究制度，落实质量终身责任制，强化政府质量监督，组织开展好水利建设质量工作考核，全力保障水利工程建设质量。要加强监督检查，组织开展安全隐患大排查，落实各项安全度汛措施，保障水利工程建设安全。要继续推进大中型水管单位改革，积极推进小型水利工程管理体制改革，落实水库大坝安全管理责任制，加强应急管理和日常监管，严格控制运用，保障水利工程运行安全。

(3) 推进水利工程建设管理体制改革

进一步完善相关法律法规，做到各项工作有法可依。明确中央和地方的职权机制，形成统筹规划、系统实施和责权明确的现代化管理机制。严格执行建设项目法人责任制、招标投标制、建设监理制、合同管理制，推行水利工程建设项目代建制。因地制宜推行水利工程项目法人招标、代建制、设计施工总承包等模式，实行专业化社会化建设管理，探索建立决策、执行和监督相制衡的建设管理体制。要继续加快行政管理职能转变，推进简政放权，强化放管结合，提升服务水平。要规范改进市场监管，积极构建统一开放、竞争有序、诚信守法、监管有力的水利建设市场体系。要加强河湖管理和保护，建立健全"源头严防、过程严管、后果严惩"的体制机制，推进生态文明建设。

(4) 深化水利工程管理机制的创新模式

创新水利工程管理方式，鼓励水管单位承担新建项目管理职责，探索水利工程集中管理模式，探索水利工程物业化管理，探索水利债务的证券化途径，探索水利工程管理和运营的私营与政府合作经营模式。积极推进水利工程管养分离，通过政府购买服务方式，由专业化队伍承担工程维修养护和河湖管护。健全水利工程运行维护和河湖管护经费保障机制，消除传统"重建轻管"和运营资金不可持续的无效管理模式。全面推进小型水利工程管理体制改革，明确工程所有权和使用权，落实管护主体、责任和经费，促进水利工程良性运行。

(5) 着力加强建设与管理廉政风险防控

相关各级部门要在作风建设上下功夫、在完善制度上下功夫、在强化监管上下功夫，始终保持对水利建设管理领域腐败问题的高压态势。改进水行政审批和监管方式，简化审批程序，优化审批流程，加强行业指导和事中事后监管。推进投资项目涉水行政审批事项分类合并实施。建立健全水利行政审批在线监管平台，实现水利审批事项在线申报办理和信息发布共享，建立健全守信激励和失信惩戒机制，推进协同联动监管。

六、水利工程管理体系的发展与完善

（一）从流程分的水利工程管理体系

（1）水利工程决策、设计规划管理

规划是水利建设的基础。中央一号文件和其他相关政策都把加强水利建设放在非常重要的位置，要求"抓紧编制和完善县级水利建设规划，整体推进水利工程建设和管理"。各地结合自身实际，充分了解并尊重群众意愿，认真分析问题，仔细查找差距，找准目标定位，依托地区水利建设发展整体规划，从农民群众最关心、要求最迫切最容易见效的事情抓起，以效益定工程，突出重点，从技术、管理等多个层面确保规划质量。水利规划思路清晰，任务明确，建设标准严格，有计划、有步骤，分阶段、分层次地推进水利建设工作，编制完成切实可行的水利规划并得到组织实施。在规划编制中应充分考虑水资源的承载能力，考虑水资源的节约、配置和保护之间的平衡；应把农村和农民的需要放在优先位置解决；应加强规划的权威性，规划的编制应尊重行业领导和专业意见，广泛征求各方面意见，按程序进行审批后加强规划执行的监管，提高规划权威性。

在水利建设前期，根据国家总体规划及流域的综合规划，提出项目建议书、可行性研究报告和初步设计，并进行科学决策。当建设项目的初步设计文件得到批准后，同时项目资金来源也基本落实，进行主体工程招标设计、组织招标工作及现场施工准备。项目法人向主管部门提出主体工程开工申请报告，经过审批后才能正式开工。提出申请报告前，须具备以下条件：前期工程各阶段文件已按规定批准，施工详图设计可以满足初期主体工程施工需要；建设项目已列入年度计划，年度建设资金来源已落实；主体工程招标已经决标，工程承包合同已经签订，并得到主管部门同意；现场施工准备和征地移民等建设外部条件能够满足主体工程开工需要。

根据水利工程建设项目性质和类别的不同，确定不同的项目法人组建模式和项目法人职责。经营性和具备自收自支条件的准公益性水利工程建设项目，按照现代企业制度的要求，组建企业性质的项目法人，对项目的策划、筹资、建设、运营、债务偿还及资产的保值增值全过程负责，自主经营，自负盈亏。公益性和不具备自收自支条件的准公益性水利工程建设项目，按照"建管合一的要求，组建事业性质的项目法人，由项目法人负责工程建设和运行管理，或委托专业化建设管理单位，行使建设期项目法人职责，对项目建设的质量、安全进度和资金管理负责，建成后移交运行管理单位。项目法人的组建应按规定履行审批和备案程序。水行政主管部门对项目法人进行考核，建立激励约束机制，加强对项目法人的监督管理。结合水利建设实际，积极创新建设管理模式，有条件的项目可实行代建制、设计施工总承包、BOT（建设—经营—移交）等模式。

（2）水利工程建设（施工）管理

水利建设直接投资和间接投资都呈逐年增加的态势，中央财政通过预算内固定资产投资和财政专项资金等多种渠道，统筹安排各类水利建设资金，初步形成了有效推动水利建设的政策体系，安排小型水利设施建设补助专项资金，采取"政府引导、民办公助、以奖代补"等方式，支持灌区末级渠道和田间工程建设，加大对山丘区"五小水利"工程建设投入，鼓励和引导民间资本参与水利建设。安排中央固定资产投资，支持大型灌区续建配套和节水改造。安排农业综合开发资金，重点支持中低产田改造、高标准农田示范工程建设、中型灌区节水配套改造。补充从土地出让收益中计提的水利建设资金。

在中央投资的带动下，不少地方加大了水利建设投入。多数地区配套资金及时到位，确保中央水利项目工程顺利完工，并已开始发挥效益。四川省政府规定不低于土地出让收益的15%计提农业土地开发资金，其中15%由省统筹用于水利基础设施建设；陕西省从2006年起，每年从新增建设用地有偿使用费中拿出1亿元，设立了省级小型水利基本建设补助资金。

第十章 我国水利工程管理发展战略与保障措施

内蒙古连续 10 年实行以奖代补政策，用 1 亿元带动了地方和农民近 30 亿元的水利投入。水利建设体制和管理机制改革进一步深化。内蒙古鄂尔多斯通过水权转换带动用水企业投资 7 亿元；吉林省有 60 个县（市、区）制定了水管体制改革实施方案，320 个单位确定了相应的编制和经费。各地大力推广用水户参与式管理制度，鼓励和扶持成立农民用水户协会。明确各级政策和水利主管部门对水利建设的职责。

在水利项目管理上，积极推行规划许可制、竞争立项制、专家评审制、绩效考核制，确保决策的科学性。在建设过程中，项目法人要充分发挥主导作用，协调设计、监理、施工单位及地方等多方的关系，实现目标管理。严格履行合同，具体包括：①项目建设单位建立了现场协调或调度制度。及时研究解决设计、施工的关键技术问题。从整体效益出发，认真履行合同，积极处理好工程建设各方的关系，为施工创造良好的外部条件。②监理单位受项目建设单位委托，按合同规定在现场从事组织、管理、协调、监督工作。同时，监理单位站在独立公正的立场上，协调建设单位与设计、施工等单位之间的关系。③设计单位应按合同及时提供施工详图，并确保设计质量。按工程规模，派出设计代表组进驻施工现场解决施工中出现的设计问题。施工详图经监理单位审核后交施工单位施工。设计单位对不涉及重大设计原则问题的合理意见应当采纳并修改设计。若有分歧意见，由建设单位决定。如涉及初步设计重大变更问题，应由原初步设计批准部门审定。④施工企业加强管理，认真履行承包合同。在施工过程中，要将所编制的施工计划、技术措施及组织管理情况报项目建设单位。湖北省除定期对建设项目进行抽检、巡检外，还采取"飞检"方式随时监控工程建设质量，发现问题及时通报整改。此外，湖北还充分发挥纪检、监察、审计、媒体等部门的重要作用，形成了自上而下的资金督察、工程稽查、审计检查、纪检监察四位一体的省、市、县三级监督体系。在资金管理上，严格实行国库集中支付和县级财政报账制，确保工程建设质量和资金使用安全。⑤项目建设单位组织验收，质量监督机构对工程质量提出评价意见。验收

水利经济的可持续发展

工作根据工程级别，由不同级别的主管部门负责验收，具体操作原则为：国家重点水利建设项目由国家计委会同水利部主持验收；部属重点水利建设项目由水利部主持验收。部属其他水利建设项目由流域机构主持验收，水利部进行指导；中央参与投资的地方重点水利建设项目由省（自治区、直辖市）政府会同水利部或流域机构主持验收；地方水利建设项目由地方水利主管部门主持验收，其中，大型建设项目验收，水利部或流域机构派员参加，重要中型建设项目验收，流域机构派员参加。工程竣工验收交付使用后，方可进行竣工决算。竣工验收后，工程将交给相关部门、单位进行使用，并负责日后的运营管理。四川省剑阁县坚持"两验一审"，即工程完工后，由乡镇组织用水户协会进行初验，县水务局、财政局组织复验，县审计局审计后兑现工程补助。坚持"三大制度"，即：县级报账制、村民监督制、部门审核制。

为了配合纪检监察、审计等有关部门做好水利稽查审计，水利系统内部建立了省、市、县三级水利工程建设监督检查与考核联动机制，落实水利项目建设中主管部门、项目法人、设计单位、施工企业、监理等各方面的责任，形成一级抓一级、层层落实的工作格局。切实加强前期工作、投资计划、建设施工、质量安全等全过程监管，及时发现和纠正问题。加大对各地水利建设尤其是重点项目的监督检查，及时通报，督促各地进一步规范项目建设管理行为，确保资金安全、人员安全、质量安全。通过日常自查、接受检查、配合督查、验收核查等不同环节不断发现建设管理中的问题，对所有问题及时进行认真清理，建立整改工作台账；针对问题程度不同，采取现场督办整改、书面通知整改、通报政府整改等方式加强督办；为防止整改走过场，将每一个问题的责任主体、责任人、整改措施、整改到位时间全部落实。

为保证水利建设工作的顺利进行，在制度保障方面应积极出台相关建设管理办法，制定相应建设管理标准，使水利工程建设从立项审批、工程建设、资金管理、年度项目竣工验收等都有规可依、依规办事。组织保障方面，加强与各级部门沟通协调。与相关单位互相配合支持、各负其责、形成合力，确保各项水利建设工作健康发展。对水利建设组织领导、资金筹措、工程管理、矛盾协调、任务完成等情况进行严格的督查考核和评比，以此稳步推进农村水利建设工作的开展，确保取得实效。例如，湖北省制定下发了《关于加快农村小型水利建设的意见》《大型灌区建设管理手册》《大型泵站更新改造建设管理手册》《大型灌区设计变更管理办法》等规范性文件，从制度上保障了水利建设的实施。江苏省泰州市成立了农村水利工程建设与管理指挥部，专职负责农村水利的建设与管理工作，同时，各乡镇、园区及相关部门也成立相应的组织领导机构，每年召开冬春水利现场推进会，在冬春水利建设期间运用各类媒体平台广泛宣传农村水利的相关政策、工程规划及实施动态，营造大干水利的氛围，从组织上形成了良好的保障条件。

（3）水利工程运行（运营）管理

水利工程管理体制改革的实质是理顺管理体制，建立良性管理运行机制，实现对水利工程的有效管理，使水利工程更好地担负起维护公众利益、为社会提供基本公共服务的责任。

第一，建立职能清晰、权责明确的水利工程分级管理体制。准确界定水管单位性质，合理划分其公益性职能及经营性职能。承担公益性工程管理的水管单位，其管理职责要清晰、切实到位；同时要纳入公共财政支付，保证经费渠道畅通。

第二，建立管理科学、经营规范的水管单位运行机制。加大水管单位内部改革力度，建立精干高效的管理模式。核定管养经费，实行管养分离，定岗定编，竞聘上岗，逐步建立管理科学，运行规范，与市场经济相适应，符合水利行业特点和发展规律的新型管理体制和运行机制。更好地保障公益性水利工程长期安全可靠地运行。

第三，建立严格的工程检查、观测工作制度。各水管单位应制定详细的工程检查与观测制度，并随时根据上级要求结合单位实际修订完善。工程检查工作,可分为经常检查、定期检查、特别检查和安全鉴定。

第四,推进水利工程运行管理规范化、科学化。要实现水利工程管理现代化,水利工程管理就必须实现规范化和科学化。如,水库工程须制定调度方案、调度规程和调度制度,调度原则及调度权限应清晰;每年制订水利调度运用计划并经主管部门批准;建立对执行计划进行年度总结的工作制度。水闸、泵站制定控制运用计划或调度方案;应按水闸(泵站)控制运用计划或上级主管部门的指令组织实施;按照泵站操作规程运行。河道(网、闸、站)工程管理机构制定供水计划;防洪、排涝实现联网调度。通过科学调度实现工程应有效益,是水利工程管理的一项重要内容。要把汛期调度与全年调度相结合,区域调度与流域调度相结合,洪水调度与资源调度相结合,水量调度与水质调度相结合,使调度在更长的时间、更大的空间、更多的要素、更高的目标上拓展,实现洪水资源化,实现对洪水、水资源和生态的有效调控,充分发挥工程应有作用和效益,确保防洪安全、供水安全、生态安全。

第五,立足国家互联网+战略,推进水利工程管理信息化。依托国家互联网+战略,加强水利工程管理信息化基础设施建设,包括信息采集与工程监控、通信与网络、数据库存储与服务等基础设施建设,全面提高水利工程管理工作的科技含量和管理水平。建立大型水利枢纽信息自动采集体系。采集要素覆盖实时雨水情、工情、旱情等,其信息的要素类型、时效性应满足防汛抗旱管理、水资源管理、水利工程运行管理、水土保持监测管理的实际需要。建立水利工程监控系统,以提升水利工程运行管理的现代化水平,充分发挥水利工程的作用。建立信息通信与网络设施体系。在信息化重点工程的推动下,建立和完善信息通信与网络设施体系。建立信息存储与服务体系。提供信息服务的数据库,信息内容应覆盖实时雨水情、历史水文数据、水利工程基本信息、社会经济数据、水利空间数据、水资源数据、水利工程管理有关法规、规章和技术标准数据、水政监察执法管理基本信息等方面。水利工程管理信息化建设中,应注意:建立比较完善的信息化标准体系；提高信息资源采集、存储和整合的能力；提高应用信息化手段向公众提供服务的水平；大力推进信息资源的利用与共享；加强信息系统运行维护管理，定期检查，实时维护；建立、健全水利工程管理信息化的运行维护保障机制。在病险水库除险加固和堤防工程整治时，要将工程管理信息化纳入建设内容，列入工程概算。对于新的基建项目，要根据工程的性质和规模，确定信息化建设的任务和方案，做到同时设计，同期实施，同步运行。

第六，树立现代的水利工程管理理念。一是树立以人为本的意识。优质的工程建设和良好运行管理的根本目的是广大人民群众的切身利益，为人民提供可靠的防洪保障和供水保障。要尽最大努力保护生产者的人身安全，保护工程服务范围内人民群众的切身利益，保证江河资源开发利用不会损害流域内的社会公共利益。二是树立公共安全的意识。水利工程公益性功能突出，与社会公共安全密切相关。要把切实保障人民群众生命安全作为首要目标，重点解决关系人民群众切身利益的工程建设质量和工程运行安全问题。三是树立公平公正的意识。公平公正是和谐社会的基本要求，也是水利工程建设管理的基本要求。在市场监管、招标投标、稽查检查、行政执法等方面，要坚持公平公正的原则，保证水利建筑市场规范有序。四是树立环境保护的意识。人与自然和谐相处是构建和谐社会的重要内容，要高度重视水利建设与运行中的生态和环境问题，水利工程管理工作要高度关注经济效益、社会效益、生态效益的协调发挥。

（4）水利工程维修养护管理

第一，建立市场化、专业化和社会化的水利工程维修养护体系。水管体制改革，实施管养分离后，建立健全相关的规章制度，制定适合维修养护实际的管理办法，用制度和办法约束、规范维修养护行为，严格资金的使用与管理，实现维修养护工作的规范化管理。要规范建设各方的职责、规范维修养护项目合同管理、规范维修养护项目实施、规范维修养护项目验收和结算手续、建立质量管理体系和完善质量管理措施。

第二，在水管单位的具体改革中，稳步推进水利工程管养分离，具体可分3步走：第1步，在水管单位内部实行管理与维修养护人员以及经费分离，工程维修养护业务从所属单位剥离出来，维修养护人员的工资逐步过渡到按维修养护工作量和定额标准计算；第2步，将维修养护部门与水管单位分离，但仍以承担原单位的养护任务为主；第3步，将工程维修养护业务从水管单位剥离出来，通过招标方式择优确定维修养护企业，水利工程维修养护走上社会化、规范化、标准化和专业化的道路。对管理运行人员全部落实岗位责任制，实行目标管理。

第三，建立、健全并不断完善各项管理规章制度。基层水管单位应建立、健全并不断完善各项管理规章制度，包括人事劳动制度、学习培训制度、岗位责任制度、请示报告制度、检查报告制度、事故处理报告制度、工作总结制度、工作大事记制度、安全管理制度、档案管理制度等，使工程管理有章可循、有规可依。管理处应按照档案主管部门的要求建有综合档案室，设施配套齐全，管理制度完备，档案分文书、工程技术、财务等三部分，由经档案部门专业培训合格的专职档案员负责档案的收集、整编、使用服务等综合管理工作。档案资料收集齐全，翔实可靠，分类清楚，排列有序，有严格的存档、查阅、保密等相关管理制度，通过档案规范化管理验收。同时，抓好各项管理制度的落实工作，真正做到有章可循，规范有序。

（二）从用途分的水利工程管理体系

（1）防洪安全工程

首先，河道管理工作是防洪安全工程管理的重要内容，也是水利社会管理的重要内容，事关防洪安全和经济可持续发展大局。当前，河道管理相对薄弱，涉河资源无序开发，河道范围内违规建设，侵占河道行洪空间、水域、滩涂、岸线，这些都严重影响了行洪安全，危及人民生命财产安全。要按照《水利工程管理条例》《湖泊保护条例》《河道管理实施办法》等法规，在加强水利枢纽工程管理的同时，着重加强河道治理、整治工作，依法加强对河道湖泊、水域、岸线及管理范围内的资源管理。

第十章 我国水利工程管理发展战略与保障措施

其次，建立遥测与视频图像监视系统。对河道工程，建立遥测与视频图像监视系统。可实时"遥视"河道、水库的水位、雨势、风势及水利工程的运行情况，网络化采集、传输、处理水情数据及现场视频图像，为防汛决策及时提供信息支撑。有条件时，建立移动水利通信系统。对大中型水库工程，建立大坝安全监测系统。用于大坝安全因子的自动观测、采集和分析计算，并对大坝异常状态进行报警。

最后，建立洪水预报模型和防洪调度自动化系统。该系统对各测站的水位、流量、雨量等洪水要素实行自动采集、处理并进行分析计算，按照给定的模型做出洪水预报和防洪调度方案。

（2）农田水利工程

首先，充分发挥各类管理主体的积极作用。在现行制度安排下，农户本应该成为农田水利设施供给的主体，但单户农民难以承担高额的农田水利工程建设投入，这就需要有效的组织。但家庭联产承包责任制降低了农民的组织化程度，农田水利建设的公共品性质与土地承包经营的个体存在矛盾，农户对农田水利建设缺乏凝聚力和主动性。因此，就造成了农田水利建设主体事实上的缺位。需要各级政府、各方力量通力合作，采取综合措施，遵循经济规律，分类型明确管理主体，切实负起建设管理责任。地方政府是经济社会的领导者和管理者掌握着巨大的政治资源和财政资金，有农村基础设施建设的领导权、决策权、审批权和各种权力，在农田水利工程建设中应担当四种角色：①制度供给者。建立和完善农村公共产品市场化和社会化的规则，建立起公共财政体制框架，解决其中的财政"越位"和"缺位"问题。②主要投资者角色。应该发挥政府公共产品供给上的优势和主导作用。③多元供给主体的服务者与多元化供给方式的引入角色。鼓励和推动企业和社会组织积极参与农村公共产品的供给，营建政府与企业、社会组织的合作伙伴关系。④监督者角色。建立标准并进行检查和监督以及构建投诉或对话参与渠道等，建立公共产品市场准入制度，实现公共产品供给的社会化监督。农田水利建设属于公共品，地方政府在农田水利建设中应承担主导作用。因此在农田水利建设管理中,各级政府要转变角色,由从前的直接用行政手段组织农民搞农田水利的传统方式,转变到重点抓权属管理、规划管理、宣传发动、资金扶持等,从单纯的行政命令转变到行政、法律、科技、民主、教育相结合,由过去的组织推动转变为政策引导、典型示范、优质服务。

面对农村经济社会结构正在发生的深刻变化,要充分发挥农民专业合作社、家庭农场、用水协会等新型主体在小型农田水利建设中的作用,推动农民用水合作组织进行小型农田水利工程自主建设管理。按照"依法建制,以制治村,民主管理,民主监督"的原则,组建农民用水合作组织法人实体,推进土地连片整合,成片开发,规模化建设农田水利工程,突破一家一户小块土地对农田水利建设的制约,通过农田水利建设将县、乡、村、农户的利益捆绑起来,可以用好用活"一事一议",充分尊重群众意愿,充分发挥农民的主体作用和发挥农民对小型农田水利建设的积极性。

其次,提高农田水利工程规划立项的科学性。以科学的态度和先进的理念指导工作,要做到科学规划、科学决策,把农田水利建设规划作为国民经济发展总体规划的组成部分,结合农业产业化、农村城镇化和农业结构调整,统筹考虑农田水利建设,使之具有较强的宏观指导性和现实操作性。农田水利建设项目的规划设计要具有前瞻性,着眼新农村建设,以促进城乡一体化和现代农业建设为突破口,体现社会、自然、人文发展新貌,既要尊重客观规律,又要从实际出发。从整体、长远角度对农田水利工程进行统一规划,大中小水利工程统筹考虑,水库塘坝、水窖等相互补充,建设旱能灌、涝能排,有水存得住、没雨用得上的农田水利工程体系,重点加强对农民直接受益的中小型农田水利的建设,支持灌溉、储水、排水等农田水利设施的改扩、新建项目,做到主支衔接,引水、蓄水、灌溉并重,大小水利并进。

要因地制宜,建立村申请、乡申报、县审批的立项程序,进行科学论证和理性预测,综合分析农田水利工程项目建设的可行性和必要性,择优

第十章　我国水利工程管理发展战略与保障措施

选择能拉动农村经济发展、放大财政政策效应的可持续发展项目，建立县级财政农田水利建设项目库，实行项目立项公告制和意见征询制，把农民最关心、受益最大、迫切需要建设的惠民工程纳入建设范畴，形成完备的项目立项体系，解决项目申报重复无序的问题，积极推广"竞争立项，招标建设，以奖代补"的建设模式，将竞争机制引入小型农田水利工程建设，让群众全过程参与，群众积极性高，项目合理优先支持，推行定工程质量标准、定工程补助标准，将政府补助资金直接补助到工程的"两定一补"制度。

（3）取供用水工程

首先，建立水利枢纽及闸站自动化监控系统。建立水利枢纽及闸站自动化监控系统，对全枢纽的机电设备、泵站机组、水闸船闸启闭机、水文数据及水工建筑物进行实时监测、数据采集、控制和管理。运行操作人员通过计算机网络实时监视水利工程的运行状况，包括闸站上下游水位、闸门开度、泵站开启状况、闸站电机工作状态、监控设备的工作状态等信息。并且可依靠遥控命令信号控制闸站闸门的启闭。为确保遥控系统安全可靠，采用光纤信道，光纤网络将所有监测数据传输到控制中心的服务器上，通过相应系统对各种运行数据进行统计和分析，为工程调度提供及时准确的实时信息支撑。

其次，建立供水调度自动化系统。该系统对供水工程设施（水库蓄泄建筑物、引水枢纽、抽水泵站等）和水源进行自动测量、计算和调节、控制，一般设有监控中心站和端站。监控中心站可以观测远方和各个端站的闸门开启状况、上下游水位，并可按照计划自动调节控制闸门启闭和开度。

第二节　我国水利工程管理发展战略的保障措施

水利是国民经济和社会发展的重要基础设施，具有很强的公益性，且投资规模大、建设周期长、盈利能力弱，长期以来，我国水利建设及管理主要以政府投资为主，社会资本参与程度较低。

近年来，为了加快水利改革发展，拓宽水利投融资渠道，促进经济持续健康发展，国家不断完善水利相关的法律法规及部门规章制度，在投资方面也出台了一些吸引社会资本参与水利建设的政策措施。2010年，国务院颁布《关于鼓励和引导民间投资健康发展的若干意见》，明确提出吸引民间资本投资建设农田水利、跨流域调水、水资源综合利用、水土保持等水利项目。2012年，水利部印发了鼓励和引导民间资本参与农田水利和水土保持工程建设两个实施细则。但这些政策文件原则性表述较多，特别是投资补助、财政贴息、价格机制等配套政策还不够细化，在实际操作中难以使社会资本有明确的收益预期，社会资本进入水利领域的意愿总体不强。

近几年，我国准备对具备一定条件的重大水利工程，通过深化改革的方式向社会投资敞开大门，建立权利平等，机会平等，规则平等的投资环境和合理的投资收益机制。参与方式主要有以下三种：

（1）通过选择一批现有水利工程，通过股权出让、委托运营、整合改制等方式吸引社会资本参与，筹得的资金用于新工程建设。

（2）对新建项目，建立健全政府和社会资本合作机制。

（3）对公益性较强的水利工程建设项目，可通过与经营性较强的项目组合开发等方式，吸引社会资本参与。

一、我国水利工程管理发展战略的支撑条件和保障措施

水利工程是国民经济和社会发展的重要基础设施，国家对水利工程管理发展的重视促进了水利工程事业的发展。因而为了我国水利工程管理战略的发展，国家应该开放政策，对于具备一定条件的重大水利工程，通过深化改革向社会投资敞开大门，建立权利平等、机会平等、规则平等的投资环境和合理的投资收益机制，放开增量，盘活存量，加强试点示范，鼓励和引导社会资本参与工程建设和运营，有利于优化投资结构，建立健全

水利投入资金多渠道筹措机制；有利于引入市场竞争机制，提高水利管理效率和服务水平；有利于转变政府职能，促进政府与市场有机结合、两手发力；有利于加快完善水安全保障体系，支撑经济社会可持续发展，从而为促进我国建立一套完备的水利工程管理发展战略措施提供支撑条件和保障措施。

国家应从以下几个方面为我国水利工程管理的发展提供支撑条件和保障措施：

一是改进组织发动方式。进一步落实行政首长负责制，强化部门协作联动，完善绩效考核和问责问效机制，充分发挥政府主导和推动作用。

二是拓展资金投入渠道。在进一步增加公共财政投资和强化规划统筹整合的同时，落实和完善土地出让收益计提、民办公助、以奖代补、财政贴息、开发性金融支持等政策措施，鼓励和吸引社会资本投入水利建设。

三是创新建设管护模式。因地制宜推行水利工程代建制、设计施工总承包等专业化、社会化建设管理，扶持和引导农户、农民用水合作组织、新型农业经营主体等参与农田水利建设、运营与管理。

四是强化监督检查考核。加强对各地的督导、稽查、审计，及时发现问题并督促整改落实，确保工程安全、资金安全、生产安全等。

五是加大宣传引导力度。充分利用广播、电视、报纸、网络等传统媒体和新媒体，大力宣传党中央、国务院兴水惠民政策举措，总结、推广基层经验，营造良好舆论氛围。

二、完善优惠和扶持政策

（1）保障社会资本合法权益。社会资本投资建设或运营管理重大水利工程，与政府投资项目享有同等政策待遇，不另设附加条件。社会资本投资建设或运营管理的重大水利工程，可按协议约定依法转让、转租、抵押其相关权益；征收、征用或占用的，要按照国家有关规定或约定给予补偿或者赔偿。

（2）充分发挥政府投资的引导带动作用。重大水利工程建设投入，原则上按功能、效益进行合理分摊和筹措，并按规定安排政府投资。对同类项目，中央水利投资优先支持引入社会资本的项目。政府投资安排使用方式和额度，应根据不同项目情况、社会资本投资合理回报率等因素综合确定。公益性部分政府投入形成的资产归政府所有，同时可按规定不参与生产经营收益分配。鼓励发展支持重大水利工程的投资基金，政府可以通过认购基金份额、直接注资等方式予以支持。

（3）完善项目财政补贴管理。对承担一定公益性任务、项目收入不能覆盖成本和收益，但社会效益较好的政府和社会资本合作重大水利项目，政府可对工程维修养护和管护经费等给予适当补贴。财政补贴的规模和方式要以项目运营绩效评价结果为依据，综合考虑产品或服务价格、建设成本、运营费用、实际收益率、财政中长期承受能力等因素合理确定、动态调整，并以适当方式向社会公示公开。

（4）完善价格形成机制。完善主要由市场决定价格的机制，对社会资本参与的重大水利工程供水、发电等产品价格，探索实行由项目投资经营主体与用户协商定价。鼓励通过招标、电力直接交易等市场竞争方式确定发电价格。需要由政府制定价格的，既要考虑社会资本的合理回报，又要考虑用户承受能力、社会公众利益等因素；价格调整不到位时，地方政府可根据实际情况安排财政性资金，对运营单位进行合理补偿。

（5）发挥政策性金融作用。加大重大水利工程信贷支持力度，完善贴息政策。允许水利建设贷款以项目自身收益、借款人其他经营性收入等作为还款来源，探索以水利项目收益相关的权利作为担保财产的可行性。积极拓展保险服务功能，探索形成"信贷+保险"合作模式，完善水利信贷风险分担机制以及融资担保体系。进一步研究制定支持从事水利工程建设项目的企业直接融资、债券融资的政策措施，鼓励符合条件的上述企业通过IPO（首次公开发行股票并上市）、增发、企业债券、项目收益债券、公司债券、中期票据等多种方式筹措资金。

（6）推进水权制度改革。开展水权确权登记试点，培育和规范水权交易市场，积极探索多种形式的水权交易流转方式，鼓励开展地区间、用水户间的水权交易，允许各地通过水权交易满足新增合理用水需求，通过水权制度改革吸引社会资本参与水资源开发利用和节约保护。依法取得取水权的单位或个人通过调整产品和产业结构、改革工艺、节水等措施节约水资源的，可在取水许可有效期和取水限额内，经原审批机关批准后，依法有偿转让其节约的水资源。在保障灌溉面积、灌溉保证率和农民利益的前提下，建立健全工农业用水水权转让机制。

（7）实行税收优惠。社会资本参与的重大水利工程，符合《公共基础设施项目企业所得税优惠目录》《环境保护、节能节水项目企业所得税优惠目录》规定条件的，自项目取得第一笔生产经营收入所属纳税年度起，第一年至第三年免征企业所得税，第四年至第六年减半征收企业所得税。

（8）落实建设用地指标。国家和各省（自治区、直辖市）土地利用年度计划要适度向重大水利工程建设倾斜，予以优先保障和安排。项目库区（淹没区）等不改变用地性质的用地，可不占用地计划指标，但要落实耕地占补平衡。重大水利工程建设的征地补偿、耕地占补平衡实行与铁路等国家重大基础设施建设项目同等政策。

三、落实投资经营主体责任

（1）完善法人治理结构。项目投资经营主体应依法完善企业法人治理结构，健全和规范企业运行管理、产品和服务质量控制、财务、用工等管理制度，不断提高企业经营管理和服务水平。改革完善项目国有资产管理和授权经营体制，以管资本为主加强国有资产监管，保障国有资产公益性、战略性功能的实现。

（2）认真履行投资经营权利义务。项目投资经营主体应严格执行基本

水利经济的可持续发展

建设程序，落实项目法人责任制、招标投标制、建设监理制和合同管理制，对项目的质量、安全、进度和投资管理负总责。已通过招标方式选定的特许经营项目投资人依法能够自行建设、生产或者提供的，可以不进行招标。要建立健全质量安全管理体系和工程维修养护机制，按照协议约定的期限、数量、质量和标准提供产品或服务，依法承担防洪、抗旱、水资源节约保护等责任和义务，服从国家防汛抗旱、水资源统一调度。要严格执行工程建设运行管理的有关规章制度技术标准，加强日常检查检修和维修养护，保障工程功能发挥和安全运行。

四、加强政府服务和监管

（1）加强信息公开。发展改革、财政、水利等部门要及时向社会公开发布水利规划、行业政策、技术标准、建设项目等信息，保障社会资本投资主体及时享有相关信息。加强项目前期论证、征地移民、建设管理等方面的协调和指导，为工程建设和运营创造良好条件。积极培育和发展为社会投资提供咨询、技术、管理和市场信息等服务的市场中介组织。

（2）加快项目审核审批。深化行政审批制度改革，建立健全重大水利项目审批部际协调机制，优化审核审批流程，创新审核审批方式，开辟绿色通道，加快审核审批进度。地方也要建立相应的协调机制和绿色通道。对于法律、法规没有明确规定作为项目审批前置条件的行政审批事项，一律放在审批后、开工前完成。

（3）强化实施监管。水行政主管部门应依法加强对工程建设运营及相关活动的监督管理，维护公平竞争秩序，建立健全水利建设市场信用体系，强化质量、安全监督，依法开展检查、验收和责任追究，确保工程质量、安全和公益性效益的发挥。发展改革、财政、城乡规划、土地、环境等主管部门也要按职责依法加强投资、规划、用地、环保等监管。落实大中型水利水电工程移民安置工作责任，由移民区和移民安置区县级以上地方人民政府负责移民安置规划的组织实施。

（4）落实应急预案。政府有关部门应加强对项目投资经营主体应对自然灾害等突发事件的指导，监督投资经营主体完善和落实各类应急预案。在发生危及或可能危及公共利益、公共安全等紧急情况时，政府可采取应急管制措施。

（5）完善退出机制。政府有关部门应建立健全社会资本退出机制，在严格清产核资、落实项目资产处理和建设与运行后续方案的情况下，允许社会资本退出，妥善做好项目移交接管，确保水利工程的顺利实施和持续安全运行，维护社会资本的合法权益，保证公共利益不受侵害。

（6）加强后评价和绩效评价。开展社会资本参与重大水利工程项目后评价和绩效评价，建立健全评价体系和方式方法，根据评价结果，依据合同约定对价格或补贴等进行调整，提高政府投资决策水平和投资效益，激励社会资本通过管理、技术创新提高公共服务质量和水平。

（7）加强风险管理。各级财政部门要做好财政承受能力论证，根据本地区财力状况、债务负担水平等合理确定财政补贴、政府付费等财政支出规模，项目全生命周期内的财政支出总额应控制在本级政府财政支出的一定比例内，减少政府不必要的财政负担。各省级发展改革委要将符合条件的水利项目纳入社会资本合作项目库，及时跟踪调度、梳理汇总项目实施进展，并按月报送情况。各省级财政部门要建立社会资本合作项目名录管理制度和财政补贴支出统计监测制度，对不符合条件的项目，各级财政部门不得纳入名录，不得安排各类形式的财政补贴等财政支出。

五、完善我国水利工程管理体系的措施

我国在水利专业工程体系改革中做出有效努力，加大改革和创新力度，并取得巨大的成就，初步实现了工程管理的制度化、规范化、科学化、法治化，初步建立了现代的治水理念、先进的科学技术、完善的基础设施、

科学的管理制度，确保了水利工程设施完好，保证水利工程实现各项功能，长期安全运行，持续并充分发挥效益。由于开展水利工程建设属于一个循序渐进的过程，并且和现实的生活状态也息息相关，所以，我们要把涉及建立水利工程机制的一系列工作都做好，以解决水利工程所面临的问题。

（一）强化水利工程管理意识

水利工程管理水平的提升，需要有效地转变工程管理人员的观念，强化现代的水利工程管理意识。从传统的水利管理淡薄，转变为重视水利工程管理工作。要从思想入手从根本上解决问题，切实提高认识，改变"重建设轻管理"的观念，把工程工作的重心转移到工程管理上来，从而促进工程管理的发展。要树立可持续发展的水利工程管理，保证水资源的可持续发展，从而实现经济和社会的可持续发展的新思路。很大一部分水利工程管理人员在思想上还将水利工程看作是单纯性的公益事业和福利事业，对水利工程是国民经济的基础设施和基础产业的事实缺乏认识度，所以需要加快观念上的改变；而且在观念上还存在着无偿供水的想法，这就需要树立水是商品的观念，通过计收水费，实现以水养水，自我维持；对水利事业的认识存在片面性，觉得只是为农业服务，对水利工程服务于国民经济和社会全面发展，可以依靠水利工程来进行多种经营的开展的认识不足；在水利工程管理工作中，存在着等、靠、要的观念，安于现状，不求改变，缺乏营利观念，所以需要加快思想观念的转变，在水利工程管理工作中，管理者应该有效益管理的观念，在保证经济效益的同时要实现环境、社会和生态效益。在加强对水利资源保护的基础上，注意对水利资源进行合理开发和优化配置。要树立以人为本，服务人民的意识。水利工程建设及管理是为了人民群众的切实利益，保证人民群众的财产安全，提供安全可靠的防洪以及供水保障，并且水利管理者应该具备全面服务人民群众的思想，重视生态环境问题，实现人与自然和谐相处，最终实现水利工程经济、环境和社会效益的协调发展。

（二）强化水利工程管理体系的创新策略

在科技和产业革命的推动下，水利工程也由传统向现代全方位多层次发生变化。水利工程建设行业自身是资本和技术密集型行业，科技和产业的创新始终贯穿于行业发展的全过程。强化水利工程管理体系创新策略不仅要求在水利工程建设过程中的科技和行业创新，而且还要求在管理方式中，要树立创新意识，始终将先进的、创新的管理理念贯穿在管理的全过程中。既要求科技和行业的创新推动管理的创新，又要管理主动创新推动行业创新。

（三）强化水利工程的标准化、精细化目标管理

认真贯彻落实水利部《水利工程管理考核办法》，通过对水管单位全面系统的考核，促进管理法规与技术标准的贯彻落实，强化安全管理、运行管理、经营管理和组织管理，并初步提高规范化管理的水平。水利工程管理体系的基本目标就是在保证水利设施完好无损的条件下，保证水利工程可以长期安全地作业，确保长期实现水利工程的效益。结合水利管理的情况，为了推进水利管理进程，实现水利管理的具体目标可以从以下方面做起：改革和健全水利工程管理，实现工程管理模式的创新，努力完善与市场经济要求相适应、符合水利工程管理特征以及发展规律的水利工程标准及其考核办法。

（四）强化公共服务、社会管理职能

水利工程肩负着我国涉水公共服务和社会管理的职能。在水利工程管理过程中，要强化公共服务和社会管理的责任，特别是要进一步加强河湖工程与资源管理，以及工程管理范围内的涉水事务管理，维护河湖水系的引排调蓄能力，充分发挥河湖水系的水安全、水资源、水环境功能，并为水生态修复创造条件。

（五）强化高素质人才队伍的培养

水管单位普遍存在技术人员偏少，学历层次偏低，技术力量薄弱，队伍整体素质不高等问题，难以适应工程管理现代化的需要。随着水利事业

的发展和科学技术的进步,水利工程管理队伍结构不合理、管理水平不高问题更为突出。迫切需要打造一支高素质、结构合理、适应工程管理现代化要求的水利工程管理队伍。制定人才培养规划;制定人才培养机制及科技创新激励机制;加大培训力度,大力培养和引进既掌握技术又懂管理的复合型人才;采取多种形式,培养一批能够掌握信息系统开发技术、精通信息系统管理、熟悉水利工程专业知识的多层次、高素质的信息化建设人才。

参 考 文 献

[1] 孙祥鹏，廖华春. 大型水利工程建设项目管理系统研究与实践 [M]. 郑州：黄河水利出版社，2019.

[2] 陈雪艳. 水利工程施工与管理以及金属结构全过程技术 [M]. 北京：中国大地出版社，2019.

[3] 袁俊周，郭磊，王春艳. 水利水电工程与管理研究 [M]. 郑州：黄河水利出版社，2019.

[4] 戴会超. 水利水电工程多目标综合调度 [M]. 北京：中国三峡出版社，2019.

[5] 高明强，曾政，王波. 水利水电工程施工技术研究 [M]. 延吉：延边大学出版社，2019.

[6] 马明. 水利水电勘探及岩土工程发展与实践 [M]. 武汉：中国地质大学出版社，2019.

[7] 林雪松，孙志强，付彦鹏. 水利工程在水土保持技术中的应用 [M]. 郑州：黄河水利出版社，2020.

[8] 贺芳丁，从容，孙晓明. 水利工程设计与建设 [M]. 长春：吉林科学技术出版社，2020.

[9] 严力姣，蒋子杰. 水利工程景观设计 [M]. 北京：中国轻工业出版社，2020.

[10] 宋美芝，张灵军，张蕾. 水利工程建设与水利工程管理[M]. 长春：吉林科学技术出版社，2020.

[11] 孙三民，李志刚，邱春. 水利工程测量[M]. 天津：天津科学技术出版社，2018.

[12] 王海雷，王力，李忠才. 水利工程管理与施工技术[M]. 北京：九州出版社，2018.

[13] 沈凤生. 节水供水重大水利工程规划设计技术[M]. 郑州：黄河水利出版社，2018.

[14] 侯超普. 水利工程建设投资控制及合同管理实务[M]. 郑州：黄河水利出版社，2018.

[15] 鲍宏喆. 开发建设项目水利工程水土保持设施竣工验收方法与实务[M]. 郑州：黄河水利出版社，2018.

[16] 贾洪彪，邓清禄，马淑芝. 水利水电工程地质[M]. 武汉：中国地质大学出版社，2018.

[17] 魏温芝，任菲，袁波. 水利水电工程与施工[M]. 北京：北京工业大学出版社，2018.

[18] 王东升，徐培蓁. 水利水电工程施工安全生产技术[M]. 徐州：中国矿业大学出版社，2018.

[19] 高占祥. 水利水电工程施工项目管理[M]. 南昌：江西科学技术出版社，2018.

[20] 张志坚. 中小水利水电工程设计及实践[M]. 天津：天津科学技术出版社，2018.

[21] 程健. 水利工程测量[M]. 北京：中国水利水电出版社，2018.

[22] 李平，王海燕，乔海英. 水利工程建设管理[M]. 北京：中国纺织出版社，2018.

[23] 代德富，胡赵兴，刘伶. 水利工程与环境保护[M]. 天津：天津科学技术出版社，2018.

[24] 张云鹏，戚立强．水利工程地基处理 [M]．北京：中国建材工业出版社，2019．

[25] 刘春艳，郭涛．水利工程与财务管理 [M]．北京：北京理工大学出版社，2019．

[26] 姬志军，邓世顺．水利工程与施工管理 [M]．哈尔滨：哈尔滨地图出版社，2019．

[27] 孙玉玥，姬志军，孙剑．水利工程规划与设计 [M]．长春：吉林科学技术出版社，2019．

[28] 高喜永，段玉洁，于勉．水利工程施工技术与管理 [M]．长春：吉林科学技术出版社，2019．

[29] 刘景才，赵晓光，李璇．水资源开发与水利工程建设 [M]．长春：吉林科学技术出版社，2019．

[30] 牛广伟．水利工程施工技术与管理实践 [M]．北京：现代出版社，2019．